問いこそが答えだ！

正しく問う力が
仕事と人生の視界を開く

ハル・グレガーセン

［訳］黒輪篤嗣

光文社

問いこそが答えだ！

――正しく問う力が仕事と人生の視界を開く

問いこそが答えだ！◉目次

序文

エド・キャットマル
ピクサー及びディズニー・アニメーション・スタジオ社長
『ピクサー流　創造するちから』共著者

先日、マサチューセッツ工科大学（ＭＩＴ）にハル・グレガーセンを訪ねたとき、ハルからピクサーとディズニー・アニメーションについて、意外なことをいわれた。両社の運営に関して、わたしはこれまで相当いろんなことを考えてきたつもりだったが、それはかつてわたしの頭に思い浮かんだことのない指摘だった。ハルの研究室には、わたしがピクサーの仕事の仕方について書いた『ピクサー流　創造するちから』が置かれていた。いくつものページに開きぐせがつき、書き込みやら、強調の線やら、付箋やらでいっぱいのその本は、今にも壊れてばらばらになりそうだった。

「この本の中で、しきりに問いを発していますね」とハルは切り出した。「この本には問いがたくさん詰まっています」。わたしの部下たちにも会っている彼は、ピクサーでは社員たちが互いに「触媒的な問い」を交わすことに長けているともいった。「この鍛え上げられた直感というか、身についた習慣によって、みなさんはつねに〝自分は知らなくてはいけないことをまだ知らない〟という前提でものごとに取り組んでいるように見えます。しかもそれらの知らないことを突き止める方法も心得ています」

ハルがいおうとしていることはよくわかった。ピクサーでは、自分たちについても、ストーリーについても、映画制作についても、たえず新たな創造の領域を切り拓いていけるよう、いくつかの手法、あるいは制度とも呼べるものが長年のあいだに築かれてきた。例えば、監督たちが行き詰まりを感じたり、制作中の作品を新鮮な目で眺めてみたかったりするときは、「ブレイン・トラスト」というミーティングを開いて、同僚たちから意見をもらうことができる。それは単なる行き当たりばったりの臨時の会議ではない。ブレイン・トラストには、監督たちが新しい創造のヒントを得られると同時に、作品に対するコントロールを奪われないようにする決まった手順や一連のルールが設けられている。ディズニーと合併したときには、ピクサーで行われてきたことは先方でも役に立つことがわかった。だから例えば、現在、ディズニー・アニメーションでは「ストーリー・トラスト」という呼び名で、ブレイン・トラストと同じことが行われている。

わたしの考えでは、このような手法の導入によって、創造的なコラボレーションを引き出すことが、ピクサーやディズニー・アニメーションでのわたしのいちばん重要な役割だと思う（おそらく、たえざる革新を拠り所にする企業の経営者全員にこのことは当てはまるだろう）。すべては自分たちの創造的なアウトプットの質にかかっている。そしてその質は必ず、相互コミットメントの精神にもとづいた率直なフィードバックによって高まっていく。そのような環境を築くうえで、おそらくいちばん配慮しなくてはいけないのは、みんなが安心して問題を指摘したり、解決策を提案したりできるようにすることだろう。

いうまでもないことだが、そのような安心感が生まれるためには、問題を解決できなかった人にではなく、問題自体や解決の必要性に注意を向けなくてはいけない。といっても、問題そのものに完全に注意が向いていても――例えば、このキャラクターの魅力を高めるにはどうしたらいいかなど――制作中の作品に対する建設的な意見や感想は、どうしてもいくらかは不満や否定を含んだものになってしまう。監督たちはそれに深く心を傷つけられることがある。創造的な仕事においては、自尊心と、自分の問題解決能力に対する他者の評価とを切り離すのはなかなかむずかしい。

問題は、自分が有能であることを見せつけなくてはいけないという職場の雰囲気にある。そのような環境では、欠点があったり、不完全だったりする考えは誰も口にしたがらない。へたなことをいって、無能だと思われるのを恐れているからだ。実際あなた自身、誰かが目の前で愚かなことをいえば、その発言を聞き逃さないだろう。逆にもし自分が愚かなことをいってしまい、相手になんらかの芳しくない評価を下されたと感じたら、きっとその直感は当たっているだろう。無能だと思われないようにするとか、貢献しているように見せるとか、優秀なふりをしようとするとか、そういうことをいくらかでも気にしているなら、それだけ問題の解決に集中していないことを意味する。

したがってチームの仕事を監督する立場にある者には、まず何より、チームからそういう恐怖心を取り除く方法を見出すことが求められる。どうすれば、メンバーが互いのアイデアの是非をきびしく論じながら、なおかつそのアイデアを出したことについては是非を問わないようになれるか。どうすれば、アイデアのまちがいを指摘されても、それを自分個人への批判と受け止めないですむか。理屈では、アイデアの価値そのものを問題にすれば、おのずとそうなるはずだが、感情的にはそうはならない。やはりここでも、わたしたちは自尊心と、自分のアイデアに対する他者の評価とを分けて考えることがなかなかできない。

ハルからわたしたちの問う能力について、冒頭に紹介した指摘をもらったのは、このような文脈においてだった。わたしたちはおそらく意識せず、ハルのいう触媒的な問い――つまり、従来の考えに異を唱えることで壁を壊して、新しい解決の道を進もうとするエネルギーを生み出す問い――に引き寄せられてきたのだと思う。もしそうだとするなら、それはきっと、問うということが、自分に対する評価を下されることなく、斬新なことを提案するきわめて便利な方法だからだろう。問いというのは、そもそも自分の意見を強く言い立てるものではない。それは異なる角度や別の筋道からもっと深く考えてみようと促すことだ。もし自分が示した見方が取り上げられなくても、あるいはたいして役に立たなくても、自分の評価が下がることはない。だから、問うという形にすると、自分の考えを口にしやすくなる。

自分や自社の姿が映った鏡を人に見せられ、そこにそれまで自分が気づいていなかったものを見出すというのは妙な体験だったが、ハルの指摘は正しいと思う。確かに、わたしたちの創造的なコラボレーションの中にはハルのいうような問いがあり、今のわたしの関心もはっきりとそういう問いに向けられている。

創造的なコラボレーションにおける問いの力については、もう一つ、述べたいことがある。社内では誰もが知るように、わたしは企業のミッション・ステートメントというものが好きではない。もちろん集団的な目的意識を持つことに反対なわけではない。組織で仕事をするときにはみんなが仕事の目的を深く考えなくてはいけないと思う。しかしわたしの経験では、ミッション・ステートメントなるものが経営の最上層部によって掲げられると、それは決まって議論の結論と受け止められ、社員がそれ以上深く考えるのを妨げることになる。

今では自分がミッション・ステートメントのどこが嫌いだったのかがもっとはっきりわかる。「答え」のように聞こえるところが好きではなかったのだ。ミッション・ステートメントも問いの形にすればいいのではないだろうか。少なくとも、もっとあいまいなものにすれば、社員たちに「これはどういう意味だろうか」と考えさせられる。

仕事で肝心なのはすばらしい答えにたどり着くことだという考え方をしていると、往々にして答えを目標だとかんちがいしてしまう。それ以上先に進まなくていい地点に達したことを祝ってしまう。しかし、人生とはそういうものではない。確かに、わたしたちは日々、「完成品」を作るために働いている。ピクサーの場合でいえば、映画を公開することがそうだし、ボーイング社ならジェット機を出荷することがそうだし、大学教授なら本を書き上げることがそうだ。それらは重要な到達点ではある。しかしその到達点が最終目標になってしまっている人が多いようにわたしには思える。

そうではなく、答えの価値とは、それによってさらによりよい新しい問いが見つかるところにあると考えたらどうか。いい換えるなら、答えを導き出す鍵として問いを捉えるのではなく、次の問いに進むための足がかりとして答えを捉えたらどうか。これは大きな発想の転換になるはずだ。集団による創造の営みを飛躍的に前進させられるだろう。

みなさんも本書をお読みになれば、きっと今よりもっと問いを意識的に使って、あらゆる問題の解決に役立てようとするようになるだろう。わたしの場合には、誰もが安心して自分の考えやアイデアを述べられる環境を社内に築くことが、もうずいぶん前から、自分の役割だと思っている。みなさんが取り組んでいる課題はわたしとはちがって、企業の運営とは関係ないかもしれない。それは家庭の悩みかもしれないし、個人的な目標かもしれないし、地域の問題かもしれない。しかしそれがなんであっても、みなさんはおそらく、わたしと同じように、自分の考えに対して人から建設的な疑問を投げかけられるのを喜ぶだろう。だとすればきっと、本書を読んで、問いこそが答えであることに気づかれるにちがいない。

プロローグ　なぜわたしはこの本を書いたか？

クエスチョンquestion（問い）という語の中には、クエストquest（探求）という美しい語が入っている。わたしはこの語が大好きだ。
――エリ・ウィーゼル

人が本を書きたいという強い衝動に駆られるのは、見ず知らずの人たちに何時間もかけて何万語もの言葉を読んでもらうに値するだけの重大な発見をしたと思うときだろう。そして、その発見に世の中のほとんどの人が気づいていなそうだと、感じられるときだ。では、わたしはいったい何を発見したのか。第一には、仕事でも私生活でも、よい答えを見つけたければ、よい問いを立てる必要があること。第二には、よい問いを立てるためには、よい問いが運よく思い浮かぶまで待つ必要はないこと。自分でよい問いが湧いてくる特別な環境を作ることができる。第三には、すばらしい問いを思いつける人も、生まれつきそういう才能に恵まれているわけではないこと。問う能力に秀でているのは、問う技術を磨き続けた結果だ。

そんなことがいえるのは、わたしがそう確信できるまで綿密に調べたからだ。まずは関連のある文献を熟読して、仮説を立て、それから実地調査を行い、クリエイティブな活躍をしている人たちに何百回も会って、話を聞いた。次に、推定約三〇〇万語にのぼったメモを読み返して、目から鱗が何度も落ち、ときに自分の未熟さにも気づかされたそれらの会話の中から、課題と傾向を見つけ出した。学者であるわたしにとって、そのような知の方法に従うことはもはや習性になっている。しかし同時に本書では、標準的な調査方法だけでは明らかにならないような、もっと深い真実もみなさんと分かち合いたい。

三〇年以上にわたって、わたしは三大陸のいくつもの大学で教壇に立ってきた。現在は、とりわけユニークな気風の大学で教えている。従来の仮説を疑って、斬新なアイデアを追い求めることが奨励される気風だ。ここマサチューセッツ工科大学（ＭＩＴ）のキャンパスでは、日々、新しい問いが発されている。同僚のアンドルー・ローの言葉を借りれば、ＭＩＴは「イノベーションの安全地帯」だ。「リスクを冒すことこそ、イノベーションなのだから、そういういい方は矛盾に聞こえるかもしれない。だが、きわめて健全で、しかも他大学には見られない学風がここにはある。学生たちは教師から教わったことにどんどん疑問を持ち、自分の考えをぶつけることが許されている。どんなに突飛な考えでも、どんなに既存の枠組みから外れた考えでもかまわない」。そんな環境で毎日仕事をしていると、いやでも創造性を刺激される。また、多くの人が見逃していることにもたえず気づかされる。

たいていの人はそこまで四六時中、問いを発し続けるような環境で生活したり、仕事をしたりはしていない。そもそも問うことがどれほどたいせつか、多くのよい問いを立てることで、いかに思いもよらぬ新しい答えが得られるかについて、じっくり考えることもない。わたしたちは生まれたときにはみんな、創造性にあふれた好奇心を持っているが、いつしかそれを失ってしまう。わたし自身、長いあいだそうだった。わたしが育った家庭の環境は、あまり「問いの安全地帯」と呼べるようなものではなかった。なぜこれはこうなのかと、わかりきったことを尋ねれば、明白な反抗と見なされた。いっぽうでわたしは早い時期に、問いを使って自分を守れることにも気づいた。問うことで相手の関心を自分に都合の悪いことから逸らせられたからだ。おぼろげながら、ある種の問いにはほかの問いよりも力があることがわかった。

その後、大学院に進学し、ボナー・リッチー先生と出会った。鋭い質問によって相手から最良の考えを引き出すのが、驚くほどうまい先生だった。わたしはその見事さにすっかり魅了され、先生を自分のメンターだと考えるようになった。誰にでもそういうメンターや友人がたいていはいるものだ。ただそのためには、そのような特別な資質が相手に備わっていることに気づき、その貴重さを理解しなくてはならない。

最近一〇年間、学者として、コンサルタントとして、コーチとして、わたしは企業のイノベーションに関心を持ち、スタートアップ企業や老舗の大企業で新しい問いを立てることにどういう効果があるかを研究してきた。一五年前、初めてクレイトン・クリステンセン——破壊的イノベーション理論で名を馳せたハーバード・ビジネス・スクールの教授——と言葉を交わしたときの話題は、どうすれば正しい問いを立てられるかについてだった。以来、クレイトンとの共同研究を通じて、ブレークスルーに問いがどういう役割を果たしているかについて、わたしの知見は磨かれてきた。わたしたちがふたりとも刺激を受けたのは、ピーター・ドラッカーの論文だ。ドラッカーはいまから五〇年以上前に問い方を変えることの強力さを見抜き、次のように書いている。「いちばん重要で、なおかつむずかしいのは、正しい答えを見つけることではない。正しい問いを見つけることだ。誤った問いへの正しい答えほど、むだなもの——危険ではないにしても——はない」と。クレイトンとわたしとジェフ・ダイアーで「イノベーターのDNA」を構成する五つのスキルを突き止めたとき、その中で第一のスキルと考えられたのは、多くのことを問う習慣だった。

わたしたちがインタビューした革新的な起業家たちの多くは、新しい事業を始めるきっかけになった問いをはっきりと覚えていた。例えば、マイケル・デルはパソコンの値段がパーツの値段の合計金額の五倍もするのはなぜかという疑問から、デルコンピュータを立ち上げることを思いついたと語っている。「パソコンを分解して、計算してみたら、合計六〇〇ドルのパーツでできたパソコンが三〇〇〇ドルで売られていることがわかったんです」。そのときに「なぜそんなに高くなくてはいけないのか」という問いが頭に浮かび、やがて業界に一大旋風を巻き起こすことになるデルのビジネスモデルがひらめいた。ほかには、常識や慣習に楯突かずにはいられない生来の性格が起業の理由だと話す起業家もいた。「わたしの学習のプロセスはいつも同じです。いわれていることに異議を唱えて、反対の立場を取り、いわれていることがほんとうに正しいかどうか、みんなに確かめてみるよう求めるんです」といったのは、イーベイの創業者、ピエール・オミダイアだ。「そんな子どもでしたから、ほかの子どもにはかなり嫌がられましたよ」。革新的な起業家たちは、どういうふうにものごとが変わりうるかを想像するのが好きなのだ。世の中で今、真実と思われていることに疑問を持ち、ほんとうにそうなのかどうかを問うことが、独創的な考えを生み出すにはいちばん確かな方法になる。

ここ数年、わたしがますます確信するようになってきたのは、企業のイノベーションや組織の改革以外でも、そのようにちがう視点から問うことが役に立つということだ。生活のあらゆる場面で、新しい洞察を引き出したり、ポジティブな行動の変化を起こしたりできるふしぎな力が問いにはある。どんな問題に直面していても、問うことによって、行き詰まりを打開し、新しい方向に進み始めることができる。

考え方の枠組みを変える問いには、状況に関係なく、根本的な共通点がいくつかある。一つは、初めて問われたときには誰もが目を見開いて驚くが、あとから振り返ると、至極当然の問いだったと思われる問いであるということだ。いい換えるなら、必然的ではない必然性を持った問いといえる。もう一つは、生産的な問いであるということ。つまり問うことで束縛が取り払われ、思いっきり思考の翼を広げられるようになる問いであるということだ。人を追い詰める問いではない。答えられなければ人前で恥をかくというような、往々にしてあらかじめ正しい答えが決まっている問いではない。新しくおもしろそうな考えの筋道をたどるよう促し、そうすることで、問題の解決を約束してくれる問いだ。わたしはそのような問いをいい表すのに「触媒」という言葉をよく使う。まさに化学反応の触媒のような働きをする問いだからだ。問いを放り込むと、思考をさえぎっている壁が壊れて、エネルギーがどんどん生産的な経路に流れ込み、思考が活発化する。

プライベートでも、わたしは繰り返し、正しい問いを立てることの重要さに気づかされている。ときに、正しい問いを立てないことで逆に問いの重要さを思い知らされることもある。例えば、二〇一四年一月、わたしは講演中に心臓発作に見舞われた。そのときには、それまで自分の健康状態について意図的に自分に都合のいいように考えていたこと、そしてそのせいで命を落としかけたことを認めざるをえなかった。

その一年後の二〇一五年春、著名な登山家であり、探検隊のリーダーであり、映像カメラマンでもある友人デイビッド・ブレシアーズ――アイマックスの映画『エベレスト』で監督を務めた――といっしょにエベレストのベースキャンプを出発し、クンブ氷瀑を登れることになった。わたしはこの冒険に参加するにあたって、リーダーシップ研究にすこぶる役立ちそうな問いを用意しておいた。毎年、数多くの登山隊がエベレスト登頂に挑戦している。どの隊も同じような装備で、既知の道を通って、頂上をめざすが、登頂に成功する隊と失敗する隊がある。成功する隊のリーダーには特徴があるのか。なんらかの特別な習慣が身についているのか。ところがわたしは、この登山に臨むにあたって、肝心なことを問い忘れていた。海面とほぼ同じ高さの土地に暮らすわたし自身が、標高五五〇〇メートル以上の山でふつうに活動できる見込みはあるのか、という点だ。

泣きっ面に蜂というべきか、わたしの調査手法がじつはいくつかの仮定のうえに成り立っていたことまでわかった。わたしはその仮定については問うということをまったくしていなかった。長年エベレストに登っているデイビッド・ブレシアーズは、それまでに何度も登頂の失敗を目にしており、その中には悲劇的な失敗も含まれていた。八人が犠牲になった一九九六年の遭難事故（のちにジョン・クラカワーの一九九七年の著作『空へ』で描かれることになった）の際も、現場に居合わせた。わたしはデイビッドの話を聞くときにはいつも、リーダーシップの研究者モードに頭を切り替えて、意思決定における認知バイアスなどについて客観的な仮説を立てながら、話に耳を傾けた。山麓のルクラからベースキャンプへ向かうトレッキングで早くもわたしが気づかされたのは、MBAの教室で講義するのと、実際に山の上で、息をしたり、頭を働かせたりすることすら容易ではないような状況に置かれるのとでは、大ちがいであることだった。教室ではロブ・ホール（上述の遭難事故で登山隊を率いていた隊長）が「安全な時間」を過ぎていたにもかかわらず、落伍しかかっていた顧客たちを頂上まで連れて行こうとするという致命的な判断ミスを犯したことについて教えていた。そのように登山隊の判断について論じるのに必要な知識が自分にはあると思っていたことが、とんでもない思いちがいだったことに気づかされた。

もしみなさんがこの本をふつうのビジネス書として手に取ったとしたら、それとはいくらかかちがうスタイルで書かれていることを覚悟していただきたい。いや、もうすでにお気づきかもしれない。わたしの関心はリーダーシップや組織におけるイノベーションにあり、この本で紹介しているインタビューの多くは、革新的な企業や社会的企業のCEOや幹部に対して行ったものだ。ただしわたしはそれらのリーダーたちと単に仕事の話をするのではなく、それぞれの大きな仕事の背後にさらに大きな人生というものがあるという見地から話をしている。わたしがそれらのインタビューを通じて手に入れた真実――新しい問いを立てることでよりよい答えを得るという方法によって――は、人生の一局面にのみ当てはまる真実ではない。

きっとみなさんにも、苦労していた問題の解決策が適切な問いのおかげで見つかったという経験があるのではないだろうか。そういう問いが生まれたときの内面の状態と周囲の状況はどのようなものであったか、というのが、わたしの研究の中心をなしている問いだ。最善の問いを思いつきやすくする環境はあるか。あるいは逆にそれを妨げる環境はあるか。本書にはそれらの問いに対する何百人ものクリエイティブな人々の答えがまとめられている。ぜひみなさんには本書を読んでいただき、変化を起こす触媒として、問いがいかに強力であるかを知り、そのような問いをどうすれば思いつけるかということにもっと意識的になっていただけたらと思う。

最後にもう一つだけ。この本は一人称で書かれている。もしみなさんがヘンリー・デイビッド・ソローの『森の生活』を読んだことがあれば、巻頭のページに一人称を用いたことへの弁明があるのを覚えているかもしれない。「たいていの本では、一人称つまり〝わたし〟は避けられている。本書ではあえてそれを避けていない」とソローは読者に告げる。「わたしたちは忘れがちだが、そもそも本の書き手はいつも〝わたし〟なのだ。もしわたしが自分のことと同じぐらい、ほかの人のことをよく知っていたら、自分のことをこれほど多く語らないだろう」。一人称で語ることのわけをそのように述べたあと、ソローはほかの作家たちにも注文をつける。「加えて、本の読み手としていわせてもらうなら、すべての書き手にいつかは、他人の生活について聞き知ったことではなくて、自分の生活について率直かつ誠実に語ってもらいたい」。ソローが読みたいのは、「遠方に住む親戚に宛てた手紙」のように書かれた著作だという。

わたしが感銘を受けた本にも、そのような書き手自身のほんとうの声が聞こえるものが多い。例えば、パーカー・パーマーの『人生の声を聞け（*Let Your Life Speak*）』や『秘められた全体性（*A Hidden Wholeness*）』、トワイラ・サープの『クリエイティブな習慣』、ヴィクトール・E・フランクルの『夜と霧』、メリー・キャサリン・ベイトソンの『周辺視野（*Peripheral Visions*）』、ジョン・スタインベックの『エデンの東』、ドナルド・ミラーの『千年で百万マイル（*A Million Miles in a Thousand Years*）』がそうだ（ドナルド・ミラーは自身の人生を題材にした映画が作られたことをきっかけに、自分の人生という物語について問い、その問いによって自分の人生を好転させたという）。ピカソは次のようにいっている。「ものごとの見方は一つしかない。誰かが別の視点からどう見えるかを示してくれるまでは」。これらの作家たちからわたしはものごとの新しい見方を教えられ、その結果、別の視点からものごとを見るようになった。

これからいよいよ本論に入る。わたしは肉体を持たない「専門家の口調」では語りたくない。みなさんの「親戚」として、話をしていきたいと思う。人生のさまざまな局面で行き詰まり、四苦八苦し、そのつど、頭と心と体をまったく新しい道へと導いてくれるタフな問いを立てることで、難局を乗り越えてきた「親戚」として。

第1章　新しい答えを見つけるよりむずかしいことは何か？

いちばん重要で、なおかつむずかしいのは、正しい答えを見つけることではない。正しい問いを見つけることだ。

――ピーター・ドラッカー

二〇一七年三月、上海にオープンした新しいエンターテインメント施設の最初の来場者たちは、入場したとたん、それまでに体験したことのない世界にたちまち大興奮した。まず、音楽と詩を融合させたコンサートがあり、座ってそれらの調べに耳を傾けた。次に、街中によくあるものを再現したアトラクションをめぐった。公園があり、ボート乗り場のある池があり、青空市場があり、子どもの遊び場があり、客の声でにぎわうカフェがあった。なぜこれで興奮するのかわからない？　じつはここは完全な真っ暗闇になっているのだ。来場者たちはあっちにぶつかり、こっちにぶつかりした。笑いながらも、みんなおろおろするばかりだった。誰ひとりとして、有能な専門ガイドの助けなしには前に進めない。そのガイドとはもちろん、視覚障害者たちだった。「ダイアログ・イン・ザ・ダーク」というこの施設はアンドレアス・ハイネッケによって考案されたもので、最初は一九八九年、ドイツのフランクフルトで開設された。現在では、ハイネッケが設立した社会的企業によって、数十カ国で運営され、視覚障害者の雇用を創出するとともに、健常者に視覚障害者の日常生活を理解させるのに一役買っている。すでに来場者の数は何百万人にも達しており、これまでに多くの人がここで人生が変わる体験をした。

これらのすべての始まりは一つの問いだった。約三〇年前、ラジオ局に勤めていたハイネッケは上司から、ある元社員がふたたび局に戻ってくることになったと伝えられた。元社員は交通事故に遭って、失明し、退社を余儀なくされたのだが、また働きたいのだという。ハイネッケはその職場への復帰の手伝いを任された。そのような障害のある人を介助した経験がなかったので、荷が重い仕事に感じられたが、それでもさっそく、どうすれば視覚に障害がある人でもそれなりに仕事ができるかという問題の解決に取り組んだ。しかし新しい同僚と親しくなるにつれ、自分が立てた問いがあまりに後ろ向きなものであることに気づくと、次のように問いをもっと前向きなものに変えた。視覚障害者が強みを発揮するためには、どのような職場の環境を築けばいいか。「ダイアログ・イン・ザ・ダーク」のアイデアがひらめいたのはそのときであり、それはやがて彼のライフワークへと発展することになった。

飛躍的な進歩はこのように生まれる。問いの角度を変えることで、問いは変化の触媒になる。そうすると発想の幅を狭めてしまう固定観念などの思考の壁が取り払われ、創造的なエネルギーがどんどん生産的な経路へと流れ込む。その結果、もはや打つ手がないとあきらめていた人がふいに新しい可能性を見出し、がぜんそれに向かって突き進み始める。

本書を読み進めていただければ、そういうことを理解することでいかに仕事や私生活が変わるかがわかるだろう。よい答えを見つけるためには、最初によい問いを立てることが肝心だとしたら、どうするか。どのようにそうすればいいか。新しい角度から問題に取り組もうという声が上がりやすい雰囲気を作ることも可能であれば、急いで新しい答えを導き出そうとせず、いったん立ち止まって、問いそのものをじっくり再検討する習慣を築くことも可能だ。とはいえ、それらの方法を探っていく前に、本章で果たしておかなくてはいけないことがある。それはそういうことが努力を傾けるに足るものであることをみなさんにじゅうぶん、納得してもらうことだ。問いには力があることをよく理解し、十年一日の提起のされ方をしている問題の解決ばかりに囚われるという袋小路に入り込まないよう注意しなくてはならない。

あらゆるブレークスルーの背後にはよい問いがある

創造的なブレークスルーがいかに生まれたかを調べていくと、問いが誰かによって変えられた時点にたどりつくことが多い。例えば、スナップ写真が登場したときのことを考えてみよう。写真の技術が発明されたのは、コダックの創業者ジョージ・イーストマンが生まれる一八五四年よりずっと前だ。イーストマンは子どもの頃から写真に興味を持っていた。ところが二四歳のとき、外国旅行の準備をしていて、写真撮影の機材があまりに運びにくく、しかも高価であることを知った。画質やスピードの点では写真の技術は年々、進歩していたが、あいかわらず写真はプロのためのもの、あるいは少なくとも裕福なマニア向けのものという固定観念は消えていなかった。イーストマンの胸には次の問いが浮かんだ。写真撮影をもっと手軽で簡単なものにして、一般の人でも楽しめるものにできないだろうか。

この問いには、イーストマンを研究に没頭させるだけの将来性と、開発を手伝ってくれる仲間を集められるだけの刺激があった。イーストマンは二六歳で会社を立ち上げると、八年後の一八八八年、最初のコンパクトカメラ「コダック」を発売した。このカメラには、湿板に代わって新しい紙フィルム方式が取り入れられたほか、現代の重役たちであれば「ビジネスモデルイノベーション」と呼びそうな特徴が備わっていた。それまでカメラのユーザーには現像の技術と設備が求められたが、コダックではそれらが不要だった。一〇〇枚撮影可能なフィルムを使い切ったら、カメラごとイーストマン社に送れば、そこで現像してもらえた。「コダック」は大ヒットしたが、最初の問いは生き続けた。一九〇〇年、イーストマンたちは一ドルで買えるカメラ「ブローニー」を売り出した。ブローニーは安いだけではなく、子どもでも使えるほど操作が簡単で、戦場での利用にも耐えられるほど頑丈なカメラだった。

イノベーターの聖地であるＭＩＴにいると、それと同じ力を持った問い、つまり想像力を刺激して、有能な人材を引きつける問いを見つけ、広めている人たちをあちこちで目にする。ひとまずひとりだけ紹介するなら、バイオミミクリー（生物模倣）の研究室を率いる生物工学者のジェフ・カープがそうだ。バイオミミクリーという分野は耳慣れないかもしれないが、次のように問う分野だといえばわかりやすいだろう。「自然界で問題はどのように解決されているか」。例えば、解決を求められているのが、どうすれば絆創膏を心臓や膀胱や肺のような湿った部位に貼ったままにできるかという問題だったとしよう。そういう場合、バイオミミクリーでは、ナメクジや、カタツムリや、ミミズからどんなヒントが得られるかと問う。当然、そのような問いは過去に一度も立てられたことがない。しかし実際、その問いがひとたび立てられたとたん、カープの研究室の科学者たちの手で研究がいっきに進み、今では広く普及している製品が誕生した。カープにいわせると、自然は「問題解決の百科事典」だ。「新しいアイデアを自然の中から探し出そうとすることで、研究室に閉じこもっているだけでは見つからないものが見つかる」とカープは説明している。

新しい問いを立てることで、すぐに新しい発見がもたらされる場合もある。そんな当たり前のことになぜ今まで気づかなかったのだと思わず自分の額を叩いてしまうような、画期的でありながら自明ともいえる解決策が見つかる場合だ（わたしの想像だが、きっと雑誌の草創期には誰かが「購読料金をほぼ無料にして、代わりに広告を掲載したらどうか」という問いを発したのではないだろうか。または最近の一〇年では、「アルコール依存症を道徳的な堕落として責めるより、病気として扱うほうが、問題の解決につながるのではないか」という問いを投げかけた人がいたはずだ）[1]。そういう場合には、問いの中にあたかも新しい答えが組み込まれていたかのように、問いを立てると同時に答えが導き出される。ふつうは答えが見つかるまでにはもっと長い時間を要するが、問いを立てることで答えを追求することは可能になる。イーストマンやカープの例に示されているとおり、触媒的な問いを掲げると、思考の幅が広がるとともに、協力者も得やすくなる。協力者はしばしばほかの分野から現れる。また仕事に対する新たな意欲も湧いてくる。

わたしは問いの力を語るとき、成功の糸口を見出せるとか、行き詰まりを打開できるとか、問いのポジティブな効果を強調しがちだが、ネガティブな脅威に対処するうえでも、問いは大きな力を発揮する。優れた問いの効能の一つとして「自分が知らないことを知らない」ことの危険性に気づけるということがある。現状についての知識の状態を分類した二×二の四マスのマトリックスを思い浮かべてみよう。縦軸は自分の成功にとって重要なことについての知識があるかないかを示す。横軸はそれらの知識があるかないかを、自分で認識しているかどうかを表す。つまり、問題の解決に欠かせないある情報があることに気づいているか、いないか。したがって、自分が知らないことを知っていることもある。例えば、あなたが軍の将軍だったとしよう。あなたは敵軍に武器庫があることは知っていても、その武器庫がどこにあるかは知らないかもしれない。その場合、あなたは自分がそれを知らないことを知っている。しかしそれよりはるかに厄介なのは、自分が「知らないことを知らない」ことだ。そのようなことはそもそも頭に浮かばないので、問われることもない。

ジョージ・W・ブッシュ政権時代、当時国防長官だったドナルド・ラムズフェルドがイラクの大量破壊兵器の保有疑惑をめぐる論争で、この知識の枠組みを引き合いに出して、「知らないことを知らない」ことは身の破滅を招くと指摘したことは有名だ。企業の戦略立案を担う人々も、たいていそういう部分からビジネスの崩壊が始まると認識している。ここでもコダックにその典型を見ることができる。コダックは一〇〇年にわたって世界屈指の有力企業として業界に君臨し続けたが、「知らないことを知らなかった」ことによって衰退した。コダックが「知らないことを知らなかった」のは、消費者のあいだで生じている急激なデジタル写真への移行に対応して、すみやかに組織や事業の再編をしなくてはいけないことだった。あるいはさらに最近では、タクシー業界のことを考えてみるといい。タクシー業界にとっての「知らないことを知らなかった」ことは、一般の人たちがウーバー社やリフト社などのサービスを使って、自分の車で人を運ぶようになることとの影響だった。五年前のタクシー会社の経営会議で、果たしてそのようなことが問われていただろうか。もし問われていたのなら、真剣に受け止められなかったのだろう（二〇一六年一月、サンフランシスコの最大手の古いタクシー会社が破産保護申請を行っている）。

そのような未来は予想できたはずだと、みなさんは思うかもしれない。確かにそのとおりだろう。業界に大変革を起こした当の破壊的なイノベーターたちにはそのような未来が見えていたわけだから。とはいえ、昔からずっと同じやり方で事業を営んできた人たちがそういうひらめきを得るには、まったくなじみのない領域へ一歩を踏み出すことが必要だっただろう。自分たちがすべての答えを知っているわけではないと知っているふだんの領域を超えて、正しい問いすら発したことのない領域へと。

チャンスを前にしたときも、脅威を前にしたときも、自分たちの問いを見直して、よりよい問いを立てることで、驚くほどいい答えが見つかるというのが、わたしの考えだ。いや、もっと大胆にいってもいい。すばらしい解決策のためにはよい問いが不可欠だ、と。問いを変えなければ、いつまでも同じ道を進み続けるだけで、飛躍は望めない。

問う能力も磨けば光る

画期的な解決策はよりよい問いから生まれるとすれば、当然、そこからは次のような洞察が導き出される。すなわち「問いに長けることで、よい答えを見つける可能性を高められる」ということだ。これもまさに「知らないことを知らなかった」ことではないだろうか。今までに、問うのがじょうずな人とそうではない人がいるなどと、考えたことがあっただろうか。問う能力が学んで身につけられるものだと考えたことはあっただろうか。問う能力が本人の努力しだいで高められるものだということに同意するとしたら、どうやってそれを高めたらいいか、なにかアイデアを持っているだろうか。

みなさんはこれからきっと、クリエイティブな活躍をしている人たちがじつは問う能力のことをたびたび口にしていること、また、彼らがそういう能力に秀でていることに気づくにちがいない。例えば、テスラとスペースXの創業者イーロン・マスクのインタビューを読んだら、次のような発言に目が留まるだろう。「得てして、答えるよりも問うほうがむずかしい。適切な問いさえ言葉にできれば、答えを出すのは簡単だ」[2]。「マインドフルネス」の提唱者として有名なハーバード大学の心理学者エレン・ランガーのブログでは、次のように始まる記事を読まずにいられないだろう。「クイズ番組『ジェパディー!』を観ているときと、〝二〇の質問〟ゲームをしているとき以外、わたしたちはいつも問いより答えのことで頭を悩ませている。しかし問いによって情報検索は方向づけられ、答えもほぼ決まってしまう」[3]。ツイッターをスクロールしていけば、破壊的イノベーションの理論家クレイトン・クリステンセンの次のツイートをリツイートしたくなるだろう。「問いとは、答えが収まる場所だ。問いがなかったら、答えは行き場を失う」。ピカソの次の名言の中にも、ふと問いを重んじる精神が感じられるようになるかもしれない。「コンピュータは役に立たない。答えしか教えてくれないのだから」。あらゆるところで、よい問いを立てようという呼びかけがなされていることに気づく。

ファスト・カンパニー誌では最近、独創的なエンジニア、クリス・ジェンタイルの仕事ぶりが紹介されていた。ジェンタイルは現在、アイボード社の社長兼CEOを務め、量産品のおもちゃにホログラムを組み込むなどのアイデアを実現させた実績を持つ。バーチャルリアリティの分野でも、3Dのウェブグラフィックスやゲーム機器など、数々の発明に携わっている人物だ。取材したジャーナリストは「山を登る若い修行僧」になったような気分でジェンタイルに話を聞きに行ったという。そのかいがあって、帰りは手ぶらではなかった。ジェンタイルは画期的なアイデアを思いつくための四つの秘訣を教えてくれた。第一の秘訣は何かといえば、「問いを変える」だった。ジェンタイルがあげたその単純な例が記事の中で紹介されている。

ジェンタイルは以前、研究者のグループから開発中のロボットの商品化を手伝ってほしいと頼まれたことがあった。ジェンタイルが研究室を訪れると、研究者たちは腕を振れるロボットの前にジェンタイルを引っ張るように連れて行き、人間と同じ動きができるのだと熱心に説明した。しかしジェンタイルは部屋の反対側にあるコンピュータの画面に興味を引かれた。そこにはなめらかに動く棒線画のロボットが映し出されていた。「あれはなんです?」と尋ねると、ロボットの動きを読み込んだり、描いたりするために開発されたソフトウェアだという。ジェンタイルは目を輝かせて、「ロボットのことは忘れましょう!」といった。「どうすればロボットを商品化できるか」から「どうすればこのソフトウェアを商品化できるか」に問いは変更された。このアイデアがやがて、ビデオゲームや映画のためのリアルなアニメーションの誕生につながった。[4]

このようにほかの人たちにもっと問いに注目するよう促すのは、それ自体、多くの人が抱いている固定観念に対する挑戦となる。わたしたちは創造的なアイデアというと、稲光のようにひらめくものであり、自分から求めて得ることはできないと考えがちだ。しかももっと悪いことに、そういうひらめきを避雷針のように引き寄せられるのは、アインシュタイン級の特別な頭脳の持ち主だけだと思い込んでいる。しかし実際には、ただ座して待つ以上のことがいくらでもできるし、そうするべきなのだ。

もちろん、問う能力を高めるというテーマは、もう何十年も前から研究されてはいる。最初にそういう研究が始まったのは、考えてみれば当然だが、教育分野においてだった。例えば、生徒の学習目標を六段階に分けた「ブルームの教育目標分類《タクソノミー》」というものをどこかで耳にしたことがあるだろう。このタクソノミーでは生徒の認知能力を試すのに、問いや問題が用いられている。それらの問いや問題には、ある情報を思い出させたり認識させたりするごく基礎的なものもあれば、分析や総合や評価を求められるもっと複雑なものまである。教育心理学者ベンジャミン・ブルームが一九五六年にこのタクソノミーを発表して以来、数多くの教育学の研究者がいかによりよい問いによって、より高い認知能力が引き出されるかを研究している。最近では、ほかの分野の専門家が学校以外の場面での問いの効果に着目し始めた。例えば、職場という環境においては、わたしのMITの同僚でもあるエドガー・シャインが「謙虚な問いかけ」を提唱している。「謙虚な問いかけ」とは、シャインによれば次のように定義される。「自分の殻を破らせる技術、答えを知らない問いを問う技術、他者への好奇心と関心にもとづいて人間関係を築く技術[5]」

これらの現在も進行中の研究のおかげで、まだ優れた問いの見つけ方の決定的な指南書はないとはいえ、さまざまな場面で効果のある手法がいくつも明らかになってきた。そして、問うことが本人の努力によって磨きうるスキルないし能力であるという根本的な考えが、人々に理解されるようになった。問いの力を知り、問う能力を高めようという決心を固めることでみなさんの人生は大きく変わるだろう。まずは次の問いから始めるといい。きょう、あした、そしてあさって、仕事や私生活でよりよい問いを立てるために何をすればいいか。

ただ問えばいいわけではない

問いの研究者たちが全員、注目しているのは、発された問いがすべて同等ではないという点だ。問いの能力を養うためには、より多くの問いを自分自身に対しても、相手に対しても問うほうがよいのは確かだが、ただ数多く問えばいいというわけではない。問いにはいくつかの種類があり、意欲を引き出すものや役に立つものもあれば、完全に有害なものもある。

ブルームのタクソノミーは、問いの質的なちがいを踏まえており、生徒に求められる認知能力に応じて、問いのレベルを変えている。例えば、問題を解決させる問いは、記憶した事実を思い出させる問いよりも、複雑な認知能力を必要とするむずかしい問いとされる。ロバート・ペイトとネビル・ブレマーも同様の観点から、別の問いの分類を試みている。それは収斂型と散開型という分類だ。収斂型の問いでは、唯一の正しい答えが要求される。教師など、問う側にはあらかじめその答えはわかっている。そのような「閉じられた」問い——「ハワイの平均気温は何度か」など——は、論理的に答える知識や能力があるかどうかを試すときに問われる。いっぽう、散開型の問いでは、多様な答えが求められる。「社会は気候変動にどう対処するべきか」などの問いだ。この「開かれた」問いでは、もっと創造的な思考が促される。[6]

「開かれた」は「閉じられた」よりいいことのように聞こえ、「複雑な認知」は「単純な認知」より賢いことのように感じられるが、これらの分類体系ではそのような価値判断は下されていない。研究者たちはどんな問いにもそれにふさわしい場所があり、すべてはその場の目的しだいだということを強調している。しかし、わたしたちにはある一つの目的があるとしよう。「知らないことを知らない」ことを明らかにして、画期的な洞察を得るという目的だ。さらには、基本的な原則として、世界には今よりもっとその目的の信奉者がおおぜい必要だと、確信しているとしよう。その場合、想像力を刺激し、いい変化を引き起こす問いが、そこでは最高の問いになる。

いっぽう、ある問いがいい問いになるか、悪い問いになるかは、問う人の意図にも左右される。アップルの最高デザイン責任者ジョナサン・アイブはかつて、上司だったスティーブ・ジョブズから「毎日のように」あることを尋ねられていたという。アイブはつねづね、自分の実力をいちばん発揮できることに専念するジョブズの仕事の仕方に感銘を受けていた。あるときそのことをジョブズに告げ、自分にはなかなかそういうことができないのだと打ち明けた。するとジョブズはそれを人材育成に関わる大きな問題だと受け止め、最優先事項に据えた。以後、アイブはジョブズと顔を合わせるたび、「〝きょうは何回、『ノー』といった？〟と尋ねられた」という。[7]

この問い自体は、発想の転換を迫るすばらしい問いだ。大事なことに専念するためには、一つの仕事に取り組み続けようとするばかりではなく、じゃまを拒むこともたいせつだと教えてくれる。しかし、どんなにすばらしい問いでも、毎日毎日、浴びせられていたら、しだいにうんざりしてきてもおかしくない。アイブの場合にそうならなかったのは、ジョブズにアイブを助けたいという誠実な気持ちがあったからだ。同じ問いでも、それを問う人しだいで思いやりの表現にもなれば、いやがらせにもなる。

わたしにとっての最高の問い（本書で重点が置かれる問い）は、何度か述べているとおり、触媒的な問いだ。触媒的な問いには壁（ふつう誤った固定観念という形で立ちはだかる）を崩すという特徴と、新しい生産的な行動へエネルギーが振り向けられるようにするという特徴がある。ではそれらの特徴について一つずつ順に見ていこう。

優れた問いは固定観念を崩す

ある問いを立てると、思考を妨げている壁が突き崩され、問題が解決することがある。それらの問いによって、考えを進めるうえでの「前提」が一つまたは複数取り払われ、今まで見えていなかった広い世界で解決策を探ることが可能になるからだ。これは一般に「枠組みの変更《リフレーミング》」と呼ばれる。

創造性やイノベーションに関する著作で有名なスタンフォード大学のティナ・シーリグ教授も、枠組みの変更を強く推奨するひとりだ。シーリグによれば「問いはすべて枠組みであり、答えはその中に収まる。［中略］枠組みを変えることで、解決策の幅は劇的に変化する」という。シーリグはアインシュタインのよく知られた逸話を紹介して、そのときにいわれた言葉を引用している。「もし問題を解決する時間が一時間あり、自分の人生がその問題の解決にかかっているなら、わたしは適切な問いを導き出すことに最初の五五分間を費やすでしょう。適切な問いがわかれば、問題は五分で解けるからです」。ものごとを見る枠組みを変えるには、自分とはまったくちがう人物のことを思い浮かべ、その人物になったつもりで状況を眺めてみるといいと、シーリグはアドバイスしている。子どもだったら、おとなとはちがう解釈をするのではないだろうか。別の地方に暮らす人だったら、自分とは根本的にちがう固定観念にもとづいて考えるのではないだろうか[8]。

グーグルの親会社アルファベットには、「月ロケット工場」と評され、もっぱら不可能に思えるような大問題の解決ばかりに挑む研究部門がある。単に「X」と名づけられたその部門は、管理職のひとり、フィル・ワトソンによれば、「長年、世界が苦しんでいる問題」に好んで取り組むという。新しいテクノロジーを導入すれば、それらの問題を劇的に改善できるという自信が彼らにはある。例えば、アルファベットの自動運転車開発がX内で始まったのは、交通がそういう問題だったからだ。自動運転車の事業はやがて分社化し、ウェイモ社が設立された。Xで立ち上げられた「プロジェクト・ルーン」も同じだ。ルーンの事業では、中継装置を備えた気球を成層圏に飛ばし、それを使って地球上で最も辺鄙な土地にインターネット接続を提供することがめざされている。それらの取り組みはすべて、いきなり解決策を考えるのではなく、まずは問題を正しく位置づけることから始まったものだ。ワトソンによれば、グループのリーダー、アストロ・テラーはメンバーにたえず「問題のいちばんむずかしい部分から始める」よう促しているという。当然、そのためには問うことが必要になる。未知の解決策をこれから探ろうというときには、具体的にどこでどういう困難に直面するかは、なかなかあらかじめ予測できないからだ。

しかしXのメンバーたちがやがて気づいたように、人間にはいちばん簡単な部分に最初に手をつけ、そこから進めていこうとする傾向がある。ならば、その傾向に注意し、そうしないよう心がければいい。Xでは次のようなコミカルなたとえ話が用いられている。柱の上で猿にシェイクスピアの詩を暗唱させるという夢を実現したい場合、ふつうのチームであれば、まず柱を立てて、そのてっぺんに台を設置することから始めるだろう。その部分はすでにどう取り組めばいいかがわかっているからだ。また、問題の一部を解決することで、大きく前進した気にもなれれば、そのように見えもする。しかしいうまでもなく、むずかしいのは猿を調教する部分だ。もしそれが不可能であることがわかれば、ほかの部分の解決に費やした時間はすべてむだになってしまう。Xではつねに労力を傾けるべきところに傾けられるよう、チーム内の連絡に「#モンキー・

ファースト」というハッシュタグがつけられることがある。

認知心理学者が指摘しているように、人間は根深い理由により、どうしてもいつも同じように考えようとし、よほど困ったことにならないかぎり、なじみのある思考の枠組みを捨てようとしない。とりわけ社会集団では、その傾向が顕著になる。わたしたちのアイデンティティーや人格がコミュニティー内の人間関係の中で築かれることを、強力な証拠によって明らかにした社会学者アミタイ・エツィオーニによれば、わたしたちは自分たちの固定観念に異議を唱える「変化を起こす知識」を受け入れるより、「安定を保つ知識」に頼ろうとするという。どれだけ「安定を保つ知識」を積み重ねても、それは従来の枠組みの中で別の仮説を立てることにしかならない。自分たちの知識の枠組みに疑問を持つことは、たいてい、むだに面倒を引き起こすことと思われている。エツィオーニは次のようにいう。「いったんコンセンサスができあがると、基本的な世界観についてであれ、自己の利益についてであれ、他者の見方についてであれ、あるいは戦略的な基本方針についてであれ、［意思決定者にとって］それらの固定観念を覆すことは政治的にも、経済的にも、心理的にも、大きな犠牲を伴う行為になる。［中略］だから、固定観念は往々にしてタブーと化す。タブーと化せば、もはやその固定観念の枠組みの中でしか、ものごとを考えられない」[9]。その結果、現状がいつまでも続いてしまう。

問いは、思考の枠組みを変えまいとするそのような抵抗の壁を崩す最も効果的な方法だ。問いを用いれば、タブーとされていた領域が力尽くではなく、そっと開かれて、個人レベルでも、集団レベルでも、当たり前と見なされていた考え方に誤りがなかったかどうか、再検討が促される。イーロン・マスクはそういう手法を「第一原理思考」と呼んでいる。数年前、マスクの電気自動車メーカー、テスラ社がフォーブス誌の「革新的な企業」ランキングで一位に選ばれたとき、ランキングの作成を手がけたわたしたちのチームは、難題に新しい角度から取り組むコツについてマスクから話を聞いた。

第一原理思考では、まず、まちがった前提が徹底的に取り払われる。そして疑う余地がまったくない真実の層に達したら、そこからアイデアが練り始められる。マスクはそのわかりやすい例として、テスラが参入した自動車業界の話をしてくれた。現行では軽量アルミホイールを取りつけると、一個につき五〇〇ドルかかるが、素直にそんな額を払うべきなのか。マスクは疑問を持った。「変だと思いませんか。だって、アルミの値段は一ポンド〔約四五〇グラム〕当たり二ドルぐらいなものです。そうするとホイールの重さは二五ポンドですから、五〇ドルにしかなりません。加工の費用もかかるっていうなら、倍にしましょう。それでも一〇〇ドルです。五〇〇ドルっていう値段はありえません」。人間はこれが現実だといわれると、簡単に引き下がってしまいやすい。マスクはそのことにたいへん自覚的だ。「彼らはよくこんなふうにいいます。〝まあ、三〇〇ドルから六〇〇ドルが相場のようだから、五〇〇ドルなら妥当だな〟と。でもこれは単に誰もがぼったくられてるってことでしかないんです！」。マスクによれば第一原理による問題の分析は次のように行われる。「〝真実だと確信できることは何か〟と問い、いちばん根本的な真実まで、ものごとを掘り下げていくんです。強く確信できることが、基本の真実、自分にとっての公理的な要素になります。それがわかったら、それを使って推論を進めます」

枠組みの変更は、この例に示されているとおり、たいていは「枠組みの拡大」を意味する。それまで制限されていた探求の範囲を広げるということだ。わたしの同僚であるクレイトン・クリステンセンが企業内のイノベーターたちに、自社の提供する商品がどういう「用事」に使われているかに着目せよとアドバイスするときも、やはりいっているのは同じで「枠組みの拡大」ということだ。[10] 例えば、自動車メーカーであれば、「よりよい車を作るにはどうすればいいか」と問いやすいが、それはいい問いではない。広い観点から見れば、車とは、どこかへ移動するという「用事」を済ますための手段であることがわかる。だとするなら、「顧客によりよい移動手段を提供するためにはどうすればいいか」と問うほうがいい。そうすると、イノベーションの幅がいっきに大きく広がる。

優れた問いは人を引きつけ、意欲をかき立てる

マルコム・グラッドウェルは人を引きつける語りの名人だ。いわゆる「物語的《ナラティブ》ノンフィクション」を書かせたら、彼の右に出る者はいない。ベストセラーとなった著書『天才！――成功する人々の法則』の冒頭で、グラッドウェルは読者にいっしょに発見の旅へ出ようと誘う。

成功者についてわたしたちがいつも問うことは何か。それは成功者がどんな人物かということだ。性格はどうか？　頭のよさはどうか？　ライフスタイルはどうか？　どんな天性の才能に恵まれているか？　彼らが頂点に立つことができたのはそれらの個人的な特質のおかげだとわたしたちは考えている。

［中略］本書では、そのような成功の説明が役に立たないことを伝えたい。［中略］成功者がどういう人物であるかを問うだけではじゅうぶんではない。成功者たちがどういう人生を歩んできたかを問うことで初めて、どういう人が成功し、どういう人が成功しないかが見えてくる。[11]

ここで注目していただきたいのは、グラッドウェルがこの本を書き出すにあたって、「問いの枠組みを変えよう」という意味のことをいっていることだ。なぜそうしたかといえば、それによって即座に読者の関心を引けるからにほかならない。グラッドウェルは次のように読者に語りかけている。わたしたちは興味のあることをいつもある一つの角度から見ているけれど、ほんとうはそれとは別の角度から見るべきなのだ、と。これに対し、読者が次のように反応することはグラッドウェルにはわかっている。「なるほど、これはおもしろそうだ。どんな話が出てくるか、もう少し先を読んでみよう」。これが触媒的な問いのもう一つの特徴だ。わたしは誰もがこういう問いをもっともっと使うべきだと思っている。このような問いは、創造的な思考を刺激し、活性化するほか、エネルギーを引き出して、新しい解決策の創出へと結びつけもする。

どんなにすばらしい洞察も、それ自体ではほとんど何の役にも立たない。洞察が世界を変える力を持つのは、誰かがそれを実用化するときだ。しかし洞察をそのように現実の力に変えるためには、多大な労力を要する。ふつうそれは時間的にも、能力的にも、ひとりの人間にできることではない。大きなことをするとはつまり目標の実現のために他者を引き込んで、力を借りることを意味する。——自分自身の人生に大きな変化をもたらすことでさえも。

例えば、ニュージャージーの母親のグループがある問題で行き詰まったとき、しなくてはいけなかったのが、他者を引き込むことだった。彼女たちにはひとりで行動するのがむずかしい自閉スペクトラム症の子どもがいた。その子どもたちが大きくなり、地元の学校制度で設けられているプログラムから外れなくてはいけなくなった。彼女たちは二〇〇〇年に、同じ悩みを抱える親どうしでグループを結成して以来、お金を出し合って、子どもたちにさまざまなレクリエーションの機会を与える活動を続けていた。互いのことを深く知るようになってからは、会話をしているといつも最大の心配事がみんなの口から漏れた。「自分たちがついていてやれなくなったら、子どもたちはどうなるのか」という心配だ。それがある日、もっと前向きな問いに変わった。「子どもたちが大きくなると、わたしたちは現実に行動を起こさなくてはならなくなりました。最初にわたしたちがしたのは、問いの観点を変えることでした」という。以後、グループは次のように問うようになった。「子どもたちが今、そして将来、意義深い人生を送れるようにするため、わたしたちに何ができるか」[12]

見方によっては、これは単に言葉を変えただけともいえる。しかし、最初の問いでは、親たちは無力感に打ちひしがれているだけなのに対し、第二の問いでは、積極的に行動を起こそうとしていることは明白だ。しかも、新しい問いは親たちを行動へと駆り立てただけではなく、考えを人に伝えるうえでの軸にもなれば、他者（臨床心理学者や、非営利団体の相談者など）を引き込むための土台にもなるものだった。現在、彼女たちが設立したクエスト自閉症基金は、州に認可された「日常生活の選択肢提供機関」として、おとな向けのさまざまなデイプログラムを提供している。また寄付が集まったおかげで、自前の施設も持てた。

クエスト自閉症基金の立ち上げにおいて、理念とか夢のあるビジョンとかを打ち出す代わりに一つの問いを掲げたことが、ほんとうに役立ったのだろうか。わたしは確かに役に立ったと思う。そう思うのには、いくつかの理由がある。問いは、助けを求める誠実なものと受け止められるならば、支援を呼びかける単なるキャンペーンではなく、問題をともに真剣に考えるという協力を他者から引き出すことができる。たいていの場合、そのようにいっしょに問題を考えてもらうことからよりよい解決策が見つかるが、もし見つからなくても、少なくとも積極的な支援は得られる。[13]人間はある問題を自分と関わりがあるものと認知すると、その問題の解決に積極的に励むようになるからだ。わたしたちが私生活や仕事で直面する問題のほとんどは、自分ひとりでは解決できない。だから他者から協力を引き出す手段を持つことが欠かせない。その最良の手段となるのが、よい問いだ。

答えだけでは仕事が務まらなくなるとき

数年前、シンガポールで開かれたウォール・ストリート・ジャーナル紙主催のカンファレンスで演壇に立ち、CEOや重役たちを前に話をした際、わたしはジェフリー・ダイアーとクレイトン・クリステンセンとの共著である『イノベーションのDNA』の中から、創意に富んだビジネスマンとそうではないビジネスマンの行動のちがいに関する調査結果を紹介した。非イノベーターにはなくてイノベーターにある重要なスキルが五つあり、その一つは問うスキルだった（例えば、その調査では、イノベーターは答えの数に対する問いの数の比率を示すQ／A比率が高いことが示された）。講演後、聴衆のひとりがわたしに声をかけてきた。「身につまされるお話でした」と彼はいった。「今の会社で平社員から現在の地位に上りつめるまで、わたしはいつも正しい答えを知ることで昇進してきました。CEOになって気づいたのは、ここまでくるともう大事なのは答えではないということです。問いのほうが重要なのだと思います。ですが、わたしにはまだ正しい問いの立て方がわかりません」[14]

これまで意識的な問い手になることなく出世を果たしてきたという話を聞いても、わたしは驚かなかった。階層的な組織では、いかなる問いもふつうは歓迎されない。逆に、収斂型の問い——単に事実を知るための問い——を立てれば、無能と思われるというきびしい現実がある。まして や、上の決定に異議を唱えることになる散開型の問いは、それ以上に立てづらい。ここでいう「階層的な組織」とは、けっして私企業だけを意味しない。大多数の非営利組織や、教育機関や、役所や、軍もそこに含まれる（かつて「軽騎兵」と題した詩で、「返事をするのは、彼らの役割ではない／理由を問うのは、彼らの役割ではない／実行し、命を捧げることが彼らの役割だ」と書いたのは、英国の桂冠詩人アルフレッド・テニソンだ）。

そんな環境では、生き残るのにも、評価を高めるのにも賢い答えが鍵を握る。出世できるのは、問題が起こると即座にその解決策を示せる人間だ。解決策は時間とともにしだいに改善されても、問いそのものが再検討されることはない。そういう組織全体の運営を担うのは誰かといえば、そういう組織で育った人間だ。シンガポールで会ったCEOのように、そういうマネジャーははるか昔に問うことをやめていて、トップに立ったときにはすっかり問い方を忘れている。しかし企業の未来、ひいては従業員の生活は、首脳陣が自分たちの誤った固定観念に気づけるかどうか、顧客のニーズへの対応に関して、基本的な問いを見直せるかどうかにかかっている。わたしが出会った傑出したリーダーたちはたいてい、起業家精神に富んだ創業者だ。組織の中で出世の階段を昇ってきたという人は少ない。例えば、セールスフォースの最高マーケティング責任者サイモン・マルカーヒーによれば、マーク・ベニオフ（同社の共同創業者、会長、CEO）はたえず未来はどう変わるか、自社はそれにどう適応していくかを問い続けているという。ただしそこで重要なのは、それらの問いがつねに「初心者の心」で立てられていることだ。つまりいつも新鮮な目で世界が眺められている。「大胆なイノベーションのためには、初心者の心が欠かせない」とベニオフはいう。イノベーションより遂行に重点を置く古い企業では、「動かし、揺さぶる者」になる可能性を秘めた人物は、従来のやり方に異議を唱えるせいで、往々にして「夢想家」として切り捨てられてしまう。[15]

定まった問いに答えを出すことに注力していても、支障はないことが多い。そもそも、よい問いであれば、しばらくのあいだはよい答えに結びつくものだ。[16] 肝心なのは四六時中問い続けることではない。いつも一歩引いて考えてばかりで、決断を下さず、ものごとを先へ進めようとしないのでは本末転倒だ。しかし、行き詰まりを感じているときや、イノベーションが急務のとき、あるいはたえざる変化にさらされているときには、きのうと同じ問いに答えるだけでは不じゅうぶんだ。

だから、シンガポールでわたしに声をかけてきたCEOが、今の地位に就いて初めて、個人的な成長のためには問いを立てること、問いを変えることが最大の課題になると気づいたのも意外ではなかった。同じ話はそれまでにも多くの人から聞いていた。例えば、プロフェッショナルサービス企業EYを率いるマーク・ワインバーガーはわたしに次のように話した。「CEOは答えを知っていることを期待されます。もちろん問題によっては、なんらかの答えを知っていなくてはなりません。ですが、なかなかみんなに理解してもらえないのは、問うことがCEOの最もたいせつな仕事の一つだということです」。ワインバーガーはそういったあとですぐ、それらの問いには意地の悪さが混ざってはいけないとつけ加えた。「相手が問いに答えられなくても、相手を恥じ入らせてはいけません。そういうことが問いの目的ではありません。問いの目的は、相手に別の角度から問題を考えさせることにあります」

インフォシスの創業者ナラヤナ・ムルティにいわせれば、それが企業を成長させ続ける唯一の方法だ。「結局のところ、わたしたちが市場で成功するためには、持続可能な差別化を図らなくてはなりません。持続可能な差別化をもたらすのは、頭脳の力です。頭脳の力はまずは正しい問いによって、次にそれらの問いに対する正しい答えによって発揮されます」とムルティはわたしに話している。ムルティが最後に結論として強調したのは、「イノベーションを通じて差別化を図れるよう」組織を導くことがリーダーの役割であるという点だった。このことは、リーダーが考えたり、行動したりするうえで何から始めればいいかを示している。「わたしの考えでは、正しい問いを立てることが最初の一歩になります」とムルティはいう。

何度も行き詰まり、何度も問う

実際、わたしたちはありとあらゆる領域で、集団として——多くの場合、個人としても——イノベーションを必要としている。解明が待たれる科学的な謎も、解決しなくてはならない社会問題も、克服しなくてはならない個人的な課題も無数にある。それらの分野の多くでは同じことが繰り返されるばかりで、いっこうに前進が見られない。新しい問いが立てられていないからだ。新しい問いによってのみ、進むべき道は見えてくる。

例えば、よくいわれている問題の一つに、各分野における性別の偏りという問題がある。特に顕著なのは、科学や先端技術、工学の分野だ。わたしの知人の起業家にデビー・スターリングという女性がいる。彼女は大学を卒業したときにそのことで悩んだという。彼女自身はスタンフォード大学で工学を専攻していたが、そのクラスも圧倒的に男子のほうが多かった。入学選考で男女の差別があるわけではなかった。単純に工学のコースに応募する女子がそれだけ少ないせいだった。

スターリングはこの問題の解決に取り組む方法を見つけたときのことを次のように話している。「アイデアは最初、友人と始めた〝アイデア・ブランチ〟というサークルで生まれました。そのサークルでは、二、三カ月に一回集まって、いっしょに朝食を作ってから、ひとりずつ順番に立ち上がっては、アイデアを発表するということをしていました。アートプロジェクトとか、商売とか、アプリとかのアイデアです。それから数分間、みんなで自由に意見を出し合ったら、次の発表に移ります」。あるブランチのとき、友人のクリスティーが小さい子どもの頃、兄のリンカーン・ログやエレクター・セット（おもちゃの建物や乗り物の組み立てキット）で遊んでいて、建築に興味を持ったという思い出を語った。「まだ物心のつかない頃ですから、それが女の子のおもちゃではないなどという頭は彼女にはまるでありませんでした」。クリスティーはその発表で、なぜそのおもちゃが兄のものであって、自分のものではなかったのかと問いを投げかけた。「クリスティーの問いはつまり、どうすればそれらのおもちゃを女の子にもふさわしいものにできるか、ということでした。［中略］わたしは座って聞いていて、胸が高鳴ったのを今でも覚えています。天啓を得たような気分でした。自分はそのために地球に生まれてきたのだって」

スターリングはそういう使命感を抱いて、課題に取り組み、製品のアイデアを思いつくと、クラウドファンディングサイト、キックスターターで資金を集め、試作品を完成させた。現在、彼女が設立した会社ゴールディーブロックスは、幅広い種類のおもちゃを生産し、高らかに自社の理念を謳っている。「ゴールディーブロックスのミッションは次世代の女性エンジニアたちを鼓舞することです」とホームページにはある。「わたしたちがめざすのは、女子による建築です」。わたしがそれよりも気に入っているのは、スターリングからじかに聞いた言葉だ。「どうやってピンク色に染まった売り場をこの世からなくすか。これがわたしたちの問いです」

このようにほかの人たちがさじを投げていた問題と向き合って、まったく新しい角度から解決策を見つけたという例は数多くある。次章からはそれが本書の一貫したテーマになる。ネット犯罪の防止や、交通問題の解決や、銃犯罪の対策などをはじめ、さまざまな事例を紹介していきたい。それらの事例からは、新しい答えはいつもすぐそばにあることがわかるだろう。さらには、ほかの人たちに触媒的な問いを立てるようたえず働きかけることがいかにたいせつかも、納得してもらえるはずだ。

問う力を鍛えよう

すでに明らかかもしれないが、念のため、ここで断っておこう。この本では、みなさんに答えを提供しないのと同じように、問いも提供しない。ほかの本では具体的にどういうことを問えばいいかが書かれていることが多い。そのようなマニュアル的な問いも、それぞれの本で想定されている場面では有効かもしれない。[17] しかし本書がめざすものはもっと高いところにある。みなさんにそれぞれの状況に応じて、独創的で可能性に富んだ問いを立てられるようになっていただきたいと思っている。

問いはただ多く立てればいいわけではない。害ばかりで一利もないということはないにしても、問いのせいで余計なことに気を取られ、時間をむだにすることはよくある。大事なのはただ問うことではなく、問題の解決につながる創造的な問いを立てることだ。そうすることで共同思考が促され、著しい進歩をもたらす共同作業が可能になる。私生活でも仕事でもそういう問いを増やすには、いつもそういう問いを心がけることが肝心だ。

枠組みを変え、新しい問いを立てることが、画期的な解決策の取っかかりになる。画期的な解決策が必要とされる問題は至るところにある。偶然のめぐり合わせだと思われがちなひらめきをもっと意識的な努力で得られるものにすることは、どんな人にも役に立つはずだ。本書のいちばんの存在意義はそこにこそある。突然の思いつきによって急に道が開けるという体験は、一生に一度の幸運な出来事のように思えるかもしれないが、じつはそれは運任せにするべきことでもなければ、めったに起こらないことでもない。それを引き起こす問いをもっと重んじることで、自分で引き起こせるのだ。

第2章　なぜもっと問わないのか？

次に、かかし。おまえはずうずうしくも脳みそが欲しいというのか。
藁でできたおまえがか。

――『オズの魔法使い』

政治的メッセージの込められた挑発的な芸術作品を目にすれば、それを作ったのはきっと我の強い人物なのだろうと想像するものだ。故ティム・ロリンズの作品はまさにそんなタイプの作品だった。ロリンズはニューヨークを拠点に活躍した芸術家で、高校生たちとのコラボレーションを長く続けたことで知られる。高校生の中には、ブロンクスの最も治安の悪い地区に住み、勉学に問題を抱える者も少なくなかった。ティム・ロリンズとKOS（キッズ・オブ・サバイバル）は一九八〇年代末、一躍、芸術界の寵児となり、「キッズ」たちの表現活動は今も続けられている。しかし彼らの作品が最もよく売れた時代に書かれたニューヨーク誌の記事では、あまり芳しくない面も指摘された。その記事には、工房の力学をありのままに映し出した生徒の言葉が紹介されている。[1]例えば、この活動に反発を覚えたある生徒によると、生徒が絵についての提案をしても、ロリンズに気に入ってもらえないと、たちまちほかの生徒たち全員から総すかんを食うのだという。「彼がひと言〝だめ〟といえば、生徒はみんな〝だめ、だめ〟としかいわなくなります」。ところが、ロリンズが出したアイデアには、誰もが一も二もなく賛同する。「彼が〝こんな感じでどうだろうか〟といえば、〝いいですね、最高ですよ、ティム〟という反応が返ってくる」という。

もちろんわたしはこの件に関して真実を知るわけではないし、おそらく立場がちがえば見えてくる真実もちがうのだろう。しかし一ついえるのは、高校生たちがこの異例の試みに戸惑っていたということだ。ある若い女性がニューヨーク誌の記者に次のように話している。「子どもたちはティムの気分を害したくないから、何もいおうとしません」。高校生たちはこの特別なプログラムで自分たちが恩恵に浴していることを意識していたので、自分たちがロリンズを利用していると彼に思われたくなかった。しかし同時に、この女性も指摘しているとおり、ロリンズの作品がバイヤーたちの関心を引いたのは、高校生たちが関わっていたからだった。だから「子どもたちはこんなふうにも感じていました。〝ちょっと待てよ。ほんとうのところ、利用されているのはどっちなんだ?〟と」。

この問いに答えるにはどちらかの側に立たなければならないが、ここで肝心なのは、これが問われてしかるべき問いだったという点だ。工房内からこの問いが発されていれば――相手を非難するのではなく、客観的に事実を確かめるためにそうされていれば――生徒たちの憤りは消えていたかもしれない。それればかりか、その問いが触媒の働きをして、両者の協力関係をいっそう深め、創造性がさらに引き出されていた可能性すらある。では、なぜ生徒たちはその問いを口にしなかったのか。なぜ、そんな重大で公正な問いが投げかけられなかったのか。本章では、その謎について考えていきたい。現代の世界では、社会的な言葉のやりとりがあるほとんどの領域で、問いが好まれず、建設的な問いを立てる発想力に富んだ人間が育まれにくくなっている。しかしそういう問いの不足に気づいて、本気でそれを変えようとすれば、豊かな問いが生まれる環境を築いていくことは可能だ。

人はいかにして問わなくなるか

問いが自然と口をついて出てこない人が多いのは、何よりも、人生の早い時期に問いたいという自然な欲求が何度も何度も抑えつけられているからだ。繰り返し抑えつけられるたび、問いの衝動は弱まり、問いたいという気持ちは薄れる。それは学校と家庭で始まって、就職してからも続く。やがてどんな問いでも自由に口にできる地位に就いて、むしろ自分のためにも相手のためにも問うことを求められる立場になる頃には、何をどう問えばいいかがわからなくなっている。

子どもといっしょに生活したことがある人なら知っているように、子どもは質問の塊だ。なんでも臆せずに問う。それらの問いのほとんどは知らないことやわからないことを単純に問うものだが、それらの事実についての問いの中には相手を当惑させるものがどうしても混ざる。ときには意図せずして、触れてはいけないことに触れてしまうこともある。それらの問いへの反応から、子どもたちは二つのレベルでものを学んでいく。つまり自分の興味のあることに（運がよければ）答えを得るほかに、問い続けていいかどうかについての信号も受け取る。

ふつう小学校に入学するまでは、子どもたちの問いは生き生きとしている。しかし正式な教育が始まると、その問いが拒まれ始める。トニー・ワグナーとテッド・ディンタースミスの最新の著作『成功へ導く教育（*Most Likely to Succeed*）』にはそういう学校のようすが克明に描かれている。同著によれば、教育委員会から区域内の学力テストの成績を上げることを義務づけられている教師たちは、毎日「テスト対策の授業」を行い、生徒たちの頭にできるだけ多くの知識を詰め込むことに全力を注いでいるという。生徒たちからの質問は、授業の進捗を遅らせるものと見なされ、奨励されていない。また二〇人から三〇人の生徒がいる標準的な学級で教師自身が発する問いも、とうてい問いの手本になりはしない。問いの数は多いが、たいてい生徒たちの記憶を試すためか、授業に集中させるためだ。しかも生徒たちがそれらの問いにまじめに答えようとするのは、補習を受けたくないからでしかない。

教育の研究者たちはかなり昔からこのような学校教育のアンバランスに着目している。例えば、エドウィン・サスキンドは一九六〇年代に小学校の教室へ行って、授業中の言葉のやりとりをすべて記録に取った。それによると、一時間の授業中、教師が生徒に尋ねる回数は平均八四回であるのに対し、生徒が教師に尋ねる回数はクラス全員でわずか平均二回だった。生徒ひとりひとりについて見れば、月に平均一回しか質問をしていなかった。[2] それより古い一九四二年にも、心理学者のジョージ・ファーヒが一年にわたって六校の高校で一六九人の生徒を観察し、やはり同じ結果を報告している。そこでも生徒ひとり当たりの質問数は月一回だった。[3] ウィリアム・D・フロイドによる研究では、小学校の教師と生徒の質問の比率は九五対五であることが示されている。[4] 教育学者ジェイムズ・T・ディロンは一九八〇年代末までに蓄積された研究成果を次のように要約した。「生徒は教室で質問をしていない。教師がつねに数多くの質問をしているいっぽうで、生徒が質問する姿はきわめてまれだ」[5]

このような教師による質問の「強奪」は、学習の内容が高度になるにつれ、減っていってもおかしくはない。やがては問いの利用が一方的ではなくなっていいはずだ。生徒たちはその頃には自分で問題を掘り下げていけるだけの知識を獲得し、独力で新しい発見をめざすことができるようになるのだから。例えば、マックス・ベルトハイマーの古典的名著『生産的思考』では、アインシュタインがどのように相対性理論を築いたかが紹介されている。それによると、一六歳のときのアインシュタインは「特別優秀な生徒ではなかったが、独学の努力では際立っていた。独学で勉強したのは物理学と数学で、やがてそれらの分野では同級生たちより詳しくなった。しかしほんとうにたいへんだったのはそこから先だった。アインシュタインは七年間、徹底的に知識を深めていった」。アインシュタインは極端な例だが、話のポイントは、本格的に問いに取り組めるようになるためには、何年もかけて既存の文献に書かれていることを学び尽くすことが必要だったということだ。その結果、世紀が二〇世紀へと変わったばかりのとき、二三歳で偉業が成し遂げられた。（アインシュタインと問いについて論じたこの箇所には、次のような文章が続いていることもぜひ紹介しておきたい。「しかしそのときから、従来の時間の概念について問うようになった。［中略］当時、アインシュタインは特許局に常勤職員として勤めていたにもかかわらず、わずか五週間で相対性理論の論文を書き上げた[6]［傍点は筆者］」。適切な問いの触媒効果がいかに絶大であるかがここには示されている）

どんな分野でも、最初に基礎知識――疑問の余地がないことがはっきりしている土台となる知識――を身につけてからでないと、自分で探求や洞察を深めることはできない。科学教育の研究者フィリップ・スコットによれば、教室での生徒と教師とのやりとりには「権威的」なものと「対話的」なものの二種類があるという。権威的なやりとりでは、教師が生徒に知識を授けるため、一方的に話をする。もちろん生徒が質問することもあるが、それはあくまで事実に関する答えや説明を聞くためだ。教師の側は頻繁に生徒に質問するが、それはもっぱら生徒たちの理解度を確かめることを目的としている。対話的なやりとりでは、生徒たちに積極的に考えを述べさせたり、新しい角度から考えさせたりする。また、答えの決まっていないことを問い、生徒たちにそれぞれの案を自由に話させる。そこでは逆に問い返すことも歓迎される。この二種類のやりとりはどちらも必要であり、効果的な授業ではこの二種類がバランスよく混ざっていると、スコットはいう。ただし学年が上がるにつれ、対話的なやりとりの割合が増えるという[7]。

勘のいい人はお気づきのように、ここにはある避けがたい問題があり、それは論理的には一〇年ごとに悪化することになる。すなわち、どんな分野でも、基礎知識は増えることこそあれ、減ることはない、ということだ。新しい世代が前の世代の「巨人の肩の上」によじのぼって、さらに遠くまで見るためには、前の世代よりも長期間、学校教育を受けなくてはならない。しかしほとんどの人にとって、学校教育を受ける期間をそこまで長く延ばすことは現実には不可能だ。だからほとんどの人は、基礎的な概念について問うところまで行かず、情報の伝達を目的とした学校教育を受けるだけで、学業を終えることになる。

学業を終えれば、次は就職だ。ある学生たちは軍に入る。歴史的に見て軍もやはり、問う能力が磨かれる部門だとはとうていいえない。また別の学生たちは、標準手順やルールが厳密に定められた公的機関や民間企業で働き始める。問いを完全に封じるものがあるとすれば、山ほどの仕事とともに従業員に与えられる細かい業務マニュアルだろう。こうして、問いが嫌われる教育環境で育った者たちの大半が、創造性を高める学習目標を著しく欠いた、遂行重視の職場で働き始めることになる(ただし世界を代表する革新的な企業の職場環境はそれとは正反対だ)。

教室から職場まで、わたしたちは問いのない世界で毎日を過ごしている。そこでは効率が追求され、独創的な問いは無視されるか、沈黙させられる。もっとほかに解決の方法はないかとか、ほかの問題を解決できるのではないかとか、立ち止まって考えることは、むだに遅れを生じさせること、悪ければ活動の停止さえ招きかねないことと見なされる。そのような生産性至上主義が人々の問おうとする気持ちをそいでいることは確かだ。ただ、ふつうはそれが原因のすべてではない。問いが阻まれているもっと大きな、もっと暗い原因は、職場にはびこる権力闘争にある。

権力は問いのプロセスを腐敗させる

ふたり以上の人間がいるところには必ず、権力をめぐる争いが生じる。かつてウォレス・セイヤーが学術界について、「失うものがないから」かえって熾烈な政治的な争いが繰り広げられていると指摘したように、わたしが身を置く学術界ですら権力争いと無縁ではない。とはいえ世界クラスの権力者たちの戦いを見たければ、ハリウッドに目を向けるのがいちばんいいだろう。どの大手映画会社のどの月にカメラをズームインさせても、争いの場面が映し出されるが、ここではわたしが特に気に入っている一九四〇年代の有名な事例を取り上げよう。異なる種類の権力者どうし――大金持ちのプロデューサー、サミュエル・ゴールドウィンと、脚本家として名声を博していたリリアン・ヘルマン――のあいだに繰り広げられた争いの事例だ。この争いには、なぜ多くの人が問うことをやめてしまうかの理由もよく示されている。

ゴールドウィンの伝記を書いたA・スコット・バーグによれば、一九四三年のある日、ゴールドウィンがハリウッドにある自宅にヘルマンを呼び出した。その少し前に、ヘルマンは自身の脚本を使って制作されたゴールドウィンの映画を「駄作だ」とさんざんにこき下ろしていた。

ヘルマンが家に足を踏み入れたとたん、ゴールドウィンの怒鳴り声が響きわたった。「テレサ・ライトを発掘したのは自分だと、のたまっているそうだな！」

「なんのことかしら」ヘルマンは問い返した。

「わたしの質問に答えるんだ」ゴールドウィンが強いるようにいう。

「いやです」とヘルマン。「どんな質問にも答えるつもりはありません。きょうの午後にお伝えしたとおりです。もういっさいあなたの指図は受けません。金輪際、受けません」

ゴールドウィンが彼女に退出を命じた。「いいえ、出て行きません」とヘルマン。「あなたがこの部屋を出て行くまで、出て行きません」。ゴールドウィンの顔から血の気がさっと引いた。ゴールドウィンが命令を繰り返すと、ヘルマンも同じ返事を繰り返した。にらみ合いが続いた。先に目をそらしたのは、ゴールドウィンだった。ゴールドウィンは叫ぶように〔妻の〕フランシスを呼んだ。フランシスが部屋に駆け込んできて、ふたりをなだめようとしたが、ゴールドウィンは荒々しく階段をのぼっていった。ゴールドウィンが去ると、ヘルマンは玄関から外へ出た。[8]

なんともおとなげない、低級な口論だが、読んでいるとつい自分までかっかしてくる。ここで展開されているのは、どちらが主導権を握るかをめぐる争いだ。こういう争いでは、誰もが直観的に理解するとおり、相手に問いを突きつけるほうが勝者になり、問いに答えさせられるほうが敗者になる。このケースの結果は、引き分けだ。問い続けるゴールドウィンに対し、ヘルマンは答えを拒み続けた。

もちろんこの口論で発された問いは、創造的な解決をもたらす触媒的な問いではない。これらはもっとよくあるタイプの問い、攻撃の道具として使われる問いだ。政治の世界では年中、そういう光景が見られる。ダグラス・ウォルトンが書いているように、政治の議論はたいてい「攻撃的な質問と、あいまいな答弁と、答えをはぐらかすなという抗議」の繰り返しに終始している。[9] 主導権を握ろう、あるいは保とうするそれらの議論では、許可を求めるとか、相手の視点で考えるとか、相手を理解するとか、助言を請うとかのために問いが使われることはない。そこで問いが使われるのは、相手に立場をわきまえさせるためか、相手の無知を暴いて、面目を失わせるためか、あるいは相手に今していることをやめて、こちらに応じるべきであることを思い出させるためだ。権力に飢えた者は、相手より優位に立つことを求め、真実を求めようとはしない。

このことからは、なぜふつうの人があまり問いを発しようとしないのかが見えてくる。問いが権力の追求者たちによってそのように使われているのを目にしているせいで、問うことが攻撃的な行為だという印象を植えつけられてしまっているからだ。だから、相手を責めたくない人や、主導権を握ろうとしていると思われたくない人は、問いを静かに胸のうちにしまっておきたがる。その結果、もっと問いを口にすべきである多くの人たち――攻撃的ではない問いによって、知識を増やし、あいまいさを解消し、新しい考えを引き出せる人たち――が、相手の気分を害するのを避けようとして、たえず自己検閲してしまっている。あるいは自分の周りの権力の力学を感じ取って、黙り込んでしまっている。

その最も由々しい事例としてわたしが思い出すのは、一九六〇年代に精神科医チャールズ・ホフリングが行った看護師の行動の研究だ。その研究では、権力の序列の中に置かれた労働者がある状況でどういう行動を取るか、また、労働者自身がそのような状況で取るべきだと考えている行動と実際の行動とがどうちがうかを調べるため、研究者のひとりが医師を装って、実際の病院に電話をかけ、病棟の看護師に指示を与えた。その指示とは、「アストロテン」という名の薬――現実にはない薬だが、そのようなラベルを貼った偽薬の瓶を調剤室の棚に置いておいた――を至急、患者に服用させるというものだった。これはその病院で定められている投薬の手順に違反していた。しかも指示された投薬量は瓶に「一日の最大限度量」と明記された量の倍だった。ところが電話に応対した二二人の看護師のうち、二一人が医師の指示どおりに薬を投与しようとして、途中でそれを止められた。

他者を支配したい者にとって、配下の人間がそのようにいっさい問いを口にせず、自分に従うことほどうれしいことはないだろう。実際、権力の強さのいちばんの尺度は、自分の命令や行動に対してどこまで誰からも問いを投げかけられないかだといえる。ではここでふたたびハリウッドに戻って、この章のエピグラフに掲げられたセリフの場面を見てみよう。『オズの魔法使い』

ハンブルクで見かけた街の光景。わたしは思わず立ち止まり、生活に欠かせない探求の窓が権力に飢えた者たちによって閉ざされてしまうとどうなるかを考えさせられた。

のちょっと間の抜けた主人公たちがエメラルドの都にたどり着き、魔法使いとの謁見を許される場面だ。主人公たちは魔法使いの慈悲心にすがろうと思ってはるばるやってきたのだが、魔法使いがじつはとんでもない横柄な人物だったことがこの場面で明らかにされる。映画の中でその横柄ぶりを描くのに使われているのが、ほかでもない問いだ。ドロシーがおずおずと「あたしたちがここに来たのは――」と切り出すと、魔法使いはそれをさえぎって、いう。「黙らぬか！　偉大なるオズはそれぐらい知っておる」。しかし知っているからといって、その願いをかなえてくれると思ったら、大まちがいだ。逆に、ドロシーたちは「前に出ろ」と命じられて、さんざん罵倒されたあげく、仕事をいいつけられる。これは映画の中の話だが、誰もがこの場面を見れば、すぐにぴんとくるはずだ。これは威張った人間の典型的な振る舞いだ、と。

権力の追求者たちは話の進む方向が問いによって決まることや、その結果として、問う側が話の主導権を握れることに敏感だ。彼らは問いを使って支配的な立場を守ろうとし、相手から何かを問われれば、無視するか、それを自分に都合のいいように利用しようとする。フォーブス誌のウェブサイトに仕事に関する相談コーナーがある。そのコーナーには横暴な上司に苦しめられている人から相談がよく寄せられる。ジョシュと名乗る相談者は次のように書いている。

プレゼンをしていたとき、途中で部長からごく基本的な質問を受けました。するとわたしが答えるより先にバートが割って入ってきたんです。

部長が「わたしはジョシュに尋ねているんだ」といってくれたので、わたしはその質問に答えました。

バートはさらにいいました。「ジョシュ、こういう質問は本来、わたしに答えさせるべきだぞ！　これはきみの専門領域ではないだろ。部長やわたしのほうがよっぽど詳しい」

そのプレゼンのテーマは、わたしの専門領域以外の何ものでもなかったんです。[10]

このような振る舞いは、多くの職場で見られるようだ。就職支援サイト「ミューズ」が「最悪の上司」というテーマで経験談を募集したとき、あるオフィスワーカーは次のような思い出を書き込んでいる。「会議で上司の上司から受けた質問に答えようとしたら（その上司の上司というのはわたしの元上司で、わたしのことを信頼してくれていました）、わたしがその質問に答えようとしたら上司に発言をさえぎられました。しかも顔の真ん前に手をかざされてです」[11]。このような経験はめずらしいことなのではないかと思う人もいるかもしれないが、『チーム内の低劣人間をデリートせよ』や『スタンフォードの教授が教える職場のアホと戦わない技術』などの著作があるロバート・サットン教授は、山ほどの証拠をあげて、そうではないことを示している。教授からわたしが聞いたところによれば、たいていの人が想像したり、認めたりするよりもそういう上司ははるかに多いという。

以上のことをまとめるなら、よい問い手と悪い問い手がいるということ、そして、最悪の問い手は他者を支配するために問いを使うということになる。しかしほとんどの人は、問いによいものと悪いものがあるなどとじっくり考えたことはない。だから有害な問いのせいで、すべての問う行為が悪く見られてしまっている。問うこと——とりわけ現状に批判的な質問をすること——は相手にいやがられる行為だという意識が、人々の心の深くに根を下ろしている。序列——地位や、専門技能や、所有や、カリスマや、あるいはそれらすべてにおいて——が上がるにつれて、その人が発する問いは相手を服従させる力を帯びるようになり、自分にとっても相手にとっても有益である批判的な問いを引き出しにくくなる。

一世紀以上昔、英国のアクトン卿が政府や教会の高位者についての研究にもとづいて、鋭い考察を行い、次のように論じた。「権力はたいてい腐敗する。絶対的な権力はとことんまで腐敗する」。アクトン卿はそこからさらに次のように考えを進めている。「偉い人物の大半は悪人である。影響力を持つだけで、権力を振りかざさない場合であってもそうだ。まして権力による腐敗という傾向ないし見込みを考え合わせれば、さらにはっきりとそういえる。権力を持つ者に宗教的な権威を与えることほど、宗教のほんとうの教えに反する行為はない。そうなれば目的が手段を正当化することになる」。アクトン卿の考察を本書の領域にまで拡大するなら、次のようにいえるだろう。権力は問いのプロセスをたいてい腐敗させる。絶対的な権力は問いのプロセスをとことんまで腐敗させる。

成長マインドセットの欠如

なぜ人々はこんなことに我慢しているのか。バーバラ・ケラーマンは著書『悪いリーダーシップ（*Bad Leadership*）』でその説明を試みている。「身を守ろうとする本能は、本来の場面以外のさまざまな場面で働く。だからわたしたちは日々、リーダーに従っている。いい子とされる子は、ふつう、先生に問い返さない。たとえ先生がまちがっていても問い返さない。おとなになってからも、それは同じだ。わたしたちは職場ではおおむね従順に振る舞う。いわれたとおりのことをし、ルールに従って行動する。たとえルールが不公平なものであっても、能力のない人間や下劣な人間によって定められたものであっても、かまわずにそうする。わたしたちがリーダーに従うのは、決まりに従わないほうが高くつくと考えているからだ[12]」

だからわたしたちはたやすく長いものに巻かれてしまう。しかし自己検閲はそれだけではない。利己的な理由からも問いを控えようとする。ＳＡＰのＣＥＯ、ビル・マクダーモットはわたしに次のように話してくれた。「うっかり質問したばっかりに聞きたくない答えを聞くはめになるとか、新事実がわかったせいで新しい責任が生じるとか、そういうことを避けたがるんです」。そのことでわたしが思い出すのは、ケヴィン・Ｔ・ハンサカーの事例だ。二〇〇六年、ヒューレット・パッカードで役員会の機密情報が外部に漏れて、社内で容赦のない犯人捜しが行われたとき、ハンサカーは同社の「倫理部長」を務めていた。その調査では私的な電話の記録まで調べられていたことから、セキュリティー部からハンサカーのもとに、今回の調査手法は一線を越えており、「少なくともきわめて非倫理的であり、違法のおそれすらある」という訴えが届いた。ハンサカーはすぐ社内調査の責任者に確認しなくてはいけないと感じ、調査が合法的に行われているかどうかを尋ねた。返ってきたのは、「すれすれだ」という答えだった。するとハンサカーはもうそれ以上詳しい事実を知ろうとせず、「尋ねるべきではなかった」と書いてメールに返信しただけだった。[13] これではなんのための「倫理部長」かわからない。そのような役職をあえて設けたのは、問う権限を与えるためだったのだから。結局、社内調査は好き放題に行われ、関係者全員が名指しこそされなかったが、信用を傷つけられることになった。

新しい情報を得れば、変化を迫られるという理由で、わたしたちはしばしば問うことを拒む。今のままでは行き詰まることが明らかな場合ですら、現状にしがみつこうとする。[14] 第1章で取り上げた知識のマトリックスを思い出してほしい。全四マスのうちの一マスは「知らないことを知らない」ことで埋め尽くされていた。その部分の知識は、たいていの人の場合、感情的に未知の世界に踏み入りたくないなど、さまざまな理由で遮断されてしまっている。

頭のよさをどう考えるかについてのキャロル・ドゥエックの研究が、ここで参考になる。ドゥエックの著書『マインドセット「やればできる!」の研究』の土台となった画期的な調査によると、頭のよさを一生変わらない生まれつきのものと考えるか、努力しだいで伸ばせるものと考えるかで人間は変わってくるという。前者の考え方は「固定マインドセット」、後者の考え方は「成長マインドセット」と呼ばれる。成長マインドセットの人は固定マインドセットの人に比べ、努力家で、多くのことを成し遂げようという意欲にあふれている。ただしドゥエックがすぐにつけ加えているように、成長マインドセットの長所は「単に努力を惜しまないことにあるのではない」。努力は大事だが、成長し続けるためには「行き詰まったときに、新しいやり方を試したり、他者からインプットを得たりすることも必要だ[15]」。

ドゥエックはマインドセットのちがう学習者が質問に答えることを求められたとき、それぞれどう応じるかにも着目している。あなたがなじみのない分野の講座に申し込んだとしよう。数回めの授業で、講師から教室の前に出てくるよういわれ、質問に答えさせられることになる。「自分が固定マインドセットだった場合を想像してみてほしい」とドゥエックはいう。「自分の能力がさらけ出されようとしている状況だ。教室じゅうの視線が自分に集まっているのが感じられるのではないだろうか。講師がまるで採点するような目つきでこちらを見つめているように感じるのではないだろうか。緊張し、動揺しているのが自分でもわかるだろう」。では成長マインドセットに切り替えたら、どう変わるか。「自分は初学者だ。だからこそここにいるのだ。学ぶためにここに来ている。講師は学ぶための手段だ」緊張が解けるのが感じられるだろう。大らかな気持ちになれるだろう。

わたしはここまで権力を持った人々の問う行動についていくらか長く述べてきたが、ドゥエックのこの指摘は問いにはそれと表裏をなす側面があることを教えてくれる。自分に対してほかの人が何を問うかだけではなく、自分がその問いをどう受け止めるかという問題もあるということだ。成長マインドセットで応じるだろうか、固定マインドセットで応じるだろうか。わたしの勘では、どういうことを問うかも、問う人間が成長マインドセットか固定マインドセットかでちがってくるような気がする。変化や成長に消極的なマインドセットの人は、固定観念に異議を唱えたり、斬新な発想を引き出したりすることは問いたがらない。そういう人の場合、何も破壊しそうにない穏健な問いすら、なかなか発されない。まして重大な影響を及ぼしうる問い――大きな変化をもたらしうる問い――とは完全に無縁だ。

第1章で、触媒的な問いの効果の大きさを示す事例として、コダックの創業時の話をした。しかしここでは、それからおよそ一世紀後、同社の歴史がいかにして終焉を迎えたかを見てみよう。二〇一二年、コダックは破産した。コダックが没落したのは、他社がコダックより先に正しい問い――デジタル技術によってアマチュアの写真がどう変わるか――を立て、それに答えたからだった。じつは一九七四年にコダックのエンジニアは世界初の電子カメラを考案していた。画素数はまだわずか〇・〇一メガピクセルだったが、真剣に開発を進める価値のじゅうぶんにある技術だった。しかしコダックの経営陣はその開発に思いきった資源を投入するだけの理由を見出せなかった。写真の解像度があまりに低いうえ、まだ家庭にも職場にも、写真を見せ合ったり、印刷したりできるパソコンやインターネットがない時代だった。結局、コダックのデジタルカメラ

最近、孫とディズニーランドに行ったとき、何十年も前からあった「コダック写真スポット」の案内板が「ニコン写真スポット」に変わっているのに気づいた。

は倉庫の奥で眠ることになった。

二〇年後、コダックはまだ輝きを失わず、消費者向けのデジタル事業で好業績を上げていたが、急速に移り変わる市場に生まれた特大のチャンスには気づけなかった。ここに謎がある。なぜコダックは創業時と同じように想像力を働かせて、触媒的な問いを立てられなかったのか。なぜ多くの他社にはそれができたのか。わたしの推測は次のとおりだ。組織が成長し、市場での支配力を高めるにつれ、権力を追求するタイプを引きつけるようになり、やがて経営の上層部がそのような人物で占められた。いっぽう一般社員は、そのような上司のもとで働くことを厭わない者、つまり問わずにはいられない成長マインドセットを欠いた人間ばかりになった。その結果、かつて世界を変えた革新的企業は、胸の躍る新しい問いを生み出し、追い求める力を失ってしまった。

問いには「保護区」が必要

今日の世界でよりよい解決策が必要とされている数多くの問題の一つに、絶滅危惧種の保護の問題がある。中でも自然環境の保全に取り組む人たちを悩ませているのは、シロサイの密猟だ。シロサイの角には薬効があるという迷信があって、その密猟があとを絶たない。数年前、南アフリカ共和国の非営利団体がこの問題の問いを変えることで、イノベーションの賞を受賞した。それまでの密猟対策は、動物の生息地に容易に侵入できる密猟者たちにいかに密猟を思い留まらせるか、あるいはいかに密猟者を捕まえるかに重点が置かれていた。新しい対策では、次のように問われた。動物を移動すればいいのではないか。その結果誕生したのが「国境なきサイ団」だ。国境なきサイ団はすでに何十頭ものサイをボツワナのある地域に移動させた。そこであれば密猟者の侵入を防ぎやすく、密猟の行為もネットワークもない。

これは問いの力についてのすばらしい事例だが、ここで紹介したわけは、問う人たちがどうすべきかを示唆する話でもあるからだ。規模がある程度大きくなると、問いを阻む勢力を説得して、問いが嫌われる環境を創造的な問いが生まれやすい環境に変えることはむずかしい。問いの敵対勢力はちょっとやそっとではびくともしない。問いを活発にしたければ、それらの勢力を相手にするより、問いのための場、問いが守られた場を新たに築くほうがいい。そこはルールが異なり、ちがう条件が整っている場だ。

イノベーションを起こし続ける世界的なソフトウェア会社インテュイットの重役のひとり、ヴィジェイ・アナンドは次のように述べている。この言葉はぜひ心に留めておきたい。「リーダーの役割とは、大目標を定めて、大きな夢を描くことです。ですが優れたリーダーであれば、自分は脇へどき、部下にアイデアを出させ、試させます。じつはたいていの場合、自分が中心にならず、部下にそれぞれの考えを推し進める自由を与えます。それがリーダーがするべきことのすべてです。わたしはいつも部下に同じことを尋ねます。〝きみのインドでの一〇億ドル商品のアイデアは何か〟。するとみんな、目を輝かせてそれに答え、その夢を実現させようとします」[16]。

これがインテュイットの会長兼CEO、ブラッド・スミスがトップに就任以来一五年間、一貫して社内に浸透させようとしてきた哲学だ。「大胆な挑戦」を引き出す問いを好むスミスは、部下に問いかけることによって、魅力的なビジョンの実現のためには何が必要かを部下自身に考えさせる。スミスにとって、問いで大事なのは「心臓がどきどきしてきて、思わず立ち止まり、〝これを成し遂げるには、今までとはまったくちがうやり方で取り組まなくてはいけないぞ〟と考えさせられる」かどうかだという。

その点については、インテュイットのデザイン&イノベーション担当副社長で、日々、いい問いが生まれやすい環境を築くことに腐心しているライオネル・モーリの言葉に耳を傾けるのがいい。モーリは製品やサービスのイノベーションにはデザイン思考で取り組み、もっと全般的にはシステム思考で問題の解決を図るべきであるというのが持論で、社内の面々にフレームワークと資源を提供することで、斬新な解決策につながるアイデアの創出を手助けしている。しかし根本的な考えとして、「イノベーションで肝心なのは、解決策そのものよりも、正しい問いを立てられるかどうかだと思うんです。［中略］問いが正しくなかったら、正しい解決策は得られません」とわたしに話している。とりわけ「パラダイムの転換や、破壊的なイノベーションをめざすとき」には、問いの枠組みを変えるという高い次元に行く必要があるという。そこにこそ彼が考える「デザイン思考とシステム思考の最大の価値」がある。そのような思考法を取り入れることで「どうやってそのような高い次元に人々を導くか」という問題を解決できるからだ。

これらの発言はすべて、インテュイットでは「イノベーション文化」の構築に力が入れられていることの証拠だ。それは問いの「自然保護区」を築くことだともいい換えられる。そこでは問いが生き延び、数カ月や数年で大きく発展を遂げられる。次章からは、そういうことを気にかけているほかの多くの人々を紹介したい。創造性に優しい環境を世の中に広めようと、そこかしこで問いのオアシスを築いている人々だ。

問いが盛んな場所はどこか

問いが生まれやすい環境をもっと積極的に築いていこうという考えは、企業内の文化だけに関わるものではない。社会全体の文化も、問いをどれほど奨励するかで大きく変わってくる。インド出身のハーバード・ビジネス・スクールの学長ニティン・ノーリアは、MITで博士号を取得するため、生まれて初めてインドのボンベイを離れ、マサチューセッツ州ケンブリッジに来たとき、どれほど胸がときめいたかを次のように述べている。

狭い場所だと感じるいっぽうで、知的には無限の広さを持った場所なのだと思った。何より驚かされたのは、インドとちがって、学生は小さいことを考えていればよい、大きいことは教授になってから考えよとは、誰からもいわれなかったことだ。インドでは、どんなときも自分の立場をわきまえなくてはいけないと教えられていた。序列のとてもきびしい社会だったから、学生が教授に反論するなど、絶対に許されないことだった。

それがここへ来たら突然、好きなだけ想像の翼を広げられるようになり、ゼミへの参加も歓迎された。ここでは知的な問いを立てる権利がみんなに等しく与えられていた。[17]

もちろん、インドも米国も数十年前と今ではちがうし、このような文化的な観点はつねに誇張されうる。ワシントンDC在住の「TK」を名乗る韓国人の法学の教授は、「文化主義」に抗議している。文化主義とは、TKの人気ブログ「韓国人に尋ねよう!」で使われている造語だ。その定義は「無根拠に人々の行動を、現実または想像上の〝文化のちがい〟で説明したがる欲求」だという。[18] この文化主義批判の文章をブログに投稿したのは、大韓航空機の墜落事故の原因について世間に流布している説――マルコム・グラッドウェルからも支持された――をみずから検証したことがきっかけだった。大韓航空八〇一便の機長たちがなぜ、グアム国際空港の滑走路へ着陸しようとしたときに判断を誤って、手前の丘陵地に墜落したかは、誰にも確かなことはわからない。ところが流布した説では、副操縦士と航空機関士がコックピット内の序列を重んじるあまり、疲労困憊した機長の判断がまちがっていることに気づきながら、機長にそう指摘しなかったせいだと、まことしやかにいわれていた。つまり韓国の序列文化のせいでもたらされた悲劇というわけだ。しかしTKはこの説に納得しない。「文化主義者はなんでもかんでも、じゅうぶんな理由もなく、文化で説明しようとしたがる。文化による説明で持ち出される〝文化のちがい〞は、たいてい現実ではなく想像上のものだ。エイブラハム・マズローの言葉をもじるなら、文化主義者の欲求を持つ者には、あらゆる問題が文化的な問題に見えるということだ」

確かにそのように文化主義が度を越すことはありうるが、いっぽうで、文化によるちがいが実際にあることも数多くの研究で確かめられている。それらのちがいの中には、人々が批判的な問いを口にするかどうかや、そういう問いに耳を傾けようとするかどうかに影響するものもある。例えば、この分野の研究の第一人者ヘールト・ホフステードは数十年にわたって、異文化間のちがいを六つの次元から研究している。その次元の一つは「権力格差」と名づけられ、「組織や集団（家族など）内の権力の弱い者が、権力の不平等をどの程度、受け入れているか」と定義される。[19]それによると「権力格差」が小さい文化と大きい文化では、生活のさまざまな面に明らかなちがいが見られるという。例えば、不平等が大きくない文化では、「部下の意見も考慮される」のに対し、不平等が大きい文化では、「部下はいわれたとおりにするべき」と考えられている。これが現状を変えようとする問いが出てくるかどうかに影響を及ぼすことは明白だろう。

問いに関するちがいをもたらす二つめの文化の次元は、「不確実性の回避」と呼ばれる次元だ。つまり、それぞれの社会の人々があいまいさや、はっきりしない状況や、未来の不確かさに対して、どの程度ストレスを感じているか。「不確実性の回避」の傾向が強い文化では、人々は厳格な行動規範や、法律や、決まりに満足している。「逸脱した意見を認めず、〝真実は一つしかなく、自分たちはその真実を知っている〟という信念を持つ」。この次元で見られる文化によるちがいとして、ホフステードが指摘しているのは学校の教師の例だ。いっぽうの学校では教師が「わからない」ということが許され、もういっぽうの学校では教師は「あらゆる答えを知っている」とされる。これらの文化のちがいはそのまま、思考を刺激することを問おうとする傾向があるかどうかのちがいになって表れることは、容易に想像がつくだろう。

問いを左右する文化のちがいの三つめの次元は、個人主義と集団主義のどちらの傾向がどの程度強いかだ。個人主義の文化では、個人どうしの結びつきは弱く、人々は自分のことを第一に考えている。集団主義の文化では、家庭でも職場でも、人々は結束の強い集団の一員として生きていることが多い。個人主義の文化では自分の考えを述べることが尊重され、集団主義の文化では調和の維持に重きが置かれる。調和の維持がめざされれば、問いは抑制されやすくなる。相互理解と協力の土台をなす「安定を保つ知識」が、多くの取り決めを破壊しうる「変化を起こす知識」よりも重視されるからだ。

ホフステードの研究は異文化の人と取り引きをする人にとっては、自分たちが普遍的だと考えている人間の態度や行為がじつはそうではないことを忘れないようつねに戒めてくれるものだ。問う行為をテーマにしているわたしたちにとってはそれに加え、人間に生まれつき備わっている好奇心が環境しだいで育まれもすれば、衰えもすることをあらためて思い出させてくれる。そのように文化的な理由によって、社会全体あるいは組織全体に問いを封じようとする傾向がある場合があるなら、わたしたちはなおさら問いのために特別な場を築いて、そこで問いを盛んにする必要があるだろう。

問いの場を設ける

キリスト教プロテスタントの一派クエーカーには、問いのために特別の場を設けるというすばらしい慣習がある。わたしはそれをパーカー・パーマーの著作で知った。先にも述べたように、パーマーは著作を通じて何百万もの人々に感銘を与えている教育家兼活動家だ。『人生の声を聞け』はわたしの大好きな本でもある。あるときパーマーに大学の学長になってほしいという声がかかった。パーマーはもちろん引き受けるつもりだったが、それでも信仰の慣習に従った。「クエーカーのコミュニティーの習わしどおり、六人の信頼できる友人に頼んで、〝明澄委員会〟を開いてもらい、その職が自分にふさわしいかどうかを見きわめるのを手伝ってもらった。〝明澄委員会〟は、助言はしないが、三時間かけて忌憚なく問うことで、本人の内面の真実を突き止めるのを手助けしてくれる集まりだ（今から振り返ると、友人たちにいっしょに考えてもらいたいというより、要職を打診されたことを自慢したいというのがわたしの本心であることは見え見えだったが）」

パーマーの回想によると、最初は簡単に答えられる問いが続いた。それらはふつうの就職の面接で訊かれる問いと大差なかった。ところがやがて、「簡単そうだが、いざ答えようとするととても答えにくい」問いを突きつけられた。それは「学長になることで、いちばんうれしいことは何か」という問いだった。しばらく口ごもってから、パーマーはあいまいな答えを返した。それは委員会の面々にもやはりそのような答えとして受け止められた。それからいくつもの問いと答えを繰り返したのち、とうとう正直な答えが口をついて出た。「それは自分でもびっくりする答えだった」

「たぶん」と、わたしはとびきり小さい声で切り出した。「いちばんうれしいのは、新聞に自分の写真が載って、その下に学長と書かれることかもしれない」

笑われても仕方のない答えだったが、人生経験の豊かなクエーカーたちには、わたしの哀れな魂が不面目に今にも押しつぶされそうになっているのが明白だった。委員たちはひとりも笑わなかった。しかし重苦しい沈黙が漂った。そのあいだ、わたしはただ手に汗をかき、内心でうめくばかりだった。

最後には委員の問いが沈黙を破った。それは全員を爆笑させ、わたしの心からくもりを取り払ってくれる問いだった。「パーカー」と彼はいった。「ほかにもっと楽に新聞に写真が掲載される方法はないのかね」

委員会の役割は見事に果たされた。パーカーは委員会の問いに導かれて、内面を見つめ、自分が名誉ある地位に就きたいと思っているのは「ちっぽけな自尊心によるものであって、ほんとうに自分の人生によかれと考えてのことではない」と気づいた。すぐに大学に電話をかけて、辞退の意向を伝えたときには、「自分の人生を狂わし、学校に災いをもたらしたにちがいない」選択を避けられ、ほっとしたという。[20]

このような経験をした人はきっとそれから一生、問いの虜になるだろう。また、決定的な問いはふつうの生活の中で自然に生まれるものではないことも、痛感するだろう。

ヘミングウェイの表現を借りるなら、問いには「クリーンで、明るい場所」が欠かせない。好奇心や問いを妨げるさまざまな力に直面したことをきっかけに、そのような場を意図的に築いている人をわたしはおおぜい知っている。それは従来とは運営ルールのちがう「ときと場所」を意図的に作り出そうとしている人たちだ。例えば、ビジネスの場面では、フェイスブックのマーク・ザッカーバーグが自社に「問いの時間」を導入している。週一回の「問いの時間」には、従業員が知りたい情報を上層部に求めることができるほか、首脳陣が見落としていたり、じゅうぶんに取り組んでいないと思われることを問いただせるという。ほかには、進歩的な問いを目的とする特別なミーティングを社外の施設で開いている人もいる。

また家庭という場面では、例えば、ティファニー・シュレイン（エミー賞にノミネートされたこともある映画監督で、優れたインターネットのコンテンツを称えるウェビー賞をインターネットの黎明期に創設した）とその夫ケン・ゴールドバーグ（アーティスト、作家、カリフォルニア大学バークレー校の研究者）は、「デバイス・フリー」の時間を一日あるいは一週間の中に設け、その時間にはふだんとはちがうモードで話をしている。わたしの友人で、コカ・コーラの広報とコミュニケーションとサステナビリティーの統括責任者を務めるビーア・ペレスは自分の家庭で、食事をしながら重要なことを質問し合ったり、いつもとはちがうことを話したりする「テーブル・トーク」の時間を日課に取り入れている。

友人どうしでも、第1章で紹介したデビー・スターリングのブランチの会のような集まりを開けば、日常の会話を離れて、奇抜なアイデアを出し合える。また心理療法やコーチングはすべて、そのような視点で見れば、変化を起こす問いかけと答えのために特別に設けられた場だといえる。

この章はじつは、みなさんが第1章をお読みになったときに感じられたかもしれない疑問への長い回答でもあった。みなさんは第1章で、次のような疑問を持ったのではないだろうか。もし問いが前進（小さなものであれ、大きなものであれ）の鍵を握るのだとしたら、なぜわたしたちは二一世紀の今までそのことを知らないできたのか。なぜわたしたちは問いをもっと称えたり、歓迎したり、求めたりしないのか。

それに答えるため、まず初めに紹介したのは、どこよりも学ぶことが求められる場所、したがってどこよりも問いが必要なはずの場所で、問うことが抑えつけられていることを示す、由々しき証拠の数々だった。著名な教育家であるニール・ポストマンがかつて指摘したように、「子どもたちはクエスチョンマークとして学校に入り、ピリオドとして学校を出ている」。子どもたちは学校で答え方を教わるいっぽう、問い方を忘れさせられている。数十年にわたる大規模な調査からは、大半の教室や職場で問いがほとんど発されていない事実も明らかになっている。原因は好奇心の欠如ではなく、社会的な環境にある。誰もが小さい頃は熱心な問い手だ。四六時中、問い続けている。ところが大きくなるにつれ、その熱心さが失われていく。

人間の生存にも幸福にも不可欠な、この問うという生まれついての行為が社会的な力学によって事実上封じられているというわたしの考えも述べた。序列の中で力を持った人間が怒り、その結果、問うことが制限されている。加えて、成長マインドセットを欠き、問わないほうが楽だと思い込んでいる人も多い。どんなことでも根本的なことを問えば、それは必然的にリーダーシップの研究者ジョン・ガードナーのいう「現状を維持しようとする勢力のこちこちに硬直した思考と頑迷な自己満足」を批判することになる（例えば、それは次のように問うことを考えてみればわかるだろう。なぜわたしたちはこのようなやり方をしているのか。わたしたちはいちばん重要な目標にほんとうに力を入れているのか[21]）。

組織の中で、このような個人による問いの忌避と、権力者による問いの抑圧とが組み合わされば、当然、斬新な考えはなかなか生まれてこない。今の社会では、問う機能が著しく妨げられており、「心を縛る枷《かせ》」（ウィリアム・ブレイク）を断ち切って、チーム内でも、教室内でも、家庭内でも問いを活発にするためには、意識的な努力が求められる。世の中全体を問いやすい場所に変えることは無理かもしれないが、限定された場の中でなら問いやすい環境を築くことは可能だ。

次章からはそういう場の築き方を見ていきたい。

第3章　問いのブレインストーミングをしてみたらどうか？

利口かどうかは、答えに示される。
賢明かどうかは、問いに示される。
——ナギーブ・マフフーズ

二〇年ほど前、ジェフ・ダイアーとふたりで受け持っていたＭＢＡの戦略思考の授業で、学生たちにブレインストーミングをやらせ、まったくうまくいかなかったことがあった。テーマに選んだのは、男性が大多数を占める職場でいかに男女平等を実現すればいいかという問題だった。多くの企業が当時取り組んでいた問題であり、学生たちの関心も高かった。ところが学生たちは自分たちの出し合っているアイデアにいっこうに興味をそそられないようだった。授業が終わる数分前までには、数多くの意見が出されていたが、熱気はまるで感じられなかった。

わたしは時計を見てから、しばし目をつむり、少なくとも次回の最初のたたき台になるアイデアだけは得られるようにしようと考えた。「みんな」と、わたしは思いつきで話し始めた。「きょうはもう、いい答えを探るのはやめていい。代わりにこの問題について、いい問いを考えてほしい。残りの時間でどれぐらい書き出せるか、やってみよう」。学生たちはいわれたとおり、思いついた問いを口にし始めた。わたしは答えをいおうとする者を制する以外、あえて黙っていた。すると驚いたことに、にわかに教室が活気づいた。まるでスイッチが入ったようだった。授業後、学生たちは教室をただぞろぞろと出て行くのではなく、熱っぽく語り合いながら出て行った。それにはわけがあった。黒板に書き出された問いの中に、常識を根底から覆す問いがいくつかあり、そこから思いもよらない解決の道が開かれたからだった。

このように答えではなく問いを出し合うブレインストーミングは、それまで一度も試みたことはなかった。このときにたまたま思いついたことだった。たぶん、開かれた率直な問いが創造的な発見をもたらすことについて、パーカー・パーマーの初期の著作を読んでいたからだろう。しかしその後、わたしはすぐにまたこの方法を試し、以来、たえず改良を加えながら、何度も用いてきた。ほとんど毎回、この問いのブレインストーミングは大いに盛り上がり、すばらしい洞察に結びつく。いったいそれらの教室では何が起こっているのだろうか。

長年のあいだにしだいにわかってきたのは、学生たちにいつもとはちがう場を与えたというただそれだけのことに大きな効果があったということだ。その場ではふだんのルールや基準が一時的に取り払われ、学生たちはいつもとはちがう行動を促された。わたしはこの小さな試みから、画期的なアイデアは単に優れた頭脳の産物ではないことを確信した。脳の中の認知プロセスだけですべてが決まるわけではない。かなりの程度まで、どういう環境に身を置くかに左右される。問いが喜ばれない環境を、問いが歓迎される環境に変えることは可能だ。

環境を用意する

このように環境のたいせつさを強調するのにはいくらか説明が要る。環境の影響については学者たちのあいだで意見が割れている。なぜあの人はああいう振る舞いをするのかとふしぎに思い、その理由を考えるようなとき、みなさんはその答えによってさまざまな哲学的な立場のどれかに与《くみ》することになる。正しいのはヘーゲルか、マルクスか、あるいはポパーかという議論に関わったことがなくても、たいていの人は人間の思考は環境によって決まると考えているか、さもなければ思考は環境を超越したものだと考えている。わたしはこの問いをこれまで繰り返し、わたしの友人であり、すばらしいメンターでもあるクレイトン・クリステンセンと論じ合ってきた。

クリステンセンのことは本書でもすでに何度か触れているが、読者の多くはその名を、なぜ大企業がスタートアップ企業によってたびたび滅ぼされるかを論じた『イノベーションのジレンマ』の著者として記憶しているかもしれない。行為――習慣化している行動と判断――には必ず背景がある、だからいかなる行為も、背景を無視してそれだけを変えることはできないというのが、クリステンセンの持論だ。クリステンセンはその例として、欧米諸国が資本主義や民主主義の慣習をそのような慣習のない国に持ち込もうとしてしばしば失敗していることを指摘している。資本主義や民主主義の慣習がそれらの国で守られないのは、それらの国ではまだ法律に自発的に従おうとか、契約を遵守しようとか、他者の権利を尊重しようとかいう風土ができあがっていないからだ。それらの根本的な条件に注意を向けることで、何をすべきかの理解は変わってくる。そこでは次のような問いが生まれる。資本主義や民主主義になじむような人間の性向を育むためには、どういう制度を設けたり、強化したりするべきか。

クリステンセンはまた昔から、問いの力を信じている人間でもある。著書には問いの力にめざめたときのことも記されている。ハーバード・ビジネス・スクールでの学生時代のことだ。ある日、同級生が事例研究に対してとてもすばらしいコメントをしたのを聞き、分析の角度が自分とはまったくちがうことに気づいた。クリステンセンはノートに次のように書きつけた。あのような鋭い洞察はどういう問いから生まれるのか。それからのち、議論の準備をするときには、いきなり解決策を探ろうとする自分を押しとどめるようになった。「希有で価値のあるスキルとは、正しい問いを立てることだと気づいた。正しい問いを立てれば、正しい答えはふつう、すんなりと導き出される」

彼とわたしがこの「環境のたいせつさ」と「問いの力」を一つに組み合わせて考えるようになったのは最近のことだ。わたしとクリステンセンとジェフ・ダイアーの共著である『イノベーションのDNA』のもとになった研究をあらためて振り返ってみると、革新的なリーダーは一般の人に比べてはるかに問いの数が多いこと、とりわけ現状に異を唱える問いの数が多いことが、インタビューの回答データからはっきりと読み取れた。それは生まれつきの性格によるもの——

いわば「DNAの一部」――のようにも見えたが、クリステンセンはそう結論づけるのをためらった。もしかしたら、それは特定の場でのみ生まれる行為、あるいは効果を上げられる行為なのかもしれない。もしかしたら、生産的な問いを引き出すためには、問うのが好きな人間――「詮索好き」なタイプなど――を集めようとするよりも、問いが好まれる環境を築くべきなのかもしれない[1]。

ある人物が環境の産物であるというとき、それはその人物が主体性を欠いているとか、自分より大きな力に操られているだけとかいうことを意味しない。実際、自分がどういう環境に置かれているかを理解し、それに適応するのは、きわめて合理的な行動でありうる。例えば、従業員が身を置いている環境の一つに、大企業の報賞制度がある。ほかの従業員の過去の成功談や失敗談がそこに伴うこともあるだろう。それらの動機づけとなる文化や環境は人間によって築かれるものであり、意図的に設けることもできれば、思いどおりの結果が得られるよう変えることもできる。

このようなことを理解したとき、一部の大企業のリーダーがしようとしていることの重要性もよくわかった。それらのリーダーたちには共通して、自社の繁栄のためにはたえず変化を続け、停滞を避けることが欠かせないという認識がある。それらのリーダーの中でわたしが真っ先に思い出すのは、オンラインの靴小売店、ザッポスのCEOトニー・シェイだ。シェイは何よりも場を築くことに長けている。わたし自身「ラマポリス」に数日滞在してみて、そのことを目の当たりにした。「ラマポリス」とは、ラスベガス中心部の使われていなかった駐車場にシェイの発案で造られた、風変わりなトレーラーパーク（トレーラーハウスの住宅街）だ。街の入り口をなしている電飾のきらびやかなトンネルには、訪問者に向けて、これから入ろうとしているのは周りの世界とはちがう場所だという断り書きが掲げられている。シェイの自宅もここにある。しかしここはシェイにとって、いちばんいい考えが浮かびやすい場所でもある。ここには外とはちがう環境を築くための工夫がすみずみにまで凝らされている。工夫のポイントは、三〇台のトレーラーと小さな家に暮らす個性豊かな住人たちや訪問者たちの「創造的な衝突」を最大化することにある。そのような人と人の出会いはふつう偶然によって生じるものだが、ここでは考え抜かれた街のレイアウトによってその偶然が起こりやすくされている。

シェイはいろいろな分野で、人と人が関わり合う環境をいかにリセットするかに知恵を絞っている。経営者の世界では、おそらくシェイの名を最も有名にしたのは、「ホラクラシー」の試みだろう。ビューロクラシーに取って代わる斬新な組織形態であるホラクラシーでは、組織構造が従来のようにピラミッドなどの工学的な構造物としてではなく、生態系《エコシステム》として構想されている。したがって独立した協力者どうしのダイナミックな相互作用から生まれる全体的な現象として、組織の成功がもたらされる。ザッポスはまさにそのような組織のデザインを施された企業だ。他社からザッポスに移ってきた人は誰もが、その組織形態のおかげで従来とはちがう行動が引き出されることを証言している。

クエスチョンマークがこれほど大きければ、人生はすばらしいものになる。

ザッポスにアーティスト・イン・レジデンスとして招聘されている芸術家ミゲル・エルナンデス。独創的な問いのための空間設計を手がける。

活気を取り戻したラスベガスの中心地区にあるトニー・シェイのトレーラーパーク「ラマポリス」。パーク内を「住人」が散策している。

「ありえないことをすべて除去すれば、残ったものはなんであれ、たとえどれほどありえなそうなことであっても、すべて真実だ」——スポック（シャーロック・ホームズの言葉を引用）

ザッポスでは既存の枠にはまらないアイデアを得るため、特別な枠の中に入る。

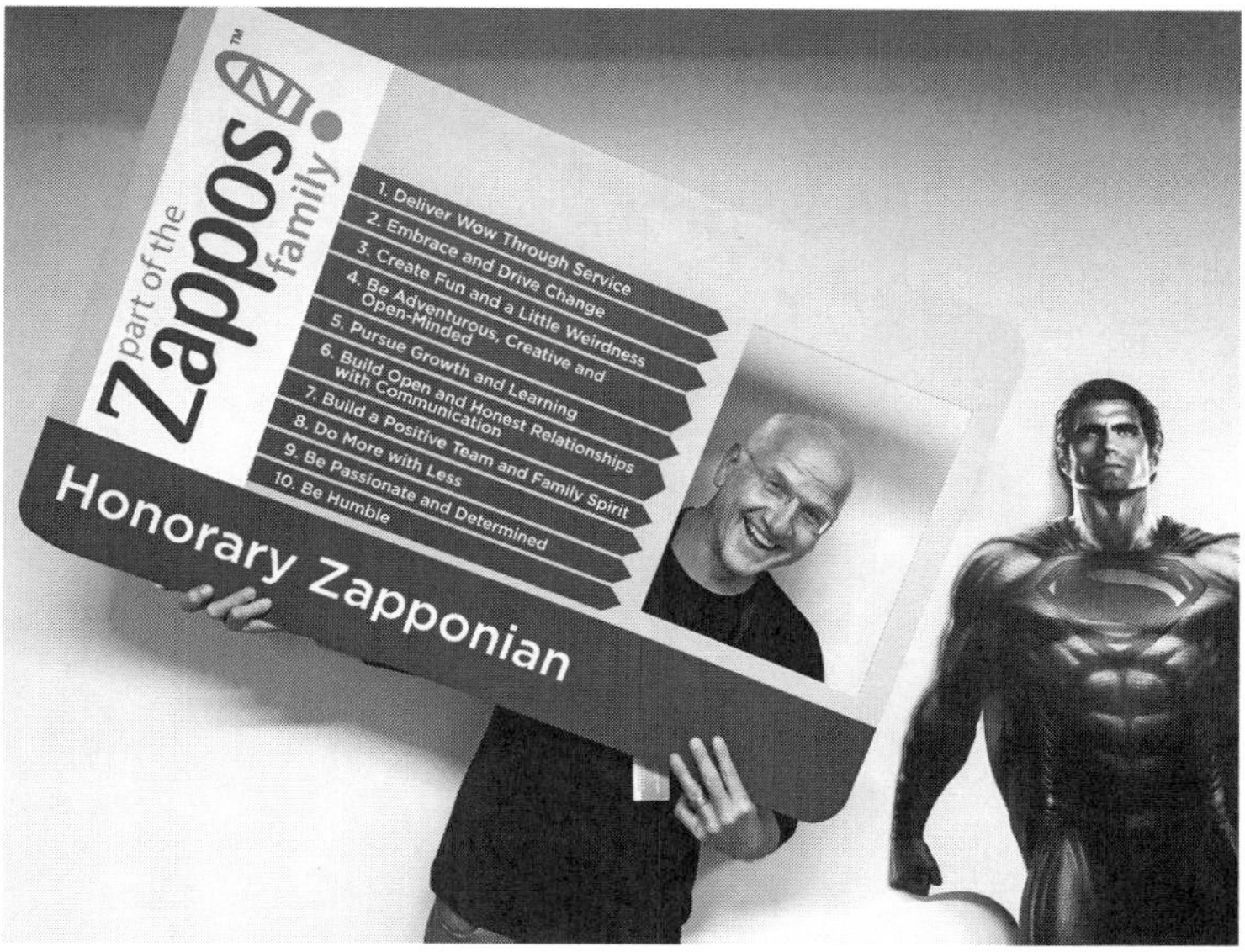

ザッポスの社内を案内してくれたガイドのクリステンにわたしは尋ねた。「記念撮影をしたいのだけれど、どこで撮るのがいいでしょう？」。彼女は微笑んで、いった。「ハル、それはご自分で決めていいんですよ。どこで撮りたいですか」。しまった。わたしはいくらか後悔と恥ずかしさを感じた。彼女は意図せずして、こんなささいなことでも相手の機嫌を取ろうとしてしまうわたしの「ごますり病」をたしなめていた。

都市の再開発の分野では、シェイはラスベガスの起業文化を変えるという壮大な計画に取り組んでいる。めざしているのは、ラスベガスを革新的なスタートアップ企業の聖地にし、社会学者リチャード・フロリダのいう「クリエイティブ・クラス」を引きつける都市にすることだ。アマゾンにザッポスを売却後、その計画に大金を投じられる資力を獲得してからは、地元のベンチャーや非営利団体に資金も提供している。確かに、賛否両論のある実験であり、これまでにいくらか構想の縮小も余儀なくされた。しかし、人々の振る舞いを変えたければ、それらの人々が身を置く環境を変えることから始めなくてはいけないというシェイの信念は、まったく揺らいでいない。ラスベガスの中心街の公共の場や商業施設でも、トレーラーパーク同様、ひらめきをもたらす出会いを増やしたい、自身の言葉を使えば「衝突利益率」を高める幸運な人と人の出会いを最大限に増やしたいというのが、シェイの考えだ。

クエスチョン・バースト

それと比べると、わたしの「問いのブレインストーミングをやってみよう」という試みはかなりスケールが小さかったし、計画的なものでもなかった。それでも、簡単で効果的な介入の仕方としては——とりわけその後、もっとやり方を意図的に考えるようになってからのものは——環境を築くという観点から、ここでいくらか詳しく説明するのはむだではないだろう。少なくとも個人またはグループで、問題の新しい解決策を探っている人にとっては、わたしたちが今では「クエスチョン・バースト」と呼んでいるこの問いのブレインストーミングは、試してみる価値があるはずだ。ではそのようなことを念頭に置いて、以下にそのやり方を紹介していこう。ステップは三つある。

ステップ1　準備

まず最初に、関心がある課題を選ぶ。誰にでも何かしら前進の妨げになっていることがあるだろう。もしくは、おぼろげながら魅力的なチャンスが見えていることがあるかもしれない。それらが、正しい問いを与えられれば一気に打開できたり、飛躍につながったりするほど熟した問題であるかどうかは、どうすればわかるのか。一つには、インテュイットのＣＥＯブラッド・スミスの言葉を借りるなら、「胸がどきどきするかどうか」で見きわめるという方法がある。そのような課題であれば、きっと一〇〇パーセント意識を集中させられるだろうし、ほかの人にも本気で考えてもらいたいと思うだろう。

次に、その課題を新しい角度から考えるのを手伝ってくれる人を何人か集める。クエスチョン・バーストはひとりでもできるが、グループで行ったほうが、土台となる知識の幅が広がる。また前向きな姿勢も保ちやすい。クエスチョン・バーストへの参加を誘うときには、同時にその課題への共感と意欲も引き出そう。それらの共感と意欲こそがアイデアの創出の原動力となり、最終的にはアイデアの実現の支えになる。できればグループには二、三人、課題に対するあなたの「内部者」としての理解、あるいは全般的な認知スタイルや世界観の点であなたとは著しく異なる人を含めるのがベストだ。それらの人たちはあなたには思いつかない問い——驚かされると同時に、強く興味を引かれる問い——を出してくれるだろう。なぜならその課題についての常識的な考え方も知らなければ、現状への肩入れもないからだ。おそらく何も知らないがゆえに、とんでもないことを尋ねたり、タブーとされていることを指摘したりもするだろう。

メンバーが揃ったら、課題についての説明は二分ですませる。言葉を尽くして、いっしょに考えてくれる仲間を集めることができたら、あとはくどくど説明しないほうがいい。あなたの先入観で相手の考えを汚しては、相手から有益な考えを引き出せなくなる。わたしたちは詳しく説明しなくてはいけないと思いがちだが、それはすでに自分がその課題について深く考えているからだ。手短に課題を話そうとすれば、おのずと大きな枠組みを示すだけになり、問いを制限したり、方向づけたりしないですむ。だから説明は最も肝要な点だけに絞ろう。つまり、課題が解決したら、どんないい変化が生まれるかを伝えることだ。あとは、なぜ自分が行き詰まっているか、なぜ今まで問題が解決していないかに短く触れればいい。

問いを考え始めるにあたっては、前もって二つの大事なルールをはっきりと伝えておくことが重要だ。一つは、求められるのは問いの提示だけであること。もし誰かが解決策を提示しようとしたら、このセッションの進行役であるあなたがそれをさえぎることになると、先に説明しておこう。もう一つは、前置きはいっさい省くこと。説明や詳述は、その長短に関係なく、問題を一定の方向から見るよう人々を導いてしまう。それはブレインストーミングでは何より避けたいことだ。

また、メンバーの気持ちも確かめておきたい。今回の課題について今、どう感じているか。前向きか、後ろ向きか、どちらでもないか。自分の気分もメモしておこう。これには一〇秒以上かける必要はない。セッションが終了したら、ふたたび確認する。この確認はおろそかにできない。なぜなら創造性のエネルギーは感情の影響を受けるからだ。クエスチョン・バーストを行う目的は、新しい問いを引き出すことのほかに、課題に意欲的に取り組み続けられるよう、前向きな気持ちをかき立てることにもある。

ステップ2　問いを生み出す

大まかな問題の説明を終え、みんなにルールを納得してもらったら、タイマーをセットして、四分間、課題についての問いをみんなでどんどん出し合おう。一般的なブレインストーミング同様、ほかのメンバーの発言に対して、いっさい反対意見を述べてはいけない。目標は、一五から二〇個以上の問いを紙に書き出すことだ（できるかぎり発言をそのまま書き取り、あとで詳しい話を聞く）。

四分間で二〇個の問いというのは、魔法の数字というわけではない。それでもこれぐらいを目安にするとちょうどいいのは確かで、それにはいくつか理由がある。制限時間の短さは参加者にプレッシャーをかけ、「問いだけ」というルールが守られやすくなる。問いが出始めると、答えないでいることにたいへん苦労する――四分ですら、なかなか我慢できない――という人をわたしはたびたび目にしている。例えば、ある製造会社でブレインストーミングを行ったとき、何人かの参加者からサプライチェーンの問題に関する問いが出始めると、ひとりの管理職がいちいち答えを差し挟んだ。それが弁明のためだったのか、単に知識を自慢したかっただけなのかは、わたしにはわからない。そういう衝動にかられることは多かれ少なかれ誰にでもある。しかしこのブレインストーミングでは量に重点が置かれる。問いに答えることに時間を費やしていたら、二〇個という目標を達成できない。また、できるだけ多くの問いを生み出すことを求められれば、おのずと、適切さとか固定観念とかに縛られない、短くて広がりのある問いが増えるし、突拍子のない問いも説明抜きに口にできる。さらには、デリケートなことでも慎重に言葉を選ばないですむ。

四分間、進行役のあなたは参加者から出される問いをすべて書き取る。すべていわれたままに書き取り、忠実に書き取れているかどうかをたえず参加者にチェックしてもらう。そうしないと無意識に、腑に落ちないことは書かなかったり、自分が聞きたいように聞いたりしてしまう。書き取りながら、自分の問いもそこにつけ加えよう。そうすると、あなたがふだんどういう観点から問題を見ているかや、いかにあなたがみずから問題の解決を遠ざけているかが明らかになる。

組織理論の権威カール・ワイクは次のようにいっている。「自分が何をいったかを自分の目で見るまでは、自分が何を考えているかはわかりようがない」。それがここにも当てはまる。

タイマーが鳴ったら、ふたたびみんなの気持ちを確かめよう。また、あなた自身はセッションを終えた今、その課題についてどう感じているか。四分前より前向きになっているか。もしそうなっていないなら、可能であれば、もう一回、セッションを繰り返そう。もしくはいったん休みを取って、翌日行ってもいい。あるいはメンバーを変えて試してもかまわない。研究で証明されているように、気持ちが前向きなときほど、すばらしい問題の解決策を思いつきやすい。クエスチョン・バーストが最初に効果を発揮するのはまさにそこだ。行き詰まってしまったという後ろ向きの感情をやわらげて、課題との向き合い方を変えることができる。

ステップ3　問いを分析する

協力者の役割はここまでだ。あなたは今、前進できる可能性が見えてきたことで意欲が高まっている。ここからはひとりで、書き取った問いをじっくり読み返そう。新しい道を示している問いがないかどうか、注意深く調べよう。約八割のセッションでは、問題の見方を変え、新しい角度から問題の解決策を教えてくれる問いが、少なくとも一個以上出される。興味を引かれた問いや、今までの自分の取り組み方とはちがうと思える問いを数個選ぼう。それらを選ぶうえでは、次のようなことを基準にするといいだろう。今までに自分で考えたり、人から問われたりしたことのない問いか。自分が答えを知らない問いだと、うそ偽りなくいい切れるか。感情に訴えかける問いか。つまり、驚き、本心、意欲という観点から問いをチェックしてみよう。

問いを数個選んだら、次にそれらの問いをそれぞれ掘り下げよう。その方法として昔からよく用いられているのは、トヨタの創業者、豊田佐吉が考案した「五回のなぜ」だ。スタンフォード大学のマイケル・レイの『ハイエスト・ゴール』にもそれをもとにした手法が紹介されている。まず、自分が選んだその問いがなぜ重要なのか、理由を考える。次に、その理由がなぜ重要なのか、その理由をまた考える。そのようにして「なぜ」を重ねていく手法だ。そのポイントは、問題に関わりのあることを広い範囲に見出し、それによって考えられる解決策の幅を広げるとともに、問題の解決に取り組もうとする決意を深めることにある。

最後は、探求に乗り出す決断だ。新たに発見した道の少なくとも一つに覚悟をもって歩み出そう。その際には、「真実の探求者」としてそうすることがたいせつだ（この言葉は、ＮＡＳＡジェット推進研究所での仕事ぶりについて、エンジニアのアダム・ステルツナーが書いた文章から借用した。ジェット推進研究所では「いい意味での変人」たちが日夜、火星に探査ロボットを送るなどの壮大な目標に取り組んでいる）。どういう結論のほうがもっとなじみがあるかとか、実行するのが楽かとか、余計な心配はいっさい捨てて、問題の解決のためには何が必要かだけを考えよう。それには短期の行動計画を立てるといい。新しい問いによって示唆された解決策を見出すため、次の三週間に自分がするべきだと思うことを書き出そう。

先日、ある企業の重役がクエスチョン・バーストに参加し、ある事実をとことん調べてみようという決意を固めたことがあった。その企業には四つの主要部門があって、彼の部門はもともとほかの三部門とは別個に設置されたものだった。彼は自分の部門の社員の振る舞いのことで悩んでいたのだが、クエスチョン・バーストのセッションによって、自分の大きな思い込みに気づかされた。それまで自分たちの部門の報酬制度がほかの部門とちがうのは、社内に新しい文化を築きたいという創業者たちの意図で設置された部門だからなのだと、ずっと思い込んでいた。しかしそれはほんとうなのだろうかという疑問が湧いた。そこでクエスチョン・バーストのセッション後、さっそく創業者たちに面会の時間を作ってもらって、その点を尋ねてみた。何がわかったか。じつはそんな新しい文化を築くなどという意図はまったくなかったのだ。それどころか創業者たちは社内にそういう文化があることを知って、驚いた。これをきっかけに社内全体で一連の調査が実施され、悪しき振る舞いがすべて洗い出されることになった。

わたしが二〇年ほど前に思いつき、以来、改良を加えてきたクエスチョン・バーストとは、以上のようなものだ。しかしほんとうにこんなに簡単に新しいものの見方を引き出せるのか。たった四分間のセッションで、誰もが大きな問題をまったく新しい角度から捉え直し、人生を好転させられるのか。

そのとおりだといい切ってしまいたいが、少なくとも、次のようにはいえるだろう。クエスチョン・バーストを日常的に行えば、誰であっても、画期的な解決策を思いつく可能性は高まる、と。純粋に数の問題と考えてみよう。ほとんどの問いは世界を揺るがすようなものではないとしても、ある程度、繰り返せば――一つのテーマについて三回以上行うことをわたしはいつも奨めている――すばらしい問いが生まれる確率は確実に高まる。例えば、先日、世界的なソフトウェア会社の経営者からメールをもらい、年来の経営の問題を改善するため、クエスチョン・バーストを試みたという話を聞いた。「三回めのセッション後、すごく前向きな気持ちになりました。問いもぐんと深まりました」とその女性は書いていた。それまで自分たちが問題を「表面的」にしか捉えていないことが、セッションで明らかになった。問いを重ねることで、「もっとはるかに意義のある、乗り越えるべき課題が見つかった」という。

しかもこれには特別な投資はほとんど要らない。証券会社チャールズ・シュワブは、最高の質問をしてくれる顧客こそ、自社にとって最高の顧客だと気づいて以来、「問いの力」を自社のブランドの中核に据えている企業だ。同社の最高マーケティング責任者ジョナサン・クレイグは「単に問うというだけですから、それで大損をすることはまずありません」といい、次のように説明している。「わたしは幹部チームで問いをよく使っています。むずかしい問題とか、大きな課題とかに取り組むとき、ただ答えを探そうとするのではなくて、まず一五分かけて、答えがぜひとも知りたい問いをボードに全部、書き出します。肝心な問いへの答えを見つけやすくするためです。[中略] リーダーがそういう触媒的な問いの手法や、もしくはメンバーから問いを引き出すほかの手法を使えば、きっとよりよい結果が得られます。百発百中の手法ですよ」

この手法によって問題が新しい角度から捉え直されやすくなることは、実地で証明されていることだ。わたしはこれまでに数え切れないほど多くの企業のチーム（アディダス、シャネル、コカ・コーラ、ダノン、ディスカバー、アーンスト・アンド・ヤング、フィデリティ証券、ジェネンテック、ゼネラルモーターズなど）や非営利団体（ユニセフ、世界経済フォーラムなど）、個々のリーダーとともにこの手法を試み、成果を上げている。仕事でも私生活でも、この手法を使えば、苦労している問題にすぐに新しい視点がもたらされる。また大きな組織でこれが習慣になれば（同じ問題について、メンバーを変えて、三回以上行う）、問題解決型や真実追求型の文化を浸透させられる。

しかしいっぽうで、この手法が必ずしもどこでも通用するわけではないことは、わたしも認める。ジェイムズ・T・ディロンがそのことを著書『問いと教え』で次のように指摘している。「旅行のお土産のように、問うという珍奇なテクニックを家に持ち帰りたいという誘惑に駆られるかもしれない。だが、どんなテクニックも、見つけた場所に置いてくるのが賢明だ。そこがそのテクニックにとってふさわしい場所、力を発揮できる場所なのだから。異国の風変わりなテクニックを同胞の前で使っても、まぬけに見えるだけだ。持ち帰るなら、理解——実際の行動の質を高める理論——を持ち帰るのが賢い。問いに含まれるさまざま要素が、自分たちの環境の中でどういう意義を持ちうるかについて、新しい理解を得たというのなら、それはそれで有益だろうから」[2]

この助言にわたしも賛成だ。このいい方に合わせるなら、問いのための場を築くことがさらに大きな「持ち帰り」の品になる。最終的にめざしたいのは、問いのセッションよりもはるかに大きな規模で、問いに適した環境を築く方法を見出して、問うことを職場や私生活に広く浸透させることだ。クエスチョン・バーストでは、参加者をふだんとはちがう環境に置いて、ふだんの行為を一時的に抑えることで、問いを促進する。それはその場かぎりのセッションであり、完全な解決策を意図したものではない。しかしそのような人工的な環境によって、参加者が問いのたいせつさに気づいたら——現実のさまざまな場面でも、問いを支える環境についてもっと意識するようになれば——このセッションの効果はその場だけのものではなくなるだろう。問いを強いない環境でこそ、問いは自然に数多く出てくるようになる。

クエスチョン・バースト前後の感情の変化

数年前からアルゴメントの集計ソフトを使って、クエスチョン・バーストの体験に関するデータを集計するようになった。すでに一五〇〇人以上のリーダーからデータを集めている。それによって確かめられたのは、それまで二〇年以上にわたって、教室や会議室などで一万人以上の参加者から挙手でデータを集めていたときに感じていたことが正しかったことだ。集計ソフトを

クエスチョン・バースト前、課題をどう感じているか？

クエスチョン・バースト後、課題をどう感じているか？

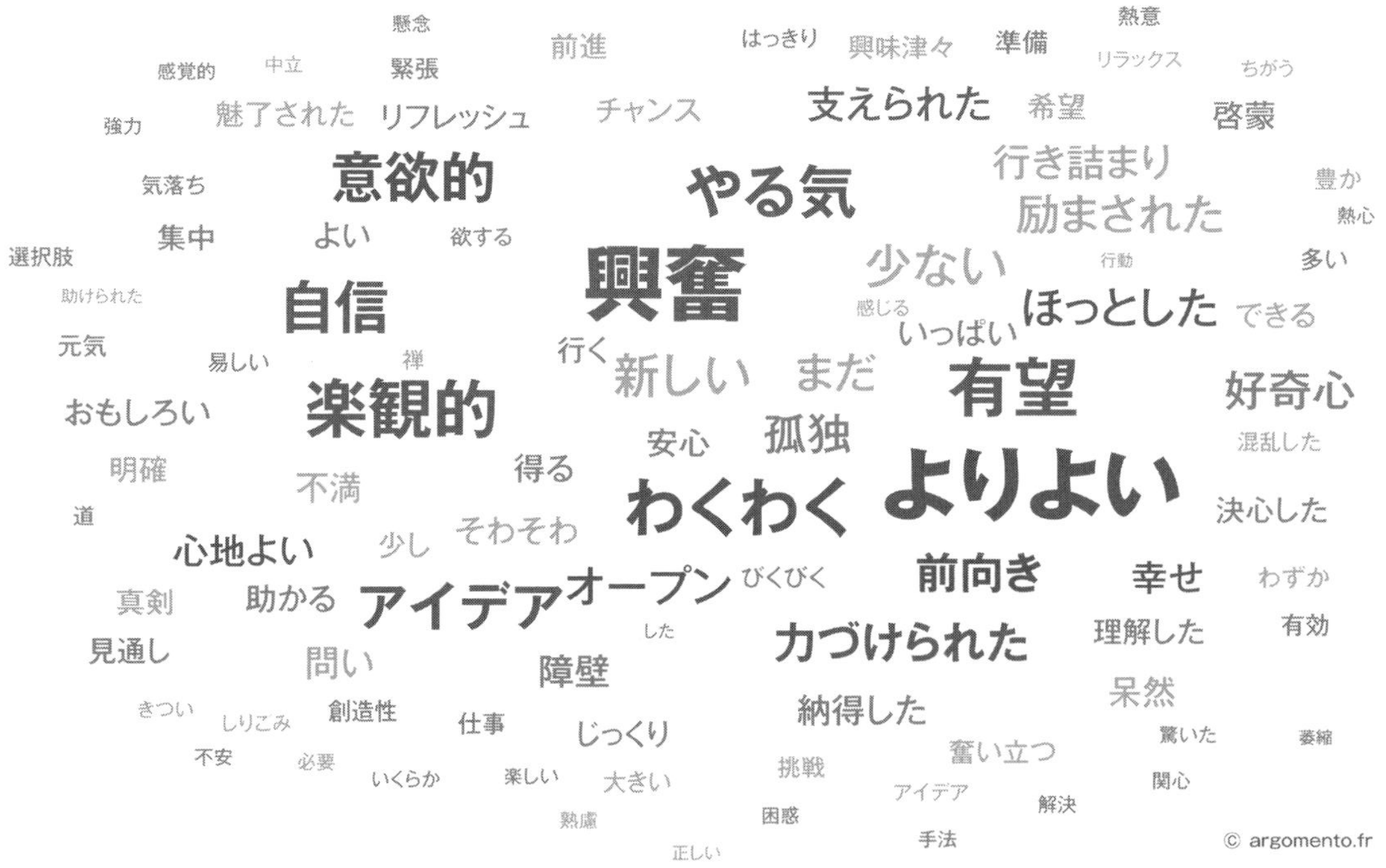

© argomento.fr

クエスチョン・バースト後、課題をどう感じているか?

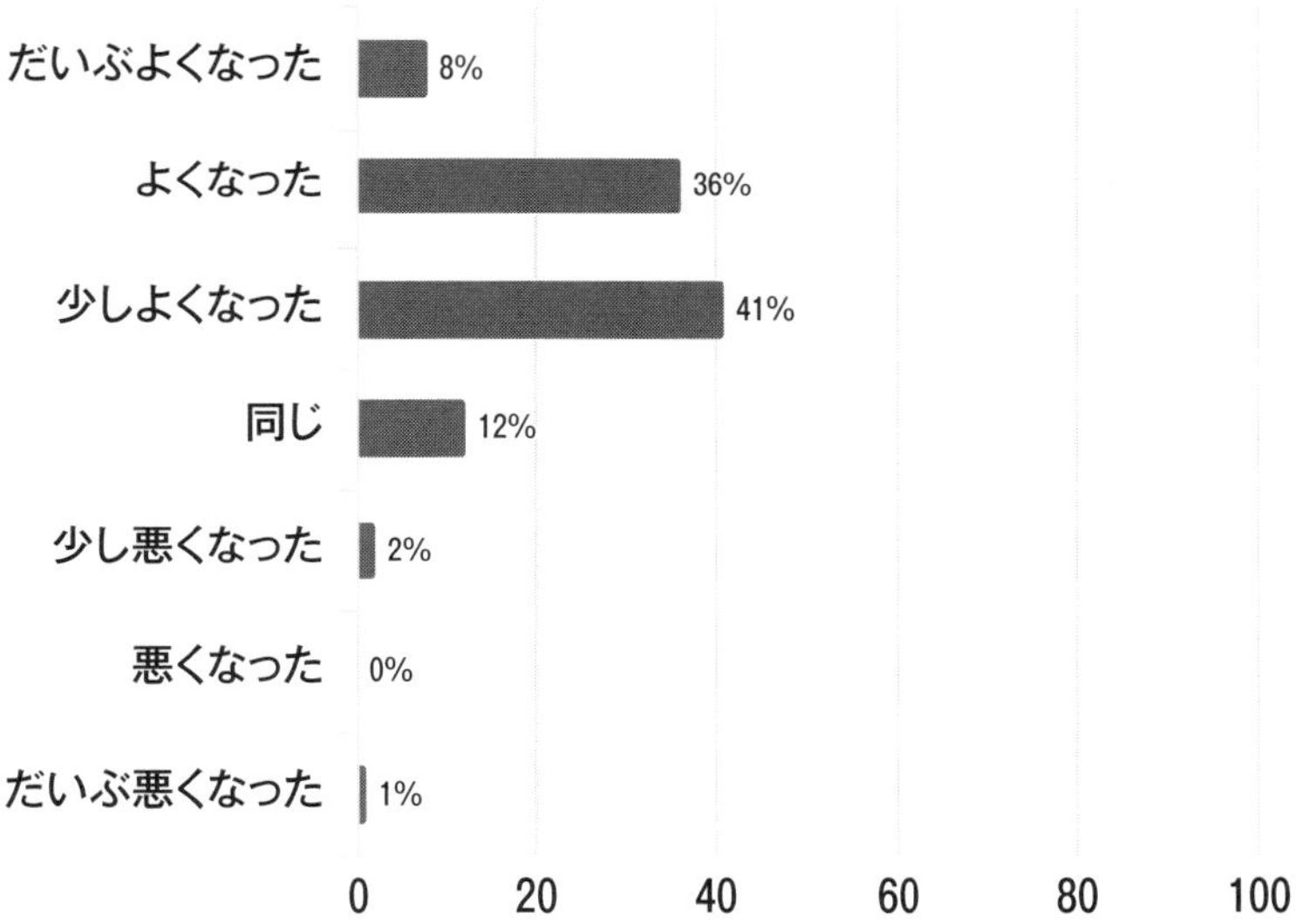

© argomento.fr

使ったデータ収集では、まず四分間のセッションの前後に、課題をどう感じているかを短い言葉でアプリに入力してもらう。右に示した単語の一覧は、そのデータをもとに作成したものだ。

　セッションの最後にはふつう、参加者にこの両方の言葉の一覧を見せる。するとみんな一様に、ちがいにびっくりする。クエスチョン・バースト後、参加者に直接、どう課題の感じ方が変わったかを尋ねても、同じように著しい変化があることが示される。圧倒的多数の人が最低でもいくらかは、自分が抱えている課題に対する感情がよい方向に変わったと報告している。

クエスチョン・バースト後、課題の見方が変わったか?

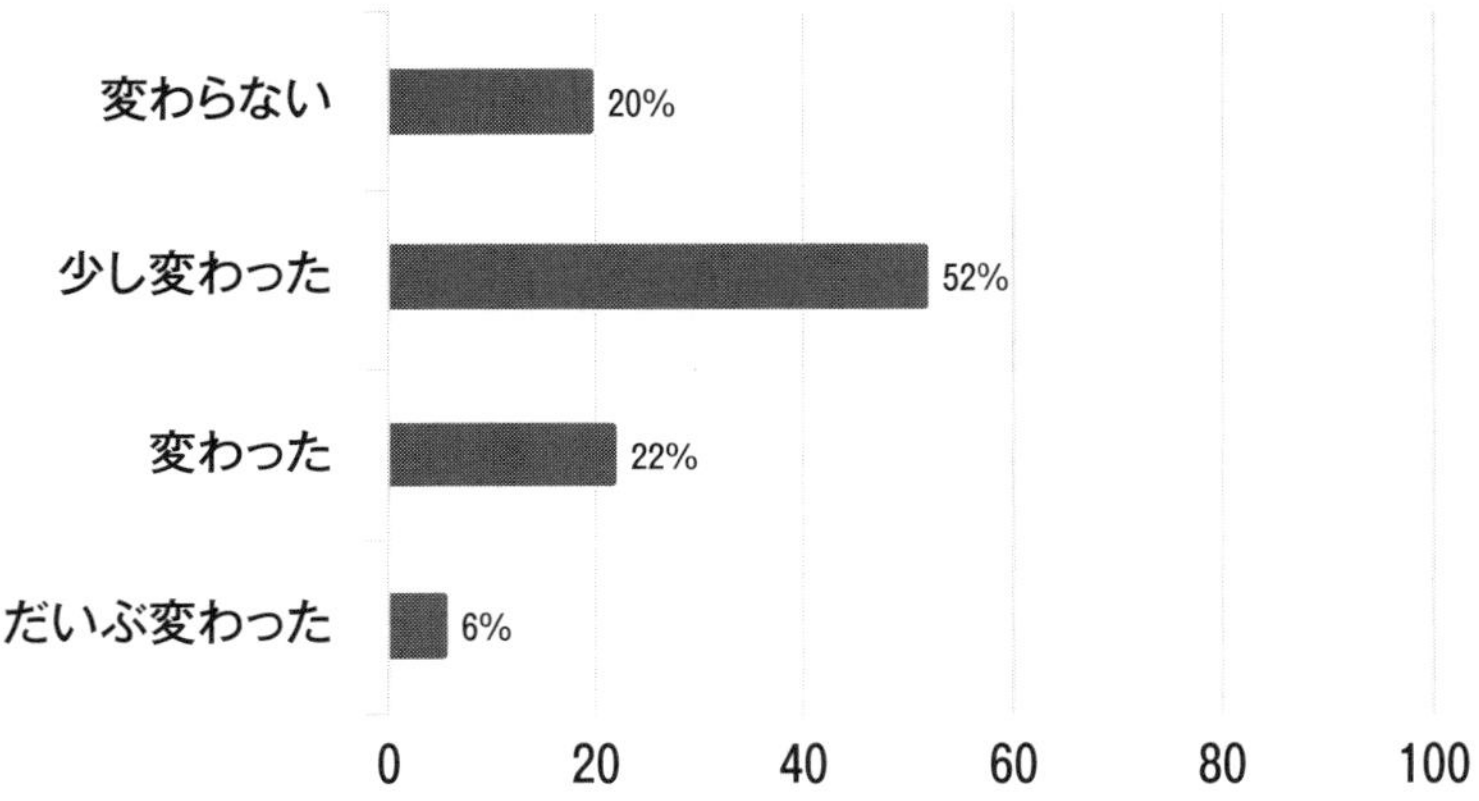

© argomento.fr

新しい視点

四分間、集中して問いを生み出すと、たいていのリーダーは自分の課題を別の視点から見られるようになる。上に示したのは、セッション後、参加者に視点が変化したかどうかを尋ねたときの回答の内訳だ。その次には、課題の解決に役立ちそうな新しいアイデアを一個以上得られたかどうかに「はい」か「いいえ」で答えてもらった結果を示した。

問いを引き出す環境作り

前章の最後に、多くの人――たぶんすべての人――が私生活や仕事の中でふだんとはルールのちがう場を欲していること、その背後には精

クエスチョン・バーストで新しいアイデアを1個以上得られたか?

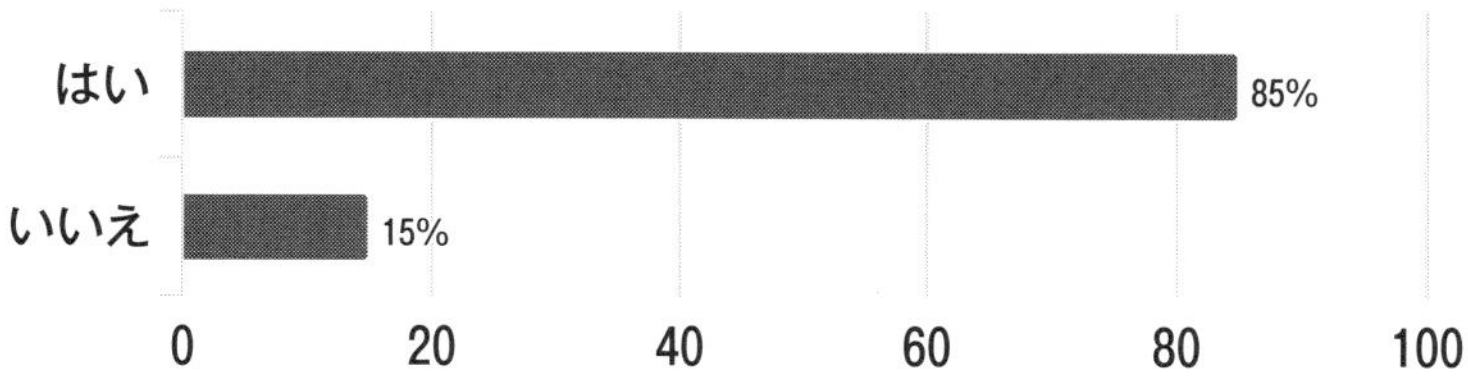

© argomento.fr

神を解放したいという切なる思いがあることを指摘した。そのような特別な環境では問いが生まれやすいだけではなく、問いにじっくりと耳を傾けることができる。旅行やリトリート（日常を離れた静かな場所で過ごすこと）、企業のオフサイトミーティング、あるいはメンターやコーチやセラピストとの対話の多くは、本質的にはそのような場だといえる。わたしたちが忙しい毎日の中で時間を割いて、瞑想や散歩をするのもそれで説明がつくし、入浴にもそういう要素が少なからずある。

　わたしの友人でもあるマーク・ウィドマーは、アンペリスという会社を設立して、家族向けにあるユニークなサービスを提供している。人間は日常とはちがう環境に身を置くと、自分が抱えている問題の見方が一変するという考えにもとづいたサービスだ。アンペリスに相談すると、景色の美しい場所――ユタ州モアブの赤岩地帯からイタリアのドローミティまで――を選んで、リトリートの計画を練ってくれる。そのリトリートの計画では対話のために適した環境を築くことに細心の注意が払われている。例えば、わたしがウィドマーから聞いたことがあるのは、ある夫婦の話だ。その夫婦はふたりとも貧しい家の出身だったが、ある画期的なものを発明したことをきっかけに、事業を興して成功し、やがてその会社を売却した。夫婦にはそのあいだに子どもも生まれた。しかし裕福な家庭で育った経験がないので、お金の悪い影響から子どもたちをどう守るかに関して、自分たちには「知らないことを知らない」ことがたくさんあるのではないかと感じていた。ウィドマーはそんな夫婦に、自宅から遠く離れた場所へ家族で行って、そこでふだんはしないことをいっしょにすることで、正しい問いを立てられる環境が生まれるとアドバイスした。夫婦がつねづね心配していたのは具体的には次のようなことだった。「このような財産を残すことが、子どもたちの仲を引き裂くことになりはしないか。子どもたちは遺産を相続すると、人間として成熟しにくくなるのではないか」。それが今回の集まりを通じて、次のような問いに変わった。「すばらしい親は子どもたちにすばらしい人生を送らせるため、何を残すか」。優れた問いがたいていそうであるように、この問いにも触媒的な性質があった。この問いはそれまでとはまったくちがう道を示していた。なぜならこの問いからはただちに、「子どもたちにとって価値のあるものを残せばいい」という答えが生まれたからだ。家族はこの答えに触発され、みんなでいっしょにそれは何かを考え、子どもたちにそれをどう残せばいいかを探った。

企業の世界で、このような家族の集まりにいちばん近いのは、チームのオフサイトミーティングだろう。日々の仕事をいったん忘れて、長期的な観点から戦略を考えることを目的とする集まりだ。いつものオフィスを離れて、わざわざ別の場所でミーティングを開催するのは、単なる贅沢のように感じられるかもしれないが、場所を変えることでみんなの思考のモードを変えられる。また同僚どうしのやりとりのパターンにも変化が生まれる。この一〇年でイノベーションに関心を持つ企業が急激に増える中、オフサイトミーティングもかつてよりだいぶ洗練され、最近は、参加者たちがほんとうに重要な問いに注意を向けられるようかなり工夫されている。

そのおもしろい試みの一つに、企業向けソフトウェアメーカー、セールスフォースが最大の大口顧客のために開発したイノベーションのコンサルティングサービス、「イグナイト（点火）」がある。これはオフサイトミーティングの手順を提供するだけではなく、経営陣が自社の将来像を共有できるようにするための環境も築くサービスだ。六段階からなるこの手法では、まず最初に参加者にクエスチョン・バーストを使った「問いとリフレーミング」を行わせる。例えば、最近では、バークシャー・ハサウェイ・ホームサービシズという新しい会社の首脳陣がセールスフォースのチームとともにこの手法を試み、最初に正しい問いを立ててから、不動産運営も手がける不動産仲介フランチャイザーとして自社のブランドを構築していく方法を検討した。顧客から信頼される人間的な（事務的ではない）販売のスタイルをどう確立したらいいか。現場の人間が単なる不動産の仲介業者に留まらず、頼れるアドバイザーとして力を発揮できるようにするにはどうしたらいいか。ふだんは事業の運営に忙殺されているバークシャー・ハサウェイ・ホームサービシズの首脳陣にとってこのセッションは、自社の中心的な業務が本来の優先事項と一致しているかどうかを確認する貴重な機会になった。いい換えるなら、業務が正しい問いに応じたものになっているかどうかを確かめることができた。CEOジノ・ブレファリと開発担当副社長クリス・ステュアートは後日、セールスフォースのCEOマーク・ベニオフに、戦略の明確化の面で期待以上の成果が得られたと感想を伝えている。

最近は、世界各地のセールスフォースの特別な自社施設でもイグナイトのセッションが行われている。それらの施設はふだんと環境を変えるには打ってつけの場所だ。例えば、サンフランシスコで最も高いビルであるセールスフォースタワーの最上階六一階に、三六〇度の景色を見渡せる「オハナ・フロア」と名づけられた場所がある。「オハナ」とはハワイ語で「家族」を意味する言葉だ。「オハナ・フロアは外部の人にも使ってもらっています」とベニオフはいう。「わたしたちに使う予定がないときは、宗教の集まりや、非営利団体や、NGOや、学校に貸し出しています」

セールスフォースの社屋や文化の中心にそのようにハワイのモチーフが使われるようになった経緯も興味深い。同社では初めから問いが重要な役割を果たしていたことがよくわかる。マーク・ベニオフがセールスフォースの設立につながるアイデアを思いついたのは、問いが生まれるのに絶好の条件が揃っていたときだった。今では企業向けクラウドサービスと呼ばれているものがまだなかった一九九九年のことだ。当時の大企業はどこも、社内のさまざまな部門で必要とされるハードウェアやソフトウェアの調達と導入を手がける部門として、巨大なIT部門を擁していた。また当時は、ウェブサイトを拠点に消費者向けのサービスを展開する二企業――アマゾンとイーベイ——の急成長に、テクノロジー業界の誰もが注目しているときでもあった。その頃、ベニオフはオラクルの重役だったが、仕事に疲れ切っていて、サバティカル休暇を取り、ハワイへ行くことにした。ハワイでは毎日、地元の人と話をしたり、イルカと泳いだりして気ままに過ごし、心を思う存分解放させた。そんなある日、ある問いが頭に浮かんだ。どうして今ではインターネットがあるのに、いまだに自社でハードウェアを持ち、それにソフトウェアをインストールし、アップグレードするということが昔と同じように続けられているのか。インターネットの接続と利便性を考えれば、ソフトウェアもモノとしてではなくサービスとして提供するべきではないのか。ハワイで過ごした時間とその一つの問いが大きな転機をもたらし、やがては収益一〇〇億ドル以上(二〇一八年)という企業の誕生につながった。

以来、ベニオフは答えを探る前にいったん問いに立ち返ることのたいせつさを力説している。実際、セールスフォースには、何を売り出すかや、どう次の段階に進むかを決めるにあたって、経営陣がつねに立ち返る問いが五つある。自分たちがほんとうにしたいことは何か、自分たちにとってほんとうに重要なことは何か、どのようにそれを実現するか、その実現を阻むものは何か、実現したかどうかは何によって判断するかの五つだ。これらの五つを問うことで、全員がたえず目標と、意義と、手法と、障壁と、評価基準を確認できる。ベニオフはわたしに次のように話した。

数多く問い、それらの問いに耳を傾けるという過程を経て、イノベーションは生まれます。セールスフォースを立ち上げたときも、一つの単純な問いが土台になりました。なぜ企業向けのソフトウェアはどれも、アマゾンで本を買うのと同じぐらい簡単に買うことができないのか、という問いです。その後、さらにその問いを発展させていきました。ソーシャルメディアでのコミュニケーションやコラボレーションが盛んになって、モバイル機器が普及し始めたときには、次のように問いました。なぜ企業向けのソフトウェアはどれも、フェイスブックのアプリのようではないのか。数年前、消費者向けのアプリがどんどん洗練され始めたときには、次のように問いました。企業向けのソフトウェアをもっと賢いものにできないか。要するにわたしたちは世界で起こっていることを見て、次のように自分たちに問いかけているわけです。どうすればそれを新しい方法で応用できるか。

このような広がりのある問いが次々と出てくる場を築きたいというベニオフの思いから生まれたのが、広々とした空間を備え、陸と海を一望のもとに見渡せるオハナ・フロアだ。「考え方を変えたければ、いつもとはちがう場に身を置くことが必要です」と、イグナイトを手がけるノア・フラワーは、わたしがオハナ・フロアの見学に行ったときに説明してくれた。いっぽうでオハナ・フロアは、革新的なアイデアを土台にしていて、つねに革新的なアイデアを生み出し続けなくてはならないこの会社が、もともとどのように誕生したかを鮮やかに思い出させる場でもある。オハナ・フロアを利用するのは重役だけではない。ここはすべての社員のための場だ。また、ここを使った社員たちの心に次のメッセージが深く刻まれてほしいと、ベニオフは期待してもいる。「すべては問いから始まった。問い続けよう」だ。

わたしはセールスフォースという企業にも、ベニオフというリーダーにもとても興味を引かれている。触媒的な問いが生まれやすい環境をさまざまなレベルで築こうと試みているように見えるからだ。もう一つ、別の取り組みのおもしろい逸話を紹介しよう。セールスフォースには、社内コラボレーション用のプラットフォーム「チャッター」を使って立ち上げられた「苦情放送」というチャットグループがある。社内のソーシャルメディアフォーラムらしくない名称だが、こんな名がつけられたのは草の根レベルから生まれたグループだからだ。「放送」される「苦情」は、職場に関するさまざまな不満から、エンジニアたちが助けを必要としている技術的な難題まで多岐にわたる。このチャットグループがまだ社内で公開されていなかったとき、セールスフォースの幹部の何人かがそのようなチャットグループがあるという噂を耳にした。それらの幹部はすぐさまベニオフに報告して、対応を促し、やめさせたほうがいいと進言した。ベニオフは自分の目で確かめたいといい、チャットのようすを大きい画面に映し出させた。それを見た瞬間、ベニオフの心は決まった。「やめさせるなんて、もったいない。これはいいぞ」。広報担当の上級副社長アル・ファルシオーネによると、顧客企業のCEOに商品説明をするときも、ベニオフはこの「苦情放送」の画面を映し出すという。ファルシオーネはこれにはいくらかひやひやさせられていて、一度ならず、次のようにいったことがある。「あれを画面にいきなり映し出すのはまずいんじゃないですか。誰かが不満を述べているところかもしれませんよ。それをCEOたちに見せるつもりですか」。ベニオフは平然という。「ここに今の会社とわたしのつながりがある。これなら簡単に目を通すことができ、みんながどういう問題を抱えているかを読める」。このようなつながりが大事だと考えるベニオフは、顧客企業のCEOたちにも、「チャッター」を導入して、社員とつながりを持つべきだと勧めている（ベニオフは社員たちに内緒でこの「苦情放送」の書き込みを読んでいるのかといえば、まったくそんなことはない。自分でもときどきコメントを投稿しており、けっして「盗み見」ではない。何より、ツイッター——今では一〇〇万人近いフォロワーがいる——で、「社内のグループでわたしがいちばん気に入っているのが、〝苦情放送〟だ」と公言している）。

セールスフォースはこのような仕組みをいくつか使うことで、問いが発され続けるように工夫している。たいていの企業では、数多くの問いを発するという慣れないことを社員にさせるのは容易ではない。そこでクエスチョン・バーストなどの手法が使われることになる。セールスフォースもさまざまな場面でそういう手法を取り入れている。しかしベニオフには、問うことを例外的な行為ではなく、社内で当たり前の行為にするというもっと大きな目標がある。特別な環境のもとで問いを引き出すのではなく、社内のどこでも、従業員からも自分からも問いが自然に出てくるようにしたい、とベニオフは考えている。

同じことはピクサーやアマゾン、ＥＹ、チャールズ・シュワブのリーダーたちにもいえる。もちろん、それがいかに困難かは誰もが承知しているだろう。従業員がふだんの私生活やこれまでの職場でなじんできた環境とはまったくちがう環境を社内のすみずみにまで行き渡らせようという企てなのだから。しかしそれらのリーダーたちはそれだけの影響力を発揮できる地位にあり、自社の未来がイノベーションにかかっていることもわかっている。では以下に、彼らの取り組みを見ていこう。

問いの彼方へ、さあ行こう

『ファインディング・ニモ』や『リメンバー・ミー』、『Mr.インクレディブル』などの名作で知られる映画会社ピクサーにも、すばらしい問いの環境がある。それは同社に創業以来在籍し、ピクサーとウォルト・ディズニー・アニメーション・スタジオの社長を兼務したエド・キャットマルのリーダーシップのもとで築かれたものだ。以前、カリフォルニア州エメリービルのピクサー本社でかなり長時間にわたって、従業員のかたがたと話をしたり、制作のようすを見学させてもらったりしたことがある。それでわかったのは、触媒的な問いの比率がほかの企業と比べて、著しく高いということだ。キャットマルは当初から率直に意見が交わされる文化が育まれるよう、リーダーたちひとりひとりを励まし、最大限に力を尽くしてきた。そのような土台を築くための

ピクサー本社の駐車場内で見かけた車。このスペアタイヤのカバーの絵の中に新しい映画のキャラクターがいるのではないかと思わずにいられない。

『モンスターズ・ユニバーシティ』の監督、ダン・スキャンロン。「制作の初期段階の映画は、か細いろうそくの炎のようなものです。風から守ってやらなくてはなりません。まだ燃えさかる炎にはなっていませんから」

世界一大きなルクソーのアームライトに誰もが立ち止まって、問う。「何だ、これは？」。それから奥にあるスティーブ・ジョブズ・ビルディングへ向かう。

このガラスケースを目にしたときは感動した。２体のオスカー像が陽光を浴びて輝いていた。観客を魅了するストーリーは、無数の触媒的な問いを経て誕生した。

ピクサーで一日の終わりに渡る橋。バズ・ライトイヤーの「無限の彼方へ、さあ行こう」という雄叫びが聞こえてきそうだ。

幅広い努力は続けながら、いっぽうで触媒的な問いを論じ合うことのむずかしさもよくわかっている。だから創造的な問いが活発に飛び交う特別な場を設けるときには、細心の注意を払うことを忘れない。

そのいちばんいい例は「ブレイン・トラスト」だ。映画の制作過程で、監督は、同僚からいっさい遠慮のない意見をもらうためのミーティングをみずから開く。これはしばしば監督にとって過酷な体験になりうる。なぜならピクサーでは、監督は自分が手がける作品のストーリーには深い個人的な思い入れがなくてはならないという強い信念が共有されているからだ。これまでそのおかげで数々の名作が誕生してきたが、いっぽうで監督たちはそのせいで精神的なダメージを受けやすくなる。あるプロデューサーはわたしに、「ブレイン・トラスト」のセッション後の監督たちのようすについて次のように話している。「三〇分程で簡単な報告を受けたあと、わたしは監督を自宅まで送ることにしています。一日休んでもらうためです。その日はもう仕事などできません。それぐらいきついんです。あらかじめこのセッションはそういうものだとわかっていても、やはりショックを受けます。気にしないというのは、無理です」

早退せざるをえないほどのフィードバックのセッションというと、残酷なものに聞こえるが、じつはそうではない。なぜなら誰もが「ブレイン・トラスト」はふだんとはちがうルールが適用される特別な場であることをわきまえているからだ。いかなる問いも作品をできるかぎりよいものにしたいという気持ちから発されるものでなくてはならないことを、参加者全員が理解している。監督の作品への思いが尊重され、最大限に生かされるようにするための工夫が、「ブレイン・トラスト」の進め方には施されている。

「ブレイン・トラスト」のほかにも、創造的な問いや指摘や刺激を引き出すために意図的に設けられた場がピクサーにはある。これまでに数回実施されている「メモの日」がその一つだ。映画制作の世界には昔から、スタジオのお偉方が制作中の映画を観て、「メモ」の形で意見を伝えるという慣習がある。それが「メモの日」のヒントになっている。「メモの日」では、その慣習が拡大され、一つの作品についてではなく、スタジオそのものについて、みんなから意見が出され、その中に有益なものがないかどうかが探られる。この試みもやはり一つの問いから生まれた。

『メリダとおそろしの森』のプロデューサー、キャサリン・サラフィアンによると、ピクサー幹部のオフサイトミーティングがサウサリート市の会議場カバロポイントで開かれたときのことだという。そのミーティングでは、コストを抑制するとともに、運営を損ねないためにはどうすればいいかが話し合われた。「二〇一三年の一月一九日でした。〝会社そのものをブレイン・トラストにかけたらどうか〟というアイデアが出たのは」とサラフィアンはいう。「〝丸々一日、すべての業務を止めてしまったらどうだろう。それで会社のみんなで考えたらどうだろう。そう、それがいい、やってみよう！〟という具合でした」[3]

その日、最初にそのアイデアを口にしたのは、ソフトウェア研究開発部門のトップ、グイド・クアロニだったが、それを実行に移すのはサラフィアンの役割と決まった。二〇一三年三月に第一回の「メモの日」が開かれて以来、サラフィアンは「〝メモの日〟を開催するという約束を果たそうとすることを通じて、さまざまな経験を積んできた」。これまでの成果を振り返ると、多くの点で、まだまだだと感じる。従業員の意見をもとに文字どおり何百もの改善がなされたが、二〇一三年一月のオフサイトミーティングで話し合われた重要な課題の中にはまだ未解決のものが残っている。それでも「あの日は記念すべき日です」とサラフィアンは話す。「わたしたちが問いと問うことを自分たちの手段として掲げたのは、あの日でした。そして業務をすべて止めて、こういいました。〝わたしたちが今、何より知りたいのは、どうすればもっといい仕事ができるか、どうすればもっといい運営ができるか。どうすればもっと効率を高められるか、だ〟と」。

サラフィアンはこの経験を通じ、みずからも問いの力に気づき、自身が率いるチームでも問いを積極的に利用するようになった。「いい成果や結果をもたらすのは、答えそのものではなく、まさにエド・キャットマル的な探求のプロセス、問い、調べるというプロセスなのだ」とわかったという。

このコメントは、わたしがピクサーについてこれから述べる最後の要素にも関わってくる。それはリーダーたちが模範と見なされているということだ。ピクサーでは、従業員が自社の成功のためにどう振る舞えばいいかは、リーダーたちの振る舞いに示されているという理解が浸透している。「ブレイン・トラスト」や「メモの日」などのどんな個々の手法よりも、正しい問いのたいせつさを心底から信じるリーダーたちの日々の振る舞いが、従業員たちにたえずいいプレッシャーを与え続け、それによって問いの文化が育まれている。ひいてはそこから「創造性を刺激し、先入観を排する」という目標のもと、さまざまな実験的な試みも生まれる。それらの試みのうち具体的な成果をあげたり、定着したりするものはほんの一部だろう。しかし全体ではそれらの試みによって社内の問いの比率は高まる。わたしがピクサーに関していちばん驚かされるのは、創業から三〇年経っていながら、エド・キャットマルがいまだに自分の仕事はもう終わり、永続的な問いの仕組みは築きあげたとは思っていないことだ。ピクサーは創造的な思考を重んじる気風に満ちあふれ、独創的な作品を生み出すことを命としている企業だ。そんな企業でもやはり問いのために特別な場を設けることが必要であり、問いを活発にしようとする意識的な努力が欠かせないと、キャットマルは考えている。

安全に危険を冒せる場

これまで紹介してきたような環境で問いが生まれやすくなるのは、程度の差こそあれ、ふだんの環境にはない大事な要素がそこに組み込まれているからだ。問うことは有益であるというシグナルを送ることもそうだし、答えを探そうとする前に、まずは問うという態度であれこれ考えてみるよう促すこともそうだし、問題を広い視野や別の角度から眺められるよう、問題とのあいだに距離を取らせることもそうだ。既存の秩序を壊すようなことをいうと、たちまち排斥される世界にあって、問いを守るためには、そのような要素を備えた問いのセーフ・スペース（安全な場）が必要になる。

米国ではセーフ・スペースという概念ははげしい論争を呼んでいる。なぜこの概念に反発が多いかといえば、自分とはちがう政治的な立場の意見を聞かされて気分を害されたくないという願望（大学のキャンパスでよく見られる）と結びつきやすいからだ。しかももっと困ったことには、この言葉はときに、人種や民族や宗教的な背景のちがう人と接したくないという要求に使われることもある。ロサンゼルス・タイムズ紙のコラムニストは次のように指摘している。「大学構内で不快な情報に触れたくないという、しばしば耳にする大学生の要求――いわゆるトリガー・

ウォーニング（事前の警告）などはその要求によるものだ――は、近頃は物理的な分離の要求とも結びついている。快適な毎日のためには似た人間どうしだけで生活することが必要というのが彼らの言いぶんだ」[4]。狭い内輪の世界に留まりたいとか、エコールーム以外の環境にさらされたくないとか望む人々のいうセーフ・スペースと、わたしのいうセーフ・スペースとは、一八〇度反対のものだ。わたしが提唱しているのは、自分の考えを覆される情報にもあえて耳を傾けられる場、その結果ひらめいた問い――ひねくれているとか、腹立たしいとか、的外れだとか思われそうな問いでも――を口にしたり、聞いたりできる場としてのセーフ・スペースだ。

集団心理療法を手がけるセラピストたちは、こういう問いのセーフ・スペースを築くのを得意とする人たちだ。『集団心理療法の専門技能（*Specialty Competencies in Group Psychology*）』という著書がある心理療法士サリー・バーロウは日々、どうすればクライアントたちがそれぞれの課題を新鮮な目で眺め、よりよい、より有益な解決策を見つけられるかを考えている。もちろん、そのためには彼女がクライアントにいい質問をすることもたいせつだが、クライアント自身がそれまでの自分の問いの立て方がいかにまずかったかに気づくことで、いっきに道が開けることも多い。あるとき、「なぜ自分は人に好かれないのか」を知りたくて、カウンセリングのグループに加わった女性がいたという。人前でそういうことを話すのはとても勇気が要るはずだ。女性にそれができたということは、バーロウがそのようなことを可能にする場を築いていたことを物語っている。しかもその問いが発されると、グループのほかの人たちから次々と問いが続いた。ある問いは、その部屋での女性の振る舞いから思いついたものだった。女性の振る舞いにどことなく押しつけがましく、人をいら立たせるものを感じていたからだ。「あなたは自分の振る舞いに行き過ぎたところがあるのに気づいていますか」。女性はセッション後、ここに持ってきた問いとはちがう新しい問いを得て、カウンセリングルームをあとにした。それは「どうすれば、無意識に人を遠ざけてしまっている自分の行為にもっと気づけるようになるか」という問いだった。そのように問題を捉え直してみると、とたんに悩みに取り組みやすくなった。バーロウは次のように話している。「それからの彼女は驚くほど変わりました。人に与える印象を気にかけるようになりました」

経営の世界ではセーフ・スペースという言葉はあまり話題にならない。しかし、『恐れない組織』の著者エイミー・エドモンドソンのチーム力学の研究に示されているように、企業においてもセーフ・スペースは重要だ。エドモンドソンはある大手メーカーの五一の作業チームの仕事ぶりを調べて、学習と業務の両面で成績のよいチームの行動パターンを突き止めた。その発見をもとに考案されたのが、チームの心理的安全性——「誰に対しても遠慮せずに意見をいっていいという安心感がチームのメンバーに共有されていること」——という概念だ。エドモンドソンがはっきり述べているように、これは「団結心」とはちがう。「研究で明らかにされているとおり、団結心の強さは、互いの意見に反対したり、批判を加えたりしようとする気持ちを弱めることがある。いわゆる集団思考という現象が典型的な例だ」。またこれはチームのみんなが寛大だとか、

「どこまでも前向きである」とかいう単純なことでもない。そうではなく、ここで肝心なのは「率直な意見を述べても、恥をかいたり、拒まれたり、罰されたりすることはないというチームへの信頼」があるということだ。[5]

労働者の生産性や創造性に差が生まれるのはなぜか。これは経営研究の永遠のテーマの一つだ。研究ではしばしば、人間関係の力学が大きな要因であることが示されている。例えば、一九五〇年代、かのベル研究所がＡＴ＆Ｔ社の研究開発を担って、数々の画期的な開発に貢献し、黄金時代を築いていた。当時、ベル研究所の一員だった科学者Ｃ・チェイピン・カトラーはＡＴ＆Ｔの特許部門のビル・キーフォーバーから次のような話を聞いたと、後年、述懐している。

> 特許部門で一度、イノベーションは何によってもたらされるかを研究したことがあります。新しいものを生み出せる人には、どんな特徴があるのか。そういう人たちを観察して、ほかの人とどこがちがうかを探りました。宗教にちがいはありませんでした。学歴や、受けた教育にも特別なところは見当たりませんでした。たいていはいい学校を出ていましたが、出身地はさまざまでした。髪の色とか、育った環境とか、そういうものにはまるで共通点はありません。それでも一つだけ、ベル研究所のイノベーターたちに共通しているといえそうなことがありました。それは同僚のハリー・ナイキスト［ナイキスト周波数で知られる著名な電気通信工学者］とときどき朝食や昼食をともにしていたことです。

カトラーはこの話をよく覚えているという。というのも、ナイキストと昼食をともにしていたひとりとして、深く頷ける話だったからだ。「ナイキストはアイデアに満ち、問いに満ちていました。こちらに話をさせて、考えを深めさせてくれる人でした」とカトラーは話している。[6]

つい最近も、革新的な企業の労働者の研究が注目を集めた。グーグル社の数百の作業チームを対象に、数年を費やして実施された「アリストテレス計画」だ。この調査では、成績の優秀なチームとそうではないチームとでは何がちがうのかが具体的に探られた。ニューヨーク・タイムズ・マガジン誌の記事によると、その結果は研究者たちを驚かせるものだった。ＩＱの高さも、勤勉さも関係なかったからだ。チームの成功といちばん強い相関が見られたのは、先に紹介した心理的安全性だった。[7]

問いが生まれやすい場に身を置くには

本書の最初の二章で、わたしは洞察力を高めるためには問いが鍵を握ると論じた。そして、残念ながら一般には、問いのたいせつさはじゅうぶんに認識されていないことを指摘した。実際、わたしたちは人から問われるのも、人に問うのも避けようとしがちだ。また、問いが盛んになることがあるとすれば、それは誰かの手で意図的に問いが生まれやすい場が築かれているおかげであることも示した。本章ではその点をさらに掘り下げて、問いが活発な場ではふだんとはちがう特別な環境が整っていることを説いた。最後にこの章を締めくくるにあたって、個人がそのような生産的な場に身を置くには、三つの方法があることを紹介したい。

第一には、問いが生まれやすい環境を自分で意識的に探すという方法がある。コーチングや心理療法のセッション、サバティカル休暇、あるいはキャンプ旅行でも、問いが引き出されることはめずらしくない。それらは自分がいつも過ごしている環境とはちがう、問いのセーフ・スペースを提供してくれる。例えば、ギャップとバナナ・リパブリックの要職を経てシャネルのＣＥＯになった、わたしの友人でもある実業家のモーリーン・シケは、ある週末、ふと思い立って、いつものツイードジャケットを着ずに馬の牧場に行き、馬と意思の疎通ができるというカウボーイの手引きで「馬から人生のコーチング」を受けた。その体験は、予想もしていなかったほど、強く心を打たれるものになった。それはリーダーとしての自分の役割について、ある重要なことを問うきっかけになり、ひいては幹部陣のリーダーシップを育む数年の計画に着手することにもつながった。その計画では、幹部陣を同じ牧場にも連れて行った。

第二には、自分でそのような環境を作るという方法がある。それは自分のためだけではなく、ほかの人のために作ることもできる。数十年前、わたしがＭＢＡの授業を問いのブレインストーミングに切り替えたときにしたのはこれだった。以来、わたしはほかのグループでもこの問いのブレインストーミングを手がけるようになった。ＳａａＳ（サービスとしてのソフトウェア）の分野で世界一成長の著しいニュージーランドの企業ゼロ（Ｘｅｒｏ）の創業者ロッド・ドゥルリは、社内ソーシャルメディアを使って、そのような場を社員たちのために作っている。自身もただ社員の投稿を読むだけではない。戦略のアイデアや市場の情報を書き込んでいるほか、社の全員に——一〇分前に入社したばかりの者にも——向けて、どんどん問いを発したり、新しい案を出したり、現実と合わなくなっている固定観念を指摘したりするよう呼びかけている。

ＥＹのマイク・インセラはそれと同じことをバーチャル空間ではない、もっと豊かな現実の空間で「逆メンター」という形で行っている。インセラによると、数年前、社内の若手から教わるための時間と場を設けるという試みを始め、以来、さまざまな面で自分の考え方が変化したという。本人の言葉を借りれば、「思考のプロセスが再プログラミングされた」という。そのような変化が生まれるのは、インセラが若手の考えを本気で理解しようとしているからだ。「若手が率直に話してくれる考えの中には、すんなりとは受け入れられないものもある」が、そういうときでもじっくり耳を傾ける。たいていの人からは未熟な考えとして退けられそうな意見でも、無視しない。「話を聞いたあとは、自分なりに解釈し、消化します。そのうえでまた話を聞きます。話を聞くのは、自分の理解が頭だけのものになっているかもしれないからです。ですが、相手と同じ経験はしていないのですから、相手の話を掘り下げて、次の問いやステップに結びつけるのには、時間がかかります」。わたしとの会話の中で、インセラは世の上司には部下に「問題を報告するときは、解決策もいっしょに持ってこい」と命じる者が多いことに触れ、自分はそうではなく、「問題が発生したら、なんでも報告してほしい。ただし、解決策を探るための思考のプロセスも持ってきてほしい」というようにしていると話している。これは重要なことだ。なぜなら、一つには、部下の問題解決の能力がそれによって養われるからだ。問題解決は「学習行動であり、経験によってその能力は磨かれる」。また、解決策の探り方を部下から聞くことで、その問題に対する自分の考え方も変わる。「要するにわたしたちがしているのは、部下が従来のやり方に異議を唱えることができ、自由に意見を交わしながら問題に取り組める環境を築くということです」とインセラはいう。

第三には、自分の力では簡単に環境を変えられない毎日のさまざまな場面で、まちがうことを覚悟のうえで、自分の個人的な見方に徹するという方法がある。これは目の前で起こっていることに意識を集中させるマインドフルネスの手法に近い。想像力や心の声を抑えつけようとする環境に、意志の力で打ち勝てれば、自分で問いの場を築ける。ほかの人たちが手を挙げるのをためらい、なかなか疑問を口にできない場所で、堂々と立ち上がって、はっきりと疑問を口にできる。あまり自信のない、いささか突拍子もない問いでも、みんなに耳を傾けてもらえる。そのためには自分自身の態度と、行動と、習慣を次のように変えることが必要だ。最初の思いつきや決まりきった答えが正しいと安易に信じるのをやめて、自分の考えはまちがっているかもしれないと考える（態度）。いつもの慣れた場所から飛び出して、冒険に挑む（行動）。相手に自分の意見を受け入れさせたいという衝動を抑えて、話すことより聞くことにもっと時間をかける（習慣）。

これらの三つ——態度、行動、習慣——のアドバイスは、単なるわたしの思いつきではない。これらはすべて創造的な思考をする人たちが実際にしていることだ。次章からの三章ではそれらの人々を紹介しながら、三つのアドバイスについてそれぞれ順番に詳しく説明していきたい。

クエスチョン・バーストを生活に取り入れる

先日、世界的な非営利団体のCEOからエグゼクティブ・コーチングを依頼された。初めはいつものように仕事の話をしていたが、しばらくしたところで、家庭の話題が出た。じつは一三歳になったばかりの長女のことで悩んでいるのだと、CEOは漏らした。これまでずっと父娘の仲はよかったが、最近、親離れの兆候が見え始め、このままだと以前のような娘との親密なつながりが失われてしまうのではないかと心配しているという。そこでわたしたちは数分、時間を取り、そのことについてクエスチョン・バーストをしてみることにした。以下がその四分間で出された問いだ。

1　わたしはいい父親か？
2　話をじっくり聞いているか？　それとも先走って解決や行動を求めているか？
3　強引になっていないか？

4　つきまとっていないか（まるで「ヘリコプター」のように）？
5　いちばん傷つくことは何か？　その理由は？
6　彼女がいちばん得意なことは何か？
7　そのことをきちんと知っているか？　褒めているか？
8　彼女のほうがあなたよりじょうずにできることは何か？
9　彼女はどんなことであなたを助けられるか？
10　彼女を三〇分以上ただ眺めていたのはいつが最後か？
11　彼女が不安を口にするとき、その目の表情からは何を読み取れるか？
12　自分が見落としているものに気づけるよう、ゆっくりいっしょに過ごすには、どうやって時間を取ったらいいか？
13　あなたのスケジュールの中でいちばん重要なことは何か？
14　彼女の最大の心配事は何か？
15　彼女のことをどれぐらいよく知っているか？
16　彼女が別の家に生まれていたら、どんな子になっていただろうか？
17　いちばん彼女らしいことは何か？
18　彼女の人生をいちばん大きく変えるのはどの国か？
19　どういうときに彼女の目は輝くか？

20　彼女が結婚したら、あなたはどうするか？　それはなぜか？
21　娘がわたしからいちばん独立している分野は何か？
22　彼女は最近、どんな体験をし、そこから何を学んだか？

セッション後、わたしたちはこれらの問いを読み返すうち、いつのまにか子どもの人生における親の役割について、熱心に語り合っていた。親がいかに子どもを手取り足取り導こうとするあまり、子どもたちから自分で旅をする機会を奪ってしまうかが話題になった。最後に、彼は納得できる自分の指針を見出したようだった。「どうすれば娘を失わないかばかりを考えていましたが、今、わかりました。ほんとうに問うべきは、娘の成長と娘自身の幸せをどう支えていけばいいか、だったと。わたしがしなくてはいけないのは、娘が自分で自分の人生を摑むのを手伝ってあげることですね」。この言葉の背後にある複雑な親の気持ちを思うと、今もつい目頭が熱くなってしまう。

第4章　まちがうことを楽しんでいるのは誰か？

みずからすすんでまちがえるようでなければ、独創的なものは生み出せない。

——ケン・ロビンソン卿

サイバーリーズンの共同創業者兼ＣＥＯリオ・ディブは、たえず自分には見逃しているものがあるにちがいない、根本的な誤解をしていることがあるはずだと考えている。インターネット犯罪の効果的な対策を練ることに彼が長けている理由は、そのような姿勢にこそある。インターネット犯罪とは、まさに「知らないことを知らない」ことに満ちあふれた闇の世界だ。そこでは正体不明のハッカーたちが堅牢なシステムを破る方法を次から次へと考え出して、攻撃を仕掛けてくる。新しい考えを切に必要としている分野があるとすれば、それはインターネット犯罪対策の分野だろう。

数字はすべて悪くなるいっぽうだ。インターネット犯罪の研究者によると、二〇一六年秋から二〇一七年秋までの一二カ月で、フィッシング——偽のメールを送って、リンクをクリックさせ、マルウェアに感染させようとする詐欺——の件数は二二〇〇パーセント上昇したという。それらの悪意あるURLの約三分の二は、ランサムウェア――パソコン内のファイルを開けなくし、それらを開くためのソフトウェアを押し売りするプログラム――のインストーラーになっているサイト、残りの二四パーセントは、インターネットバンキングのログイン情報を盗むための「トロイの木馬」だった。ある専門家の分析では、被害総額は今後数年間、毎年六兆ドルにのぼると予想されている。犯罪者にとってこれは、世界じゅうの主な違法薬物の取り引きをすべて合わせたよりも大きな利益を上げられることを意味する。したがって「歴史上に例のない規模の富の移動」が起こりそうだと、サイバーセキュリティー・ベンチャーズ社のスティーブ・モーガンは指摘している。「今後二〇年のあいだに人類が直面する最大の課題の一つになるだろう」[1]

　ディブの頭に斬新な解決策が浮かんだのは、同業者たちが誤った問いに固執していることに気づいたことがきっかけだった。誰もがどうやって悪者を寄せつけないかという問題に取り組んでいたと、ディブはいう。しかし、その問いにはある思い込みが潜んでいた。悪者は外部にいるという思い込みだ。ディブはわたしに次のように話している。「実際には、悪者はすでに内部に侵入しているんです。たいていの場合、企業のシステムにセキュリティーの対策を施していると、敵の活動の跡がそこには見つかるのですから」。そうわかれば、ほんとうのいい問いが出てくる。すなわち、敵がすでに内部に入っているとしたら、何をすればいいか、だ。そのように問題の見方を変えると、問題の解決方法に今までとはちがう地平が開かれる。なぜなら自分たちは敵のすることを監視し、異なる敵のそれぞれの特徴を把握し、敵の意図を探れるのだから。そこではもはやインターネット犯罪はＩＴの問題ではない。より高い壁を築き、パッチを増やすという対処をひたすら繰り返すという終わりの見えない戦略から脱却できる。「わたしたちは根本的には、コンピュータを相手にしているのではありません。人間が相手です。目に見えている問題の背後には必ず、なんらかの意図を持った敵がいます」。こちらに攻撃を仕掛けようとしている人間がいるという現実と向き合うならば、解決策はおのずと「相手はとんでもなく頭のいい人間たち。そういう人間がひっきりなしに新しい方法で攻めてくる」という事実を踏まえたものになる。

このように考えを進めた結果生まれたのが、機械学習と人工知能を使ってリアルタイムで危険に対処すると同時に、情報を収集して、攻撃者の性格や手口を突き止めるサイバーリーズンのインターネット犯罪対策だ。これは画期的なイノベーションとして称賛されている。しかし考えてみれば、これはごく当たり前の手法だ。それは正しい問いを立てられれば、すぐにわかることだった。

リオ・ディブのたえず自分はまちがっているかもしれないと考える習慣とその来歴についてはあとでまた詳しく述べたい。ひとまずここでのポイントは、ディブがそういう習慣を身につけていたことと、そのおかげで問題を別の角度から見られたということだ。だからこそ、もともと別の問いを立てることが思考に染みついていたのだし、立ち止まって別の問いをじっくり考えることもできた。また社員にもそういう習慣を身につけることをディブは望んでいる。ディブの理想の社員は、現状に異議を唱える「挑戦者」、「自分が見ているのは広大な世界のほんの一部に過ぎないことを知っているがゆえに、毎朝、起きるたび、問いかける者」だ。ディブにいわせると、そういう者たちは大きなことを成し遂げられる。なぜなら、つねにもっとよいやり方があるのではないか、もっと別にできることがあるのではないかと考え、「四六時中、あらゆることに疑問符をつける」からだ。

問うためにはまちがいを認めることが必要

どこから見ても「正しい」――あるいは「正しい」と見られる――人間であろうとすることほど、問いにとって有害なことはない。わたしたちは自分が正しいと信じ切っていたり、早く決定を下さなくてはいけないと思い込んでいたりすると、手近にある答えに飛びつき、それ以上詳しく問おうとしない。発見のプロセスを開くことを拒み、ほかの人にもそれを閉ざしておくよう圧力をかける。

逆に、自分がまちがっていることが自分でわかっているときには、問い続けられる。そうせざるをえないからだ。自分がしていることがうまくいっていないことが火を見るより明らかなら、自分は正しいという幻想は抱けず、その結果、問いがおのずと浮かんでくる。

だとするなら、こういっていいだろう。私生活や仕事のできるだけ多くの場面で、慌てて正しさに走らず、誤りの中でもっと長く探求を続けられたら、誰も考えついたことのない触媒的な問いをひらめく可能性が格段に高まり、ひいてはそれがほんとうに正しい答えにもつながるはずだ、と。この章ではそのような習慣を意識的に築いた人をさらにもっと何人も紹介していきたい。それらの人々の例からはいくつかの共通点が浮かび上がってくる。第一には、ふだんから自分のまちがいに気づこうと意識的に努力していること。第二には、考えを覆される事実や、それまで真剣に向き合うのを避けていた都合の悪い情報でも、努めて受け止めようとすること。そして第三には、別の見方やデータを示して、こちらが見逃していた真実を容赦なく突きつけてくる人を避けないことだ。

自分がまちがっていれば必ず問いが生まれるわけではない。自分がまちがっていると思うときに初めて問いは生まれる。それもたいていは、自分がまちがえていたことに顔を殴られたぐらいのショックを受けて初めて、わたしたちは問いに関心を向け始める。まちがいはときに新しい情報によっても明らかになる。特に科学的な発見の場合はそうだ。例えば、中国で二〇一六年、四億二三〇〇万年前の甲冑魚の化石が発見されて、進化生物学者たちを驚かせた。この化石の発見によって、現代のすべての陸上の脊椎動物と硬骨魚のあごの起源が板皮類という風変わりな魚類にあることがわかったことから、サイエンス・ニューズ誌は「初期の脊椎動物の進化に関する説が書き換えられそうだ」と報じた。アメリカ自然史博物館の古生物学者ジョン・メイジーにいたっては、「突然、すべてがまちがっていたことに気づかされた」と述べ、もっとはっきりとそれまでのまちがいを認めた。[2]

ふつうの企業では、そんなふうに自分の無知をさらけ出して歓迎されることはないし、固定観念を覆す証拠もそれほど明白なものではない。仕事でも日常生活でも、わたしたちは必ずしもいつも自分のまちがいを認めることを求められてはいない。自分のまちがいを認めても、自尊心はもちろんのこと、外部から加わる有形無形のあらゆる力に妨げられて、それを実際の行動に結びつけることはむずかしい。

そのことは例えば、アニータ・タッカーとエイミー・エドモンドソンの組織学習の研究によっても確かめられている。タッカーとエドモンドソンは、なぜ理念を重んじる組織では、高学歴の社員を揃えていても、数多くの欠陥や誤りがいつまでもなくならないのかに注目した。組織学習とは、組織のメンバーが組織内でうまくいっていない部分に気づき、試行錯誤を重ね、標準的な手順を改善し続けることで、組織全体の目標達成能力が高まっていくプロセスのことだ。しかしタッカーとエドモンドソンが調査した病院では、現場の職員が手順の欠点を指摘しようとしていなかった。その結果、フィードバックの機能が働かず、業務がしだいに改善されるということが見られなかった。なぜなのか。

ふたりはその答えを、病院に浸透していた「従業員の理想像」のうちに見出した。その理想像では組織学習を妨げる行為が称揚されていた。さらに悪いことには、その理想像はその病院に限られたものではなく、ほとんどすべての企業に共通するものであることもわかった。「例えば、たいていのマネジャーが理想の従業員として思い描いているのは、どんな問題が発生しても、手早く処理し、上司や同僚を煩わせない従業員だった」。しかし、業務手順に欠陥があるせいで、問題が繰り返される場合、そのような周囲を「煩わせない」能力では問題は解決しない。組織学習の観点からいえば、「理想の従業員とは、そのようなおとなしい従業員ではなく、うるさい不平屋の従業員だ。ひとりで問題を解決できない無能な人間と思われることを恐れず、上司や同僚に状況についてなんでも伝える従業員だ[3]」。

自分の履歴書に「うるさい不平屋」などと書きたい人はいないだろうし、職務記述書の技能の欄にそんな言葉が出てくることもないだろう。しかしタッカーとエドモンドソンにいわせると、それでもまだ足りない。同僚のミスをかばって、和を保つ者ではなく、めざとくミスを見つけてはいい立てる「うるさいトラブルメーカー」こそ、理想の従業員だという。この章の話に合わせるなら、それは「確信犯的エラーメーカー」といえる。完璧に業務が遂行されているというイメージを築こうとするより、公然とミスを認める従業員だ。そういう従業員は、ものごとをそっとしておくことのない「破壊的な質問者」でもある。「従来のやり方を受け入れたり、守ろうとしたりする前に、まずはそれでいいのかどうか、たえず問う」者たちだ。

ここでこの研究を紹介したのは、そのような文化――まちがわないことが重んじられるせいで、かえって正しい行為から遠ざかってしまう文化――が集団の力学によって築かれることが、はっきりとわかる研究だからだ。望ましい行為を促すためには、望ましい行為が自然に生まれる環境を整えるのが最良の方法であることが、この研究には示されている。そのことは業務の改善のために欠かせない、職場での問うという行為に当てはまるのはもちろんのこと、仕事や私生活をいい方向に変えたいときに必要なあらゆる問うという行為にも当てはまる。

問題を新しい角度から眺めて、画期的な解決策を見出したいのなら、自分の有能さを示したいという衝動は抑えなくてはいけない。正しい問いがひらめくためには、もっと長い時間、自分はまちがっているという思いを持ち続ける必要がある。

メンタルモデルを古びさせない

まちがいのたいせつさについて、以前、アマゾンの最高幹部を務めるジェフ・ウィルキーから興味深い話を聞かせてもらったことがある。ウィルキーは大学時代、創造的な知性の持ち主たちがどのようにメンタルモデル――一部で好まれるいいかたをすれば「経験則《ヒュリスティックス》」――を更新しているのかに興味を抱いたという。誰でも基本的なものごとの仕組みについて、なんらかの定まった考えを持っている。そのおかげで、たいがいのことはいちいち一から考えずに処理でき、ほんとうに新たに考えなくてはならないことに論理的な思考を割り当てられる。ここで大事なのは、メンタルモデルそのものに有効期限があることだ。したがって、メンタルモデルはつねに見直し、更新する必要がある。ではその見直しと更新はどのようなメカニズムで行われるのか。

ウィルキーの考えでは、わたしたちが自分のメンタルモデルに疑問を持ち、それを改めるのには主に二通りの方法がある。一つは、「試練」を経験するという方法だ。これについてウィルキーはリーダーシップの研究者、ウォーレン・ベニスとボブ・トーマスの研究を引き合いに出している。逆境に置かれ、自分を省みることで人間がどう変わるかを調べた研究だ。人間はきびしい試練にぶつかると、それまでの自分の考え方を見つめ直し、自分にとってほんとうにたいせつなことは何かをはっきりさせなくてはいけなくなる。この結晶作用によって、人生を前へ進めるよりよい判断が生まれる。もう一つは――そういう苦しい体験を伴ったり、外的な出来事に左右されるものではなく――自分のメンタルモデルに意識的に疑問を持つという方法だ。ウィルキーは次のようにまとめている。「問いもせず、新しいことも経験せず、試練にも直面しなければ、メンタルモデルは古びるでしょう。それでは世界についての認識はまったく深まりません。ですが、自分の知らないことを探ろうとすれば、あるいは、まちがったり、無知をさらけ出したりする勇気を持てば、あれこれと質問して恥をかくのを恐れなければ、メンタルモデルをより完全なものにできます。そのように磨かれたメンタルモデルは、いざというときにきっと頼りになるはずです」

ウィルキーはメンタルモデルに注目することで、内面の最も深い次元でのまちがいを探ろうとしている。それはわたしたちにとって問うことが最もむずかしく、かつ最も重要でもある次元だ。なぜむずかしいか。それには次の三つの理由がある。第一には、ただ新しいことを学ぶだけでなく、今までに学んだことをいったん捨てなくてはいけないということ。第二には、わたしたちが

アマゾン本社ビル「デイ・ワン」に父親といっしょに入館するわたしの孫。[4]

通路の壁に掲げられた突拍子もない問い。「もし自動車レースのルールをすべて取り払って、単純にできるだけ早くコースを200周することを競うレースを行うとしたら、レースに勝つのはどんな戦略か？　ただし、レーサーは生きてゴールしなくてはいけない[5]」

熱帯雨林を模した施設「スフィアズ」をナナとともに見下ろす。これも創造的な問いを引き出すために設けられた施設だ。

父親といっしょに「デイ・ワン」を出る。

ふだんめったに問わないタイプの問いであるということ。第三には、ほとんどの人が意識していない知識の層を明らかにしようとする問いであるということだ。

　これらの理由はどれも、ミシェリン・チーが手がけている「概念変化」の研究、つまりメンタルモデルがどう変わるかの研究で指摘されている。チーによると、学習者が新しい情報にどう反応するかは、学習の種類によって、大きく異なるという。ほとんどの学習には、「新しい知識を得る」ことや「知識の隙間を埋める」ことが含まれる。そのようなタイプの学習であれば、単に知識を豊かにするだけだから、尻込みする人はいない。しかし、新しい情報はときに「誤った知識」を正すことがある。その場合の学習は、「概念の変化」をもたらすものになる。[6] 自分のまちがいがわかって、修正を求められる学習ということだ。このような学習を楽しむのはむずかしい。ささいなことでも、気分を害するものだ。誰しもファクトチェックで細かい誤りを指摘されるのは好きではない。しかしもっと根本的な理解の次元で、まちがいが明らかになれば――チーの言葉では「カテゴリーの誤り」があらわになれば――ショックはそれよりはるかに大きい。

　チーはさらに、カテゴリーの誤り――欠陥のあるメンタルモデル――を認めるのはむずかしいとも指摘している。ふだんは思考のこの層に不都合を感じることはないからだ。自分の中にいったんある考え方ができあがったら、それが修正されるということは「日常生活ではめったに起こらない。［中略］日常的な環境では、最初のカテゴリー分けはたいてい正しいからだ」とチーはいう。メンタルモデルを築くことには労力を惜しまなくても、一度築かれたメンタルモデルを見直すことには誰も労力をかけようとしない。しかし日常生活では根本的な欠陥のあるメンタルモデルが築かれることはまれだとしても、科学などの分野ではこの次元のまちがいは「解きほぐしがたい誤解の源」になる。その結果、誤ったメンタルモデルから離れられないせいで、重要な例外を見逃してしまう。いっぽう、ほとんどの人は思考の根底にあるそういう固定観念によって、毎分毎分のあらゆる意思決定が大きく左右されていることに気づいていない。メンタルモデルはわたしたちが何を考え、何を考えないかを決めるうえで、大気中の酸素と同じぐらい、欠くことのできない役割を果たしている。

ここで肝心なのは、メンタルモデルに誤りがあることは自然にはなかなか自覚されないことだ。相手――あるいは自分――にまちがいの可能性と向き合わせたければ、はっきりとした指示を与える以外に手立てはない。チーは次のように結論づけている。「カテゴリーを変える必要があることに気づかないのは、現実の世界でそのような変更がまれであることによる」。したがってそのような変更を促す指示をするにあたっては、「まず最初に、カテゴリーの誤りを犯していることに気づかせる必要がある」[7]。

ここでまたリオ・ディヴの話に戻ろう。すでに見たとおり、ディヴは――ジェフ・ウィルキーやマイク・インセラをはじめ、わたしが会ったほかの人たちと同様――日々、自分の仕事に心から打ち込んでいる。頭もよく、好奇心も旺盛だ。そういうところは多くの人たちと変わらない。しかしディヴは、ある領域に関するある定まった理解の中でデータを集めるということ以上のことをたえずしている。つまり、メンタルモデルに情報を取り入れるだけではなく、メンタルモデルそのものに対してつねに疑問を投じている。「どんな状況でも、自分がそこに何があるかをすでに知っているとは努めて思わないようにしています。［中略］必ず、盲点があるものです。それを突き止めなくてはいけません」とディブはいう。

ディブにそのような習慣をどのように築いたのかと尋ねると、とても具体的が答えが返ってきてわたしは驚かされた。小学校の三年生のとき、ふいに自分が文字を読めないことに気づいたのが発端だったという。ディブは失読症と診断されたが、並外れて記憶力がよかったので、それまで誰からも一度として失読症であることを疑われなかった。したがってこの体験はディブに二重の発見をもたらした。「自分が文字を読めないということだけではなくて、みんなはわたしが字を読めると思っているんだということも、発見しました」。さらにそれは三重の発見にもなった。それまで自分も、自分は字が読めると思っていたことに気づいたからだ。「誰も小さい子どもに〝読む〟とはどういうことかをいちいち説明しないものです。わたしはおとなに何かを読んでと頼んでは、天井を眺めて、それを〝読んで〟いました」。学校の宿題がむずかしくなってきて初めて、みんなのいっている「読む」ということが自分にはできていないのではないかという疑念が浮かんだ。この驚きの発見後は、すぐにその克服に取り組んで、一年もしないうちにだいぶ文字が読めるようになった。

人間の知力についてのこの衝撃的な体験はディブの心に強い確信を植えつけた。以来、ディブはいつも、自分の進歩のために欠かせない重大な原理を自分が見逃している可能性があることを意識している。また読む能力を身につけるまでにほかの子どもとはちがう道をたどった経験からは、ある目標を達成するのにふつうの方法があるからといって、それが唯一の方法とは限らないことも学んだ。「別の道があること、問題の範囲は自分が思っているよりも広いことがわかれば、それまでとはちがう角度から考えられ、人とちがうことをするのが怖くなくなります」とディブはいう。また、子どものときに失読症だったのは今ではとてもラッキーなことだったと思っているといい、その理由を次のように話している。「わたしが生きてきた世界では、誰も問うことがいいことだとはいってくれませんでした。そこではもっぱら既存の秩序を守ることが求められました」。もし、失読症を患わず、あの衝撃的な体験をしていなかったら、自分の考えが根本的に誤っていないかどうかをたえず問う習慣は、身についていなかっただろうとディブは話す。これからもその習慣はずっと手放さないようにしたいという。

自分のまちがいを探そう

問うことのじょうずな人たちは、自分の周りに「不確かな状況」を築くことにも意識的に努めている。ふしぎな努力に聞こえるかもしれないが、むずかしいことではない。例えば、単に不慣れな活動に参加したり、いつもとちがう場に身を置いたりするだけでいい。そうするとおのずと自分の無知を思い知らされる。やがて、たえず情報を集めて、処理し、周りの状況を把握しようとする行為が当たり前になり始める。陶芸や刺繍の教室に通って、自分の手先の不器用さにショックを受けるのもいい（あるいは、わたしのようにダンス教室で、足がもつれるという経験をしてもいい）し、外国の都市へ行って――あるいは移り住んで――地下鉄で目的地をめざしてみるのもいい。知らないお祭りに参加したり、奇抜な芸術作品と真剣に向き合ったりしてもいい。

創造性に富んだ人々ほど、創造的な好奇心を保つため、自分に適切な刺激を与え続けることを心がけている。以前、かのステュアート・ブランド――ホール・アース・カタログ誌の創刊者であり、ＷＥＬＬやグローバル・ビジネス・ネットワーク、ロング・ナウ協会の設立者――に豊かな発想力をいかに維持しているのかを尋ねたことがある。即答で返ってきたのは、ジム・ハリソンの小説から引いた言葉だった。「いったい自分はどれだけ多くの大まちがいをしているのだろうかと、考えない日はない」。ブランドはこれを自分の信条にしており、一日の始まりにはいつも、きょうも自分の誤りを何かしら明らかにするぞと誓うという。数年前、ＳＡＰの共同創業者、ハッソ・プラットナーにこのことを話すと、大きな声で「わたしもまったく同じですよ！　毎朝、そういう気持ちで起きるんです」という答えが返ってきた。

自分のまちがいを見つけようと思い立った人は、そういう指摘をしてくれる人を努めて自分の周りに置くようにしている。ピクサーとウォルト・ディズニー・アニメーション・スタジオの元社長エド・キャットマルは次のようにアドバイスする。「正直な意見をいってくれる人を探すこと。そして、そういう人が見つかったら、親しくすること」。もちろん、これはいうは易く行うは難しだ。自分の考えが誤っていることを教えてくれる人を周りに置くべきだという助言に、頭では納得できるだろう。しかし実際に他人から誤りを指摘されれば、少なからず腹立たしさを感じてしまうものだ。経済ジャーナリスト、ティム・ハーフォードは次のように書いている。「皮肉なことに、いわれていい気持ちのしないフィードバックが、いちばん自分のためになるフィードバックでもある。もし自分が現実味のない独りよがりな計画に打ち込んで、重大な誤りを犯していたら、自分の考えがまちがっていることを説き聞かせてくれる人が必要だ。しかし必要なことと楽しいこととは、当然ながら同じではない」[8]

キャットマルはこのような心理的な抵抗を乗り越えることにとても自覚的だ。つねに自分が「知らないことを知らない」領域にあえて踏み込み、つねに微弱な信号も聞き逃さないよう耳を澄ましている。しかしリーダーとしてのキャットマルの真骨頂が発揮されているのは、なんといっても社内にその習慣を浸透させたことだ。ピクサーほど創造性をビジネスの中核に据えている企業はない。斬新な娯楽作品が求められる市場にあって、本稿の執筆時点で二〇作を数えるピクサーの映画はすべて市場の期待に応えている。キャットマルには、そのような成功を続ける鍵は率直さにあるという確信がある。「率直さ（candor）」はキャットマルが好んで使う言葉の一つだ。「率直さが失われれば、機能不全の環境になる」とか、「率直さは我々の創造のプロセスに何よりも欠かせない」とか、しばしばその言葉が口にされる。ありとあらゆる力学によって率直さが妨げられることをよく承知しているからだ。

前に紹介したように、ピクサーには「ブレイン・トラスト」と呼ばれる、本人たちにまちがいに気づかせるための特別なミーティングがある。その苛烈なミーティングでは、議論が促され、意見が求められる。キャットマルはみんなにこの場で、制作中の映画の監督に対して「容赦のない」意見を浴びせることを期待している。なぜか？　キャットマルはその理由を次のように述べている。「制作初期の映画は、みんなゴミだからです。もちろん、そんないい方は身も蓋もないわけですが、あえてそういういい方をするのは、オブラートに包んだいい方をしていては、最初のバージョンがどうよくないかが伝わらないからです。わたしは遠回しにいったり、控えめにいったりはしません。ピクサーの映画は初めから傑作というわけではありません。それを磨いて、傑作に仕上げることがわたしたちの仕事です。つまり〝ゴミだったものをゴミではないものに〟変えることです」。ここに見られるのは、創造のプロセスの最初の段階で次のようにみずから宣言するという習慣だ。「自分は完全な思いちがいをしているかもしれない」。個々の作品によってほんとうにそうである場合もあれば、そうではない場合もあるだろう。しかし建設的な批判に耳を傾けるためには、まずはそのように仮定することが必要だと、キャットマルはいう。

多くの人がブレイン・トラストは精神的にきついが、いい映画を作るために欠かせないものだと話している。ピクサーがディズニー（ディズニー・アニメーションの親会社）に買収され、ピクサーの首脳陣がディズニー・アニメーションの指揮を担うことになったとき、真っ先に新しい環境に取り入れられたのが、このブレイン・トラストだった。みんなから意見を聞くこのようなセッションが、これだけ有益なことが明らかでありながら（ピクサーの成功が何よりの証拠だ）、なぜ一般にはほとんど行われていないのかについて、以前、ピクサーの社長ジム・モリスがわたしに説明してくれたことがある。映画監督どうしはふつう、限られた資源やいちばんいい作品の公開スケジュールをめぐって争っており、はげしい競合関係にあるという。たいていの場合、ほかの監督のプロジェクトが頓挫することは自分のプロジェクトには都合がいい。そのぶん自分の映画の注目度が高まって、計画を前へ進めやすくなるからだ。それに対し、ピクサーは「一九三〇年代や四〇年代の映画スタジオと同じように、みんながスタジオに雇われている従業員」なので、誰もが自社の全体の業績のことを考えている。「そこにはおもしろい社会契約が生じます」とモリスはいう。「ミーティングに出席している誰もがいつかは、みんなからきびしい意見をいわれ、ほかの監督たちの助けを必要とする立場に置かれます。ですからほかの監督のプロジェクトをつぶそうとはしません。もっぱら〝ここはよくないと思う。こうすればもっとよくなるはずだ〟という指摘だけをします。これはかなり斬新なことです。ハリウッドではまず見られない光景ですから」

ディズニー・アニメーションでは、これと実質的に同じことが「ストーリー・トラスト」の名で行われている。わたしは『ズートピア』の監督を務めたバイロン・ハワードとジャレド・ブッシュに話を聞いたとき、数年にわたる同作の制作中にそのストーリーが全面的に書き換えられたと知って、驚かされた。ふたりともそのプロセスの苦しさを正直に語っている。「映画監督は作品の中で自分をさらけ出すものです。作品は単なる商品ではありません。ストーリーには深い思い入れがあります。〔中略〕ですから、〝ここにはわたしの心理が色濃く出ている〟というようなことをこちらが主張し、それに対して、〝そこがつまらないのはこういうわけだ〟と指摘されたら、どうしたって個人攻撃のように感じてしまいます」とブッシュはいう。数時間、そんな意見をいわれ続けるのは、耐えがたい体験だ。「それでも、最後には、自分が学んでいることに気づきます。自分がそれまで考えたことのなかったことを誰かがいってくれるんです。〔中略〕ですから、すごく気が重いのに、ふしぎと同時に楽しみにもしています」。ブッシュは自分の作品の弱点に人一倍敏感だといい、ストーリー・トラストに臨む際は、あらかじめ何を指摘されるかを予想しておくという。「たいていは〝この映画について指摘されるのはこの五点だろう〟と予想しておきます。でも結局、自分がまったく見落としていた第六の点を指摘されて、そちらのほうが重要であることや、大きな考えであることや、もっと根本的であることに気づかされることになります」

ピクサーやディズニー・アニメーションというと、とても楽しそうな職場を想像するかもしれない。いつもみんなが和気藹々と協力し合って、世界じゅうの人々を笑わせる作品を、自分たちも笑いながら作っているのだろう、と。しかしそこで働いているのは、創造的な作品の制作に全身全霊で打ち込んでいる人たちだ。誰もが自分の勘は正しいと信じることを許されるほどの実績

ジャレド・ブッシュ（左）とバイロン・ハワードはふたりの映画と同じぐらいにぎやかに、映画制作では問いがいかに大事かを話してくれた。インタビュー後、わたしももっとおもしろおかしく問うすべを磨こうという気にさせられた。

ウォルト・ディズニーはかつて「不可能を可能にするのは楽しい」と語った。それこそディズニーとピクサーが新しい地平を切り拓く映画を作り続けている理由だ。

の持ち主でもある。彼らも自分のやり方に疑問を投げかけられることに対しては、少なくともほかの人と同程度には、心理的な抵抗を感じている。

自分はまちがっているかもしれないという懐疑の念――事実認識の層だけではなく、もっと深い固定観念やメンタルモデルの層でも――を育む効果的な方法は、もう一つある。それは認知バイアスを知ることだ。このテーマは近年、研究者たちの関心を集めており、ダニエル・カーネマンの『ファスト&スロー――あなたの意思はどのように決まるか?』や、リチャード・セイラーとキャス・サンスティーンの共著『実践行動経済学――健康、富、幸福への聡明な選択』などのベストセラーによって、一般の人々のあいだでも人間の認知能力に歪みや限界があることは広く知られるようになってきた。例えば、代表的なものの一つに、確証バイアスがある。これは自分の見たいものを見てしまうという人間の性癖だ。わたしたちは世界についていったんなんらかの仮説を立てると、その仮説の正しさを裏づけてくれる証拠は気に留めたり、記憶したりするいっぽう、それとは逆のことを示す事実には目を向けない。これは都合の悪いデータを意識的に拒むということではない。無意識にそうしてしまうのだ。認知バイアスはほかにもまだまだたくさんある。研究者によっては、一〇〇個以上の認知バイアスをリストアップしている。

認知バイアスについて説かれた文献を読むと、直感に従うことがいかに愚かかがわかる。わたしがインタビューした起業家のひとり、ニュージーランドのソフトウェア会社ゼロの創業者ロッド・ドゥルリは、判断を下すときにいかにそのような認知バイアスの知識が役立っているかについて、おもしろい説明をしている。「わたしはジョージ・コスタンザの経営理論の信奉者なんですよ」といい、ドゥルリが引き合いに出したのは、コメディードラマ『となりのサインフェルド』に登場するジョージ・コスタンザの次の名ゼリフだった。「直感がすべてまちがいであるのなら、直感と正反対のことをしていれば、まちがいはない」。ドゥルリはこのような刺激的な言葉を使って、たえず創造的な思考を引き出そうとしている。スタートアップ企業が自分たちより大きくて、名声もある企業と真っ向から勝負するためには、創造的な思考が欠かせないと肝に銘じているからだ。そういう発想からは画期的な解決策がもたらされるだけではない。「わたしたちの動きについて大手企業が予測することとは正反対のことをする」という方針も生まれる。

このように人間の知性にどういう一般的な欠点があるかを自覚すれば、自分自身の思考に偏りがあることにもっと意識を向けられるようになる。神経科学の世界ではこの一〇年ほどのあいだに、情報をどう処理し、知識をどう行動に移すかに大きな個人差があることが明らかにされている。それがわかれば、自分が意識していない深いレベルで、真実を知ることが妨げられている可能性があることに気づける。

確信を疑え

しかし認知能力の弱点について説いた本がこれだけよく売れ、自分の誤解を正してくれる情報がこれだけ簡単に入手できる時代でありながら、自分の正しさを疑うことにむしろ消極的な人が増えているのではないか。現代社会の評論家からはそんな懸念の声も聞かれる。それらの評論家の指摘によれば、デジタル化がどんどん進む現代の生活では、自分の考えを覆す情報はいっさい遮断して、自分の固定観念を強化する情報にだけ囲まれて暮らすことがますます容易になっているという[9]。

例えば、この問題を論じているひとりに、エッセイストのチャック・クロスターマンがいる。クロスターマン自身は因習を嫌う異端児であり、ベストセラーにもなっているそのエッセーを読めばわかるように、自分の見方を強く打ち出すこともためらわない。最新作では次のように宣言している。「わたしの現実理解はとことん独りよがりだ。自分の頭蓋骨の外で起こっていることとは、ほぼなんの関わりもない[10]」。しかしわたしが気に入っているのは、別の本の冒頭の一文だ。そこには次のように書かれている。「わたしは生まれてからずっと、いつもまちがってばかりいた[11]」。すぐに明かされるように、クロスターマンの考えではそういう人間は彼ひとりではない。文明の進歩とは、自分たちを長年導いてきた信念や仮説や常識がじつは根底からまちがっていたことを発見することとの繰り返しだという。それでもなおわたしたちは、自分たちの正しさを疑うことなく、毎日を送っている。ときとともに歴史的な事実が積み重なれば、自分たちが心底から信じていることが大まちがいである可能性があることに、もっと思いを致してよさそうなものだが、そうはなっていない。クロスターマンの著書『でも自分たちがまちがっていたら？（*But*

What If We're Wrong?)』で指摘されているように、現代は「確信の文化」といえる。クロスターマンは次のように指摘している。「自分たちの考えの正しさを保証してくれるイデオロギーを求める傾向が、どんどん強まりつつある」。そのような確信の文化にはなんとしても抵抗しなくてはならない。なぜならそれは「わたしたちの会話を乗っ取り、アイデアを殺す。固定的なものの見方をする連中に都合のいい、まやかしの単純化を生み出す」からだ。

トロント大学ロットマン経営大学院の元学長で、マーティン・プロスパリティ・インスティテュートの創設者であるロジャー・マーティンもそれに関連して、鋭い指摘をしている。マーティンは若い頃にはフォーチュン500企業の戦略コンサルタントを務めていたこともあり、デジタルネットワークの発展とともに企業の意思決定や経済政策の立案がどう変化してきたかを間近で見てきた人物だ。マーティンは意見の二極化という最近よくいわれている問題について、通説とは異なる見解を示している。「人々の意見の相異をよくよく分析してみれば、それぞれに主張されている立場のちがいは、二五年前や五〇年前、あるいは七五年前と比べて、特に際立っているわけでも、遠く隔たっているわけでもないことがわかると思います。ですが、気になるのは、それぞれの考えに対する確信の度合いが昔よりも強まっていることです。自分の見方が正しいという確信が強まるほど、自分とはちがう見方と出くわしたとき、そのちがいがささいなものであっても、対立を乗り越える解決策を見つけることがむずかしくなります」。したがって問題の核心は、ソーシャルメディアの影響で人々が極端な考えを抱きやすくなったことよりも、自分の考えについて問い、そこからもっとよりよい考えを築いていく能力が衰えたことにある。「自分は〝唯一の真実〟の視点から見ていると確信していたら、よりよい解決策を探ろうという気は起こりません。二者択一式の判断に陥ることになるでしょう」

「総合思考」を提唱するマーティンにとってこれはとりわけ重要な点だ。マーティンは著書『インテグレーティブ・シンキング』で、革新的なアイデアを生み出せる人は「二つの正反対のアイデアを前にしたとき、慌てたり、直感でどちらかいっぽうを選んだりせず、二つのアイデアをじっくり吟味して、総合し、どちらよりも優れた新しいアイデアを生み出すことができる」と述べている。どちらかいっぽうが正しいという確信が強ければ、この総合はめんどうがられ、省かれてしまいやすい。

ロジャー・マーティンの話が出たところで、自分のまちがいをみずから認めようとしたことから生まれたという、マーティン自身のすばらしいブレークスルーの話を紹介しよう。それはコンサルティング業界に入って間もない頃のことだった。マーティンは優秀なコンサルタントとして、世界の名だたるブランドにデータや分析や助言を提供していた。自分たちのチームの隙のない仕事には自信があったし、クライアントに実行可能なものとして手渡す、完璧に仕上げられた提案書に誇りも持っていた。ただ一つだけ困ったことがあった。数カ月経っても、クライアントの企業では問題がそのまま残っていたり、決定が先送りされたりしているケースがとても多かったのだ。クライアントの経営陣はなかなか助言に従って行動しようとしなかった。

あるとき、「このクライアントもやっぱり変わる気がないんだな」とあきらめる代わりに、よいコンサルティングとは何かについて、自分がどう考えているのかをあらためて自問してみた。もしかしたら、自分はまちがったことをしていたのではないか。そのように確信の鎧にひびが入ると、まったく新しい問いが頭に浮かんできた。それまではいつも、「クライアントの問題をどうすれば解決できるか」という角度から案件に取り組んでいた。それは当たり前のことだと思っていた。しかし、次のように問うほうがもっとよいのではないかと、はたと気づいた。「クライアントが解決策を見出すのをどう手伝ったらよいか」。問題解決の提供者から問題解決の世話役へと自分の役割を切り替えることで、コンサルティングの手法はがらりと変わり始めた。この洞察にもとづいて、コンサルティングに使う新しい問いも考え出せた。それは経営陣から創造的な思考を引き出すとともに、出された案について建設的な姿勢で検討するのを手助けする問いだった。中でもマーティンがいちばん気に入った(今ではわたしも気に入っている)問いは、「検討案がすばらしい成果を生むには、何がほんとうでなくてはならないか」だ。クライアントの問題解決に劇的な変化を起こせたのは、もっぱらこの問いのおかげだという。なぜならこの問いのおかげで、発案者にじかに批判を浴びせることなく、集団討論でその案を深めることができたからだ。[12]

このようにしてみんなでひらめきを得ようとする試みには、「目から鱗が落ちる」体験がやみつきになるという副次的な効果もある。ひらめきを得ることの楽しさにつられて、自分がまちがっていたり、大事なことに気づいていなかったりする可能性が高い不慣れな領域でも、新たな発見を求めて、探求を始めるようになる。そうすると、多くの創造的な問い手に共通する習慣も育まれる。やろうとしたことが思いどおりにいかず、自分の考えがまちがっていたことが明らかになっても、慌ててそれを隠そうとしたり、責任を逃れようとしたりしないで、まちがいと向き合って、それをよく見てみようとする。つまり「失敗を積極的に生かそう」とする習慣が育まれるのだ。失敗の生かし方については、あらためてここで詳しく説明する必要はないだろう。数々のイノベーション関連の文献ですでに深く掘り下げられている。ただ、わたしがここで一つ強調しておきたいのは、創造的な人はそういう言葉を口にするだけでなく、それを実践しているということだ。例えば、補正下着で知られるアパレルメーカー、スパンクスの創業者サラ・ブレイクリーは、誰もが恐れずに新しいアイデアを試せる雰囲気を作りたいという思いから、部下との会話では自分の失敗を話題にすることが多いという。全社ミーティングの際、ステージ上で自分の失敗を披露することにたっぷり時間をかけたこともあった。失敗談はおもしろおかしく語られた──一つの失敗ごとに、ブリトニー・スピアーズのヒット曲「ウップス！…アイ・ディド・イット・アゲイン」が数小節流されるという演出なども施された──が、いいたいことはみんなによく伝わった。サイバーリーズン社のリオ・ディブは、失敗の「快適度」を高めることに力を入れ、社内の全部門でその「計測」を行っている。「計測」では、新しいことをいくつしたか、そのうちいくつ失敗したかが調べられる。「失敗の数が少ないのは、よくありません」とディブはいう。

それは無難にやろうとしている証拠だからだ。

積極的にまちがうことをためらわせる要因はいくつもあるが、その一つに、無能に思われるリスクがあるということがある。それは裏を返していえば、自分がまちがっている可能性があることに注意を向けている人ほど、基本的な質問をする――場合によっては無知に思われそうな恥ずかしい質問をする――ということだ。英エコノミスト誌のベテランジャーナリスト、エイドリアン・ウールドリッジから駆け出しの記者だった頃の話を聞いたことがある。最高のジャーナリストから手ほどきを受けたいと考えたウールドリッジは、一九七二年のウォーターゲート事件で不法侵入の事実を暴いた伝説的なジャーナリスト、ボブ・ウッドワードと知り合うと、その仕事ぶりをつぶさに観察し始めた。最初に気づいたのは、ウッドワードは情報提供者に対して、調査している事柄の初歩的なこともまるで理解していないと思えるような質問をすることだった。ウールドリッジは横で聞いていていくらかはらはらしたが、やがてウッドワードの狙いがわかった。記者が決まりきった質問をしないほうが、思いもよらぬ貴重な情報が得られることが多いのだ。

バイオミミクリー（生物模倣）の研究室を率いる科学者ジェフ・カープと話をしたときも、このウールドリッジの話を思い出した。「研究室のミーティングで、わたしはかなり基本的な質問をいくつもします。何が行われたかや、データが何を意味するかを理解するための質問です」とカープはいう。そのような質問をするのは、実際にそれらを理解する必要があるからだが、同時に、グループミーティングは「研究室のメンバーに、わたしにも知らないことや、すぐにはわからないことがたくさんあることを示す」機会だと考えてもいるからだ。その場にいるメンバーの多くは、たいていは他のメンバーの発表を聞いていて、わからないことがあるはずだが、「必ずしもそれを口にするとはかぎらない」。カープは自分の無知をさらけ出すことで、質問を口にしやすい環境を築こうとしている。「理解しようと努めることが大事です。黙って聞いているだけで、質問しないのはよくありません」

計画的にまちがいを見つける

まちがいの力にじゅうぶん注意を払っている人物のひとりに、ネット証券大手チャールズ・シュワブのCEO、ウォルト・ベッティンガーがいる。わたしが会ったことのあるCEOの中で、最も意識的に疑いを持ったり新しい問いを受け入れたりしている人物だ。ベッティンガーには次のような信念がある。「重役として成功を収められるかどうかは、意思決定の優劣で決まるのではありません。どんな重役も優れた判断を下せる率はだいたい同じで、六〇パーセントか、五五パーセントぐらいです。ではどこがちがうかといえば、成功する重役は四〇パーセントないし四五パーセントのまちがった判断にすばやく気づいて、それを修正できるのに対し、失敗する重役はしばしば事態をこじらせ、自分がまちがっていても、自分は正しいと部下を説き伏せようとします」。この指摘について少しじっくり考えてみてほしい。もし重役陣の中から頭角を現すのが、いち早く自分のまちがいを見つけられる者だということを本気で信じるなら、自分のまちがいを探そうとする強い意欲が生まれるだろう。わたしはベッティンガーとの意見交換を通じて、ベッティンガーがそれを少なくとも五つの方法で、秩序立てて、きわめて厳格に実行していることを知った。

まず、直属の部下に「腹蔵ない正直な報告」を求めるということ。これは単なるスローガンではない。義務だ。部下たちは月二回、五項目（その中には「何がだめか？」という項目も含まれる）からなる正式な報告書を提出しなくてはいけない。誰もが「腹蔵ない正直な報告」を文字どおりに行わなくてはならないことを理解しており、もし職を解かれた同僚がいれば、おそらくその理由は、「腹蔵ない正直な報告」をしていなかった問題が悪化し、露見したからだろうと誰もが考える。この「腹蔵ない正直な報告」は上層部に留まるものではない。下の階層でも行われている。

第二には、複数の観点からチェックするということ。一つの問題にも立場のちがうさまざまな人間――従業員、オーナー、アナリスト、顧客――が関わっており、ベッティンガーはそれぞれの立場の声を聞くことに抜かりがない。例えば、ベッティンガーは従業員から気軽に話しかけてもらえるよう、本社以外の現場にも頻繁に足を運んでいる。

第三には、自分がいかに部下から教えられることを必要としているかを説明するということ。自分が欲している「包み隠しのない情報や、質問や、批判」を口にするのをためらう部下が多いことを知っているベッティンガーは、そのジレンマを部下たちに打ち明ける。「部下に実際にこういうんです。〝わたしが毎日いちばん苦労しているのは、孤立なんだ〟と。それから、態度でもそれを示して、この孤立から脱するのを手伝ってくれと個人的に頼むんです」

第四には、人から「あなたはわかっていません」といってもらえるよう、巧みに仕向けるということ。従業員ではなく外部の関係者であっても、なかなかCEOに対して、あれを見落としているとか、ここがまちがっているとか、進んで指摘してくれる人はいない。そのような忠告を引き出すため、ベッティンガーは仮定の話として、問いを立てる。例えば、いつも使うのは次の問いだ。「もしあなたがわたしの立場だったら、どういうことをするでしょうか」

第五には、問題提起を目に見える形で奨励するということ。「どこがまちがっているか」を探ることを自社の文化として浸透させるため、ベッティンガーはすべての従業員に対して、問題に気づいたら、メールや電話で知らせるようたえず促している。「長年の努力が実って、最近は毎日、さまざまな部署の社員から二五通ぐらいメールが届きます」という。年に三、四回、「報賞の制度というより、激励の制度として」それらの社員たちをサンフランシスコの本社に招いている。

現状を改善したい——またはリセットしたい——という人には、意識的ないし計画的に「報告の形式を定めて、孤立化を最小限に抑え」ようとしているベッティンガーの試みは参考になるはずだ。ベッティンガーのやり方がすべての人の「最良の手本」になるとはかぎらないが、少なくともそこで立てられた問いは取っかかりとして利用できるだろう。ベッティンガーは次のように話をまとめている。「わたしはおそらくいつも、自分には〝知らないことを知らない〟ことがあるのではないかと心配しているのでしょう。それを突き止める方法を真剣に考えようとしないのは、危険なことだと思います」。この言葉を聞いてわたしは、数年前、アマゾンの創業者ジェフ・ベゾスが「ピンチに陥っているなら、ピンチを脱する方法を考え出さなくてはいけません」と語っていたのを思い出した。

問いの起源

ローレンス・クラウスはアリゾナ州立大学の物理学者で、同大学の「起源プロジェクト」の部長を創設時から務めてきた。その名称は宇宙の起源を研究することに由来するものだが、起源プロジェクトでは、生命や病気や複雑な社会システムに関わる「二一世紀最大の課題の中心に位置する根本的な問い」についても探求されている。二〇一二年にヒッグス粒子が発見されたとき、クラウスは「四〇年間、感覚刺激のない部屋に閉じ込められた人のようだった」分野を救うさらに別の発見が、大型ハドロン衝突型加速器からもたらされるだろうと語った。

感覚刺激がない環境に置かれると、ふつう幻覚が生じるものだと、クラウスはいう。「いわば幻覚である理論物理学の説は、たいていまちがっています」。しかし、何が正しいかは決めつけるつもりはないようだった。今回の発見後、理論物理学はどのような方向に進むかと問われ、クラウスはわからないと答えている。「つまり、推測しかできないということです。考えは持っています。ほかの理論物理学者たちも同様でしょう。ですが、わたしはいつも自分がまちがっていることを期待しています。科学者にとって至福のときは二つあって、それはまちがっているとき、困惑しているときです。わたしはたいていその両方です」

　この言葉は聴衆の笑いを誘ったが、クラウスは大真面目で要点を論じた。「謎こそ、人間の原動力です」。知っていることより、知らないことにわたしたちはわくわくする。知らないとはつまり、それだけ学べることが多いことを意味するからだ。「至福のとき」であるまちがっているときや、困惑しているときのほうが、わたしたちの心は柔軟になれるし、定説も鵜呑みにしにくい。「理由はどうあれ、人間に知性が備わったこと、問うことを可能にする意識というものが進化によって獲得されたことは、幸運なことでした。人間が問うのをやめるのは、悲劇です[13]」

第5章　なぜ不快さを求めるのか？

人間を人間たらしめているのは、話し言葉を高度化していく中で身についた、問う能力なのではないでしょうか。

――ジェーン・グドール

気候変動は両極端に意見が分かれる問題だ。いっぽうはもうあとがない状況であり、ただちに思いきった対策を講じて、手遅れになる前に地球を救うべきだと唱え、いっぽうは人為的に食い止めることのできる問題ではないのだから、対策を取るにしても、あまり影響の大きいことはすべきではないと主張する。しかもほかの社会問題に対する見解とそれぞれの立場とが結びつき、本来は科学的な問題であることが、政治的な問題と化している。互いの敵対感情が高まり過ぎていて、もはや双方が納得する決定はありえないようにすら見える。しかしじつは両者の溝は見かけほど深くない。気候問題に取り組む活動家のグループは敵地であるウェストバージニア州の炭鉱地帯を訪れてみて、そのことに気づかされた。

それは気候問題の活動に最近携わり始めた学のある裕福な都市生活者――会社員もいれば、非営利団体の職員もいた――による企てだった。ただし、そのツアーは一からすべて自分たちで計画したわけではなかった。そのすばらしいアイデアは、「リーダーの探求」と名づけられたツアー――事実を知り、視野を広げ、突っ込んだ対話を交わし、考えを深める旅――を手がけるリンジー・レビンによるものだった。そのような体験ツアーを企画しているレビンの狙いは、参加者を心地よい安全地帯の外に連れ出すことにある。今回のツアーは参加者にとって、居心地が悪いどころではなかった。気候変動の事実を頑なに信じようとしない人たちと面と向かって激論を戦わせることになるだろうと、参加者たちは覚悟していた。ところが実際に会ってみて、最も心を揺さぶられたのは、敵も自分たちと同じ人間であるという事実だった。

そのツアーの日程には現在も稼働している炭鉱への訪問が含まれていた。炭鉱の中は汚くて、狭く、知識労働者の清潔なオフィスに慣れた参加者たちには、長時間は入っていられそうにない場所だった。炭鉱の見学後、参加者たちは現場監督や炭鉱労働者たちとゆっくり話をするため、「炭鉱の外の掘っ立て小屋のような建物」に集まった。レビンが質問を始めようとすると、炭鉱労働者たちは自分たちの信仰のことを話し始めた。現場監督は進化論の話題を持ち出し、「あんたがたは自分たちのばあさんが、木の上で生活してたと思ってるんだろう。だが、おれたちのご先祖は聖書にさかのぼる」と冗談をいった。話しぶりから周りの自然環境や、地域に生息する野生動物に愛着があることは感じられたが、米国政府の環境保護庁にはほとんど関心がないようだった。当然、近年の政治的な勝利のおかげで、炭鉱業に再興のきざしがあることは歓迎していた。「そういうわけで、会話はまるでかみ合いませんでした」と、レビンは振り返る。「わたしが連れてきた参加者たちは、予想していたことですが、言葉を失っていました」

そんな会話にまったく思いがけない変化が起こった。「ご家族のことを聞かせてもらえませんか」とレビンが現場監督に水を向けたときだ。現場監督は静かな口調で話し始めた。「女房とおれは親を失った子どもを五人、養子にしてるんだ。親の死因は、みんな、オピオイドの過剰摂取さ」。子どもたちにはそれまでの育児放棄や虐待の影響が残っているという。例えば、いちばん下の子は体の震えが止まらないらしかった。レビンは座って話を聞きながら、誰もが強い衝撃を受けているのがはっきりとわかった。誰もがこの男に対する評価を改めなくてはいけないと感じていた。「彼は敵ではないからです」とレビンはわたしに説明した。「でしょう？　無学の困った男と見なすほうがはるかに都合がいい人物が、立派なことをしているのです。部屋にいた全員が〝自分にはまねできない〟と感じ入りました」。こういうことこそ、レビンがこのツアーで参加者に体験させたいと思っていたことだった。なぜなら「それによって確信が崩れ、すべてがひっくり返される」からだ。すると、参加者の心には新しい問いが芽生えた。「よいとは何か。よい人間とはどういう人のことをいうのか。コミュニティーとは何か。子どもはなぜ大事なのか」。参加者たちはその後も、自分たちの活動を続けたが、取り組んでいる問題に対する理解に変化が生まれた。レビンによれば、問題の複雑さを以前よりも真剣に考慮するようになり、ウェストバージニアをはじめ、あらゆる地域のためになる解決策を探ることに力を入れるようになったという。

問いの力を研究しているマリリー・アダムスは、ベストセラーになった著書『すべては「前向き質問』でうまくいく』の中で、神話学者ジョゼフ・キャンベルの洞察を取り上げている。それは「あなたがつまずいたところに、あなたの宝はある」という洞察だ。キャンベルの唱えた「英雄の旅」によれば、人類は太古の昔から、そういうことが起こる物語を語り継いできたという。それらの物語では、主人公が快適な日常の外へ出よという声にいやいやながら応じて、大きな障害にぶつかり、それまでとはちがうレベルの理解と決意を迫られるとき、転機は訪れる。レビンのツアーの参加者がウェストバージニアで経験したことも、これから紹介する創造的な問題解決の事例も、そのような物語として捉えることができる。

前に述べたように、よい問いが見つかる確率を高めるためには——つまり問題の見方を変えて、よりよい解決策へつながる道が見つかる確率を高めるためには——問いが活発な環境に身を置くことが必要だ。前章では、そのような環境の一つとして、自分の正しさを疑うということを掘り下げた。本章では、不快な状況に身を置くことについて見ていきたい。

バブルに注意

人間の心理で心地よさを求めるということぐらい根源的なことはないだろう。社会の進歩と見なされることにはたいてい、不快さの原因を取り除くという要素が含まれている。個人の生活でも、わたしたちはストレスになる状況をできるだけ避けようとする。ストレスは明らかに有害だからだ。しかし、現代の世界では、生活からストレス要因をすべてなくすというぜいたくが許される人も少なくない。そうすると逆の悪影響がもたらされる可能性がある。厄介な経験や情報にさらされなければ、わたしたちの成長や学習は止まってしまう。問う能力も衰えてしまう。

成金たちの優雅な暮らしはバブルだということがよくいわれる。バブルとはつまり、早くそこから逃れないと、ひどい目に遭うということだ。外の世界から目を背け、自分の世界に閉じこもっているのは株で大もうけした人ばかりではない。バブルにはさまざまな形があり、油断すればすぐにわたしたちの周りにバブルは生まれる。忙しい毎日を送り、特に現状を変える必要を感じていないとき、あえて生活の中に不快なことを増やすのは、それが肉体的なことであれ、知的なことであれ、感情的なことであれ、容易ではない。

わたしの研究で最も深刻な隔絶が見られるのは、大企業のＣＥＯや幹部という地位においてだ。その理由は、部下に情報の収集と取捨選択を任せてしまうことにある。[1] それらのリーダーたちがほかの一般の人に比べて、心地よさを求める傾向が強いわけではないはずだが、日々、極度の重圧にさらされる中で、自分は有能だという自信を揺るがされたくないという心理が働く。しかも周りには、上司を不快な情報から守ることを自分たちの仕事と心得ている部下がいる。インフォシスの創業者で元ＣＥＯのナンダン・ニレカニはわたしにその危険性を次のように語っている。

「リーダーであれば、自分を繭《まゆ》にくるむこともできます。よい知らせという名の繭です。そうすれば周りは〝万事順調です。問題はありません〟としかいいません。そしてある日突然、すべてが行き詰まるのです」。あるいはセールスフォースの最高マーケティング責任者、サイモン・マルカーヒーがいうように、周囲によって完全な隔離状態に置かれることもある。「多くの企業には、CEOをがっちりと取り囲んでいる側近たちがいます。それらの側近たちはCEOを支えるために最善を尽くしているのですが、CEOを完全に繭にくるんで、外部の意見にさらされないようにしてしまいます。そうすると、CEOには直属の部下から伝えられる情報しか入らず、とても偏ったフィードバックにもとづいたきわめていびつな意思決定が行われることになります。そうなったら、CEOの意思決定の権限は失われたも同然です」

幸い、わたしたちには過度の快適さに抗おうとする部分がある。それはときに極端なレベルに達する。ボストン港では、毎年一月、何百人もの人々がそれぞれの思いを胸に、凍るほど冷たい海に飛び込むのが一九〇九年以来の恒例だ。ゼロ・グラビティでは、客が何千ドルも払って——あるいはスティーブン・ホーキングのように「無料券」をもらって——訓練中の宇宙飛行士たちから「嘔吐彗星」と呼ばれている、無重力状態を作り出せる飛行機に乗ろうとする。エベレスト山では、毎年、山がそこにあるという理由だけで、おおぜいの人が登頂をめざす。そのような体験からは自慢話の材料以上のものが得られる。なぜなら不快な体験と高揚感とは表裏一体の関係にあるからだ。実際、それらの体験者たちはしばしば「ほんとうに生きているという実感がある」という感想を口にする。

同じことは認知的ないし心理学的に不快な領域に踏み入ることにも当てはまる。そこでは科学的に「生きているという実感」があることも確かめられている。例えば、ある分野の初心者と上級者の脳をスキャンすると、初心者の脳のほうが神経活動が活発であることがわかる。[2] 常識で考えてもわかるように、慣れていないことをするときほど、わたしたちは積極的に情報を得ようとする。感受性が高まり、聞き耳を立て、匂いを嗅ぎ取ろうとする。慣れない状況の中で自分のするべきことを知ろうとしたり、慣れない状況を乗り越えようとしたりするとき、わたしたちは本能的に五感を研ぎ澄ませて、あらゆる種類の情報を取り入れようとし、心の中は問いで埋め尽くされる。

わたしはツイッターの本社を訪ねた際、そのようなプロセスが完璧に描き出されている話を聞いた。話を聞かせてくれたのは、当時、ツイッターのプロダクト責任者だったマイケル・シピーだ（のちに独立して、トークショー・インダストリーズ社を設立し、現在はミディアム社のプロダクト部長を務めている）。サンフランシスコらしいよく晴れた日、窓の外にルーフデッキが見える美しいオフィスで、シピーは、顧客と直接会うことがいかにたいせつかを語った。「顧客のもとに行くのは面倒ですし、楽ではありません。見てください、この場所を。誰だって、わざわざここから外に出たいとは思わないでしょう」。意識的な努力が必要だと、シピーはいう。「顧客がどういう経験をしているか、実際にどういう生活をしているかを、じかに知り、感じることができる場所に、実際に自分で行ってみなければなりません」

シピーが社会人としての最初の五年間を過ごしたのは、金融や投資の専門家にソリューションを提供するアドベントというスタートアップ企業だった。シピーはそこで初めて商品開発のアイデアを得たときのことを今でもよく覚えているという。自社商品に対するフィードバックをもらうため、同僚といっしょに顧客を訪問して回っていたときのことだ。「ある共通点に気づき始めたんです」。小さな投資会社ではほぼどこでも、「大きなモニターの前に座り、そのモニターにびっしりとポスト・イットを貼っている人」を見かけた。興味を引かれたシピーたちは、あるとき、そういう人物に声をかけた。「すごいポスト・イットの数ですね」と。その人物と話してわかったのは、モニターをポスト・イットだらけにしていたのはポートフォリオマネジャーの指示に従って、株式の売買取り引きを処理しているトレーダーたちだった。そのトレーダーは次のように説明したという。「スプレッドシートでいろいろ試してみたが、すべてだめだった。［中略］それで一件処理してはポスト・イットを貼るというスタイルに落ち着いた」と。

シピーたちは最初は本気にせず、「からかわないでくださいよ」と笑った。しかしトレーダーは冗談をいっているわけではなかった。「それが結局、アドベントの二番めの商品につながりました。取り引き注文管理システムです」。この経験が以後、シピーが商品開発について考えるときの土台となった。肝心なのは、「正しい問いを発することができる場にいかに自分を置くか」だという。

リーダーのもとに届けられる情報は往々にして加工されている。それらはリーダーの考えに合うよう部下によって選ばれ、準備され、整えられたものだ。そのような状況に甘んじないためには、自分で現場へ足を運んで、未加工の情報を集めなくてはいけない。リオ・ディブは次のようにいう。「あえて不快な場所へ行かなくてはいけません。限界がどこにあるかがわかるまで、突き進んでみなくてはなりません。そうすることで、〝あっ、ここに死角があるぞ〟という発見がありますし。外へ出て、すばらしい新しい問いが見つからないときでも、外の世界をじかに見ることは、自分たちの創業の目的を再確認する貴重な機会になることがある。水道事業を手がける社会的企業グラム・ビカスの創業者ジョー・マディアスは、自社の原点である地域社会に出かけていくことで、思いを新たにしていると話す。本社で過ごす時間が長くなるにつれ、さまつな問題のせいでしだいに気分が滅入ってくる。そんなとき、グラム・ビカスが上下水道の整備を手がけている農村に行くと、ふたたび元気がわいてくるという。世のたいていの重役には、未舗装のほこりっぽい道路を何時間も走って、いまだに水道が行き渡っていない村へ行く――しかも村人たちの好奇の目にさらされる――など、楽しい慰安旅行になるとは思えないだろう。しかしそのような旅行こそ、マディアスに自分の生きがいをあらためて思い出させてくれるものなのだ。

快適な場から外へ出ることの効果

不快さから数々のイノベーションが生まれていることは有名だ。問題解決者は「痛点」に注目することを習慣にしている。例えば、イーロン・マスクはロサンゼルスの大規模な交通渋滞に巻き込まれたとき、ハイパーループ――ロサンゼルスとサンフランシスコ間の約六〇〇キロを三〇分で結ぶ超音速の新交通システム――の構想を思いついた。「講演に一時間遅れた」とマスクはいう。「それで考えたんだ。こんな渋滞に巻き込まれない交通手段があるべきだと」。これは典型的な「必要は発明の母」の事例だ。

しかし、不快な場に自分を置くことにはそれほど直接的ではない、もっと目に見えにくい効果もある。不快さによって五感が鋭敏になると、観察力や集中力が高まり、積極的に問おうという姿勢が生まれる。そのような状態には、少なくとも次の三つの利点がある。驚くことができる、ほかのことに注意を向けられる、まちがうことができるの三つだ。

驚きという要素

第一には、新しいものごとや視点に出くわして、刺激的な驚きを感じられる。目新しいことに囲まれ、それまで聞いたことも、考えたこともないものごとを見たり、体験したりできる。マンハッタンに拠点を置くファッションブランド、ケイト・スペードの重役陣が数々の試みによって、従業員たちを退屈させないようにしている――また従業員たちが退屈な人間にならないようにしている――のは、そのためだ。最高マーケティング責任者のメリー・ビーチ・レナによれば、顧客に対するケイト・スペードの「ブランドの約束」は、「もっと楽しい人生を送れるよう女性たちを刺激すること」だという。レナたちにとってそれは、まず自分たちが楽しい人生を送らなくてはいけないことを意味する。だから、「チームの遠足」を企画して、「庭園でも、美術館でも、ケーキ作りの教室でも、新しい発想を得られて、わたしたち自身が約束している楽しい人生につながるところにはどこへでも」出かけていく。また「お昼の学習」と銘打って、魅力的なゲストを招いたランチ会も定期的に開いている。夏は金曜日を半休日にするという企業が最近はあるが、ケイト・スペードは一年を通じてそうしており、従業員たちは活気に満ちたマンハッタンのシティライフを満喫できる。

いっぽう、起業家たちに「変わった場所に飛び込んで」、考えの幅を広げるようアドバイスしているのは、シリコンバレーのベンチャーキャピタリストで、現在はユーイング・マリオン・カウフマン財団の起業家育成部長を務めるビクター・ファンだ。ファンはふつうではないことの探し方を三つ、具体的に紹介している。

変わったものを観たり、聴いたりしてみる。わたしは知られていないドキュメンタリーを観たり、めずらしいポッドキャストを聴いたりするのが好きだ。わずか二、三クリック先にすばらしいアイデアが隠されている。それを見つけ出すのは、とてもわくわくする。

変わった場所を歩いてみる。わたしは平凡な郊外の住宅街だとか、デパートだとか、地域にある大学の構内だとかをよく散歩している。なんの目的もなくただぶらぶらと歩いていると、今この瞬間にどっぷり浸かって、余計なことを考えないぶん、新鮮な目でものを眺められる。

変わった人に話しかけてみる。自分とはちがう人物との会話には強い衝撃を受けることがある。わたしはいまだに数十年前に見知らぬ人と交わしたさまざまな会話のことをよく思い出す。それらの会話に自分がどんな影響を受けたかもはっきり覚えている。[3]

ギー・ラリベルテはまちがいなくこれらすべてをしているはずだ。ラリベルテは曲芸と舞台演出とストーリーを組み合わせた独創的なショーで、世界じゅうの観客を魅了し続けるサーカス団シルク・ドゥ・ソレイユの共同創業者であり、頻繁に世界を旅しては、エキゾチックで魅惑的なショーのヒントを探して回っている。そのような姿勢はシルク・ドゥ・ソレイユのほかの団員にも浸透しており、「オープン・アイズ」と名づけられた社内報には、社内から広くそういう報告を集めて、紹介するコーナーがある。そのコーナーでは毎週、団員が仕事や私生活で訪れた場所で見聞きしたことが、「ところで――」というスタイルで綴られている。話題は流行している興味深い建築やファッション、音楽、言葉など、多岐にわたる。ふつうそれらは制作中の作品に直接関係するものではないが、サーカス団のような文化的な事業の場合、どんなものも関係ないとはいい切れない。

シルク・ドゥ・ソレイユはどのような基準で見ても大成功を収めたサーカス団といえる。例えば、人気演目「オー」のラスベガス公演はもう何年も完売を続けており、その興行収入は単演目

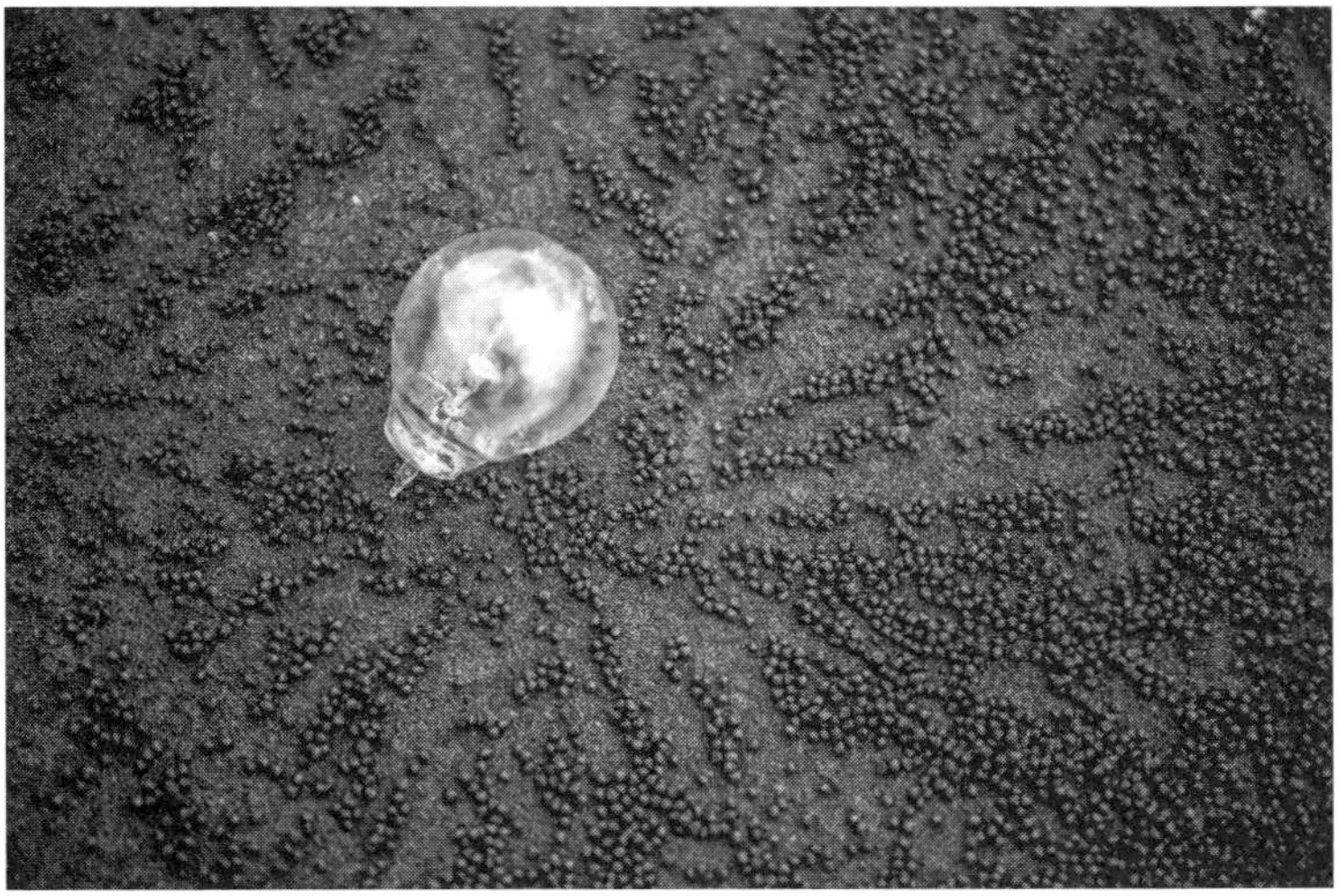

バリ島のビーチで妻とわたしが目を奪われた光景。電球の周りにスナガニに蹴り飛ばされた砂で絶妙な模様ができあがっていた。

としては世界一と推定されている。そんな場所でどのようにR＆Dを行っているのかとわたしが尋ねると、CEOのダニエル・ラマーは次のように即答した。「何よりも、ギーの世界旅行によってです。ほかの者たちも目を皿にして、世界じゅうを旅して回っています。［中略］いつでも世の中で起こっていることに注意を払っています」

地元モントリオールにいるときには、ラリベルテはまた別の仕方で幹部陣がその地位にあぐらをかくのを戒めている。ラマーはあるとき、ラリベルテから突然、こんなふうに告げられたという。「ダニエル、このところ、ちょっとふつうの企業っぽくなっている気がするんだ。そこで、きみのもとに新しい人間をひとり雇い入れることにしたよ」。ほどなく、道化師のコスチュームを身にまとった人物がダニエルの直属の部下として、モントリオールのシルク・ドゥ・ソレイユ本社で働き始めた。その名は「マダム・ザゾー」。女の道化師だ。マダム・ザゾーは四六時中、みんなを笑わせたり、ポップコーンを配ったりし、そうすることで、観客を楽しませることが自分たちの仕事であることを本社の社員たちにたえず思い出させている。さらに特筆すべきは、マダム・ザゾーには古典的な「宮廷道化師」の役割も与えられていることだ。例えば、「経営執行会議にも登場して、大演説をぶち、わたしたちを楽しませる」という。本書ではここまで主に、快適な場から外へ出ることについて、文字どおりオフィスから外へ出るという観点から話してきたが、このマダム・ザゾーの事例からは、オフィスの中に混乱を持ち込むという手法もあることがわかる。

ピクサーもやはりシルク・ドゥ・ソレイユと同じように、従業員を外の世界に触れさせ、コンピュータの画面以上の体験をさせることを重視している。ピクサーの映画制作には必ず、スタッフがオフィスの外へ出る、ピクサーの建物の外へ出るというプロセスがある。例えば、『メリダとおそろしの森』では、アニメーションを作る前に実際に自分たちでアーチェリーを習った。新しい状況やアイデアを経験するための「冒険」もしている。二〇一七年のヒット作『リメンバー・ミー』の制作時には、メキシコの村や都市の生活にどっぷりと浸かったおかげで、そうしなければ見落としていたにちがいないメキシコ文化の大事な要素を理解できた。映画に出てくるサンタ・セシリアという町が創作できたのは、メキシコ南部オアハカ州への旅行のおかげだ。またミチョアカン州の小さな町サンタ・フェ・デ・ラ・ラグナなど、地元の人々が民族衣装を着たり、独自の様式の陶器を作ったりして、伝統を守っている地域を訪れたことも、それには役立っている。ピクサーの手法は創造的な人類学とも呼べるが、それはいわゆる「クリエイティブな人間」のためだけのものではない。わたしがこれまでに会った独創的な人物の多くは、「内」に安んじず「外」に出ることを、最善の問いと洞察を引き出すための手段にしている。

ロッド・ドゥルリはとことん顧客のもとに通い続けたことが直接、イノベーションにつながったと語っている。長らく業界の盟主に君臨しているインテュイットに対抗できる企業を築くことが、ゼロを立ち上げたときの目標だった。その目標を実現するための戦略の一つとして、ドゥルリたちは自社の顧客層である小企業のオーナーや経営者のことを徹底的に調べた。二〇〇回以上、それらの経営者たちのもとを訪問したという。また、最初の製品を開発するにあたっては、朝の出勤時に相手のオフィスに出向いて、経営者たちがパソコンを立ち上げ、コーヒーを淹れるところから、そのようすを観察した。そのようにしてあちこち飛び回っているとき、あることにふと気づいた。「問題は会計ソフトそのものではなかったんです」。どこの会社でも、オーナーたちは決まって、朝いちばんにオンラインで銀行口座をチェックして、その日の業務に使う現金があるかどうかを確かめていた。観察によって知ったこの単純な事実に、ソフトウェアの使う機能と使わない機能について顧客と話し合ったことから得られた知見を組み合わせた結果、顧客にとっては会計ソフトそのものよりももっと大きな問いがあることがわかった。それは「小企業が蓄積している情報と必要としている情報のすべてを、どうして一つの環境にまとめられないのか」という問いだった。ドゥルリはこの問いに「一生に一度のチャンス」を見て取った。ドゥルリたちには「それらのデータを顧客の要望に従って、一つに統合する」ことができたからだ。

ビクター・ファンの助言にも「変わった人と話す」とあるように、快適な場の外に出ることで得られる驚きは、ふだんとちがう場所に身を置くというばかりではなく、視点や認知スタイルが自分とまったく異なる人と接することからももたらされる。ロバート・サットンの『なぜ、この人は次々と「いいアイデア」が出せるのか』には、そのことが明快に説かれている。高いレベルの創造性やイノベーションがそのようなタイプの異なる人どうしの交流から生まれることは、数々の研究結果にも示されている。ジェフ・カープはその理由について、次のように説明する。「バックグラウンドのちがう人たちがいっしょに仕事をすると、コミュニケーションの問題のせいで、緊張関係が生まれます。ですが、そのような厄介なことがあるほうが、仕事にはいいんです。脳がいやでもフル回転しますから。そういう環境ではぼんやりしている暇はありませんし、いい意味で、つねに不快な状態に置かれます」

自分とさまざまな面でちがう人間と仕事をともにするのは、たいていの人にとっては楽なことではない。カープによれば、まさにその不快さから、触媒的な問いは生まれ、創造的な洞察がもたらされるという。

注意の切り替え

不快な場に身を置くことの第二の利点は、惰性を断ち切って、それまでしていたことをやめられることだ。ほかのことに注意が向き、いい意味で集中が途切れる。そうして極度に集中していた状態から脳が解放されると、脳のモードが切り替わって、それまで意識の隅でぼんやりと見え隠れしていた問いが、意識にはっきりとのぼってくるようになる。

認知心理学者はこの現象を「超認知」と呼ぶ。シャワーを浴びているときに名案が浮かぶというのがその古典的な例だ。独創的な思想家で、数学者であるアンリ・ポアンカレは、自身の優れた問いや洞察はこの認知現象によるものだと強く信じていた。例えば、一八七〇年代にポアンカレが最初の重要な発見をしたのは、うとうとと半分眠っているときだった。自身は次のように語っている。「一五日ものあいだ、フックス関数と名づけた関数に似たものはないことを証明しようと、悪戦苦闘していた。［中略］毎日、仕事机に向かって座っては、一、二時間、考えに考えた。ありとあらゆる組み合わせを試したが、いっこうに証明の糸口をつかめなかった。ある晩、ふだんとはちがって、わたしはコーヒーをブラックで飲んだ。すると目が冴えて、眠れなくなった。しかしおかげで、さまざまなアイデアが次々と湧いてきた。それらは互いに衝突し合うもののように感じられたが、やがてある一組のアイデアが結びつき合って、揺るぎのない組み合わせをなした」。夜が明ける頃には、難問が解けていた。あとは「結果を紙に書き出すだけでよかった。それには二、三時間かかった」。ポアンカレはさらに次のように続けている。

それからわたしは、鉱業学校の地質調査旅行に参加するため、当時暮らしていたカーンを離れた。旅行に出てからは忙しさに紛れ、数学の研究のことはすっかり忘れてしまっていた。クタンスに着いたとき、わたしたちは乗合馬車でいくつかの名所をめぐることになった。乗合馬車のステップに足をかけた瞬間だった。それまで数学のことなどまるで考えていなかったのに、まったくだしぬけに、フックス関数の定義に使っていた変換は、非ユークリッド幾何学のものと同じものであることに気づいた。［中略］すぐに「これだ」と確信できた。カーンに帰るとさっそく、時間を見つけてその証明を行い、ようやく心の安らぎを得た。

このようなパターンはその後も続いた。ほかのことに注意が向いているときに、思いもよらぬ名案がひらめくことがたびたびあった。例えば、別の難題に取り組んでいて、なかなか解決できず、気がくさくさしていたとき、海辺の町で数日間、数学のことを忘れて過ごすことにした。「ある日、崖になった海岸を歩いていると、またふいにひらめいた。それはいつものように簡潔で、唐突で、確信を伴うものだった。そのようにして不定三次形式の変換は非ユークリッド幾何学のものと同一であることにわたしは気がついた」[4]

ポアンカレのこのような洞察が偶然ではないことは、ジャクソン・G・ルー、モドゥペ・アキノラ、マリア・メイソンの最近の研究でも確かめられている。その研究によると、被験者に創造的な作業を行わせた実験で、作業の成績がよかったのは「作業を切り替えた」ときだった。同じ一つの課題への集中をいったん切ることで、思考がより広く、なおかつより深くなったからだ。研究者たちは実験結果を分析して、次のように結論づけている。「一時的に作業を中断することで、認知の固定化が軽減される」[5]

ポアンカレ同様、エド・キャットマルもほかのことに注意を向けることで、思考に時間と空間が与えられ、同じことをし続けているだけでは絶対に出てこない問いや洞察が生まれることを理解している。キャットマルは次のようにいう。

> 解決策がわからないとき、わたしたちはいろいろな新しい方法で問題に取り組もうとします。知らないことを知らないことだらけの問題の領域に入っていくことになります。わたしはそういうとき、わくわくします。実際、自分の中で、何かが激しく動いているのを感じます。攪拌されているような感じです。たいていの人がそういうものを感じたことがあるでしょう。ときになんらかのきっかけで、何かが動き始めます。でも、頭の中で起こっていることに自分から意識的に働きかけることはできません。頭が何かをしているのだけれど、それが何かはわからない。わかるのは、何かが行われているということだけです。
>
> 何十年も前、大学院生時代にわたしはそういうことを強く意識するようになりました。新しい曲面の計算方法を使って、ある問題に取り組んでいたときです。あとから振り返ってみ

ると、そのときにしたことはわたしの生涯の中で、学問的には最も重要なことでしたが、当時はそんなことはまったくわかりませんでした。ですが、その問題に取り組んだことはよく覚えています。頭の中で何かが起こっているのが、感じられました。深い直感的な思考のようでもあり、何かが攪拌されているようでもあり、グラインダーで磨かれているようでもありました。それが何かはわかりませんでした。わかったのは、脳が確かに問題に取り組んでいるということだけです。ホワイトボードでそれを助けることはできませんし、紙もまったく役に立ちません。わたしはただとても落ち着かない気持ちで、そこに座っているだけです。すると突然、ぱっとひらめくんです。あとはそれを書き出すだけです。「驚いたな、こんな変なものが出てくるとは」とつぶやきながら。

対立の恩恵

快適な場から外へ出ることの第三の効果は、予期せぬ対立に出くわせるということだ。それまでの自分のものの見方がけっして唯一のものではなかったことをいやでも思い知らされる。創造の営みが始まるのは、ジェイコブ・W・ゲッツェルズとミハイ・チクセントミハイが書いているように、「知覚や、感情や、思考において対立を経験する」とき、それまで気づいていなかったその対立を問題として取り上げ、はっきりと見える形で表現しようとするときだ。ロビン・チェイスという、中東で生まれ育ち、スイスの大学で学び、その後、米国へ来た起業家がいる。チェイスは二〇〇〇年、カーシェアリングを手がけるジップカーという会社を立ち上げた。ヨーロッパでカーシェアリングの普及を見ていた彼女の目には、誰もが自分の車を一台以上持っていなくてはいけないという米国人の思い込みは、莫大な資源の浪費を招き、社会のお金の配分を誤らせるものに思えた。

　チェイスのこの例は、ビジネスチャンスと結びついたという意味で、最も前向きな部類の対立だといえる。もっと一般的には、ビジネスで出くわす対立は、新しい競争相手が登場して、存続の危機に立たされるとか、従来のやり方の弱点が致命的なものと化すとかいう形を取る。[6] SAPではまさにそういう対立が戦略を立て直す契機になった。同社のCEO、ビル・マクダーモットによれば、それはクラウドを使ったソリューションが企業向けソフトウェアの市場にいきなり現れたときだった。マクダーモットたちは、業界の未来が「クラウドの中」にあることを悟ったが、自社のDNAにはオンデマンドのソフトウェア販売に適応する能力が備わっていないことにも気づいた。新しいチャンスを十二分に生かすための「正しい問いを立てることが自分たちにはできない」と判断したマクダーモットは、サクセスファクターズとアリバを買収することに決めた。

　対立はときに個人的なものである場合もある。前の章で紹介したように、アマゾンのジェフ・ウィルキーはメンタルモデルに関心があり、わたしたちのメンタルモデルがどのように更新されるかを研究している。ウィルキーによるとそれには二通りあるという。一つは、実際に何が起こっているかをみずから問うこと——つまり、自分がまちがった固定観念でものごとを見ていないかどうか、何かを見逃していないかどうかを探ること――で、更新されるというパターン。もう一つは、なんらかの試練に直面し、過去に経験したことのない状況についてじっくり考えざるをえなくなることで、更新されるというパターン。後者の場合、とりわけひどく不快な経験をするが、そのぶん洞察も深まる。

メンタルモデルが正しく更新されていないと、突然、自分の固定観念や見落としに気づいて、狼狽したり、罪悪感を覚えたりすることになる。リンジー・レビンのツアー参加者がウェストバージニアで経験したのがまさにそれだった。炭鉱労働者たちとの対話後、ツアー参加者の何人かは、以前、国連の会議で大規模な炭鉱の閉鎖が発表されたとき、ほかの聴衆とともに拍手喝采したことを思い出した。「そんなことをした自分が今では恥ずかしい。おおぜいの人が仕事を失うことをまったく考えていなかった」と、ひとりは語った。石炭からクリーンエネルギーへの切り替えが必要だという認識がそれで変わったわけではないが、「真実を突きつけられた」。気候変動問題の活動家たちは長年、ある対策を取ることの影響を考慮せず、敵と見なす者たちを批判してきた。自分たちの決定と行動によってもたらされる結果と、自分たちとを「完全に切り離していた」。レビンは次のようにいっている。「そういうときに気づかされるのは、当たり前のことですが、考えなくてはならないことはたくさんあるということです」

衣料品のインターネット通販で急成長しているASOSのCEO、ニック・ベイトンは経営のトップに昇格後初めて従業員と顔を合わせたときのことを、「すこぶる不快だった」と振り返っている。社内の各部門にあいさつをして回っていた際、販売部門の三〇人ほどのチームとの会合で、「質問があれば、なんでも訊いてください。お答えします」と呼びかけた。すると若い女性社員が手を挙げて、人材育成について尋ねた。「ニック」と女性はいった。「あなたは商品部の出身ではありません。わたしをどのようにバイヤーとして育てるつもりでしょうか」。ベイトンは痛いところを突かれたと感じた。彼女のいうとおりだった。自分は商品部出身の人間ではなかった。会計士の学校を出たあと、エンターテインメント企業の財務担当重役を経て、ASOSの最高経営責任者に就任したのだった。「まずいぞ」と、内心でつぶやいた。「まさか、この会社のトップとしての資質に疑問を持たれるとは」。すぐにそれが自分の過剰反応であることには気づいたが、ベイトンにとってこの不快な状況は、その「重大な問い」と正面から向き合うきっかけになった。バイヤーの質問へのベイトンの対応も見事だった。「わかりました。そのことについて話しましょう。わたしにすてきな服をデザインしろといわれても、それは困ります。ですが、そういう商品を開発しやすい環境を築いてほしいという期待には、ぜひ応えたいと思います」

現場の従業員がCEOに面と向かって意見をいうことは、ふつうはめったにない。それがいかに厳然たる事実であるかは、人気リアリティ番組がそういう前提のもとに作られていることからもわかる。英米で放送されているスタジオ・ランバート制作のリアリティ番組、「アンダーカバー・ボス——社長潜入調査」では、CEOが数週間、平社員に紛れ込んで働けば、自社の改善すべき点についてまったく新しい知見が得られるということが、すべての前提になっている。そのような潜入調査からは知らなかったことが次々と明らかになり、ときに知りたくなかったこともわかる。

例えば、リック・ティグナーの場合を見て見よう。カリフォルニアのワイン業者ケンダル・ジャクソンのCEO、ティグナーは身分を隠して、ソノマ郡のブドウ畑で一従業員として働き始めた。すると、たちまちミスを連発した。作業のスピードについていけず、ボトル詰めのラインを停止させもすれば、配送ドライバーにひどい罵声を浴びせられ、あやうく身分を明かしそうにもなった。この経験を通じてわかったのは、労働者と管理者の話す言葉がちがうせいで問題が生まれていることだった。また、多くの場合、英語が母語ではない労働者が管理職に昇進できないのは、もっぱら言語の壁のせいであって、能力の問題ではないこともわかった。ティグナーとワイン畑の監督ローラ・ポーターは、以前ならぜいたくな福利厚生に思えていたであろうこと――職場での無料英語講習――も、事業に欠かせない投資だと確信できた。その英語講習には何百人もの従業員が応募した（短期大学やオンライン講座の受講を希望する者がいれば、その受講料も負担している）。番組内のあるシーンでは、三人の子どもの母親でもある模範的な従業員が社の医療給付制度の対象から外されているせいで、苦しい思いをしていることも明らかになった。のちに、この二週間の撮影期間に知った「貴重な視点」を振り返って、ティグナーは次のように語っている。「得がたい学びの機会になることはわかっていました。ふだんとはちがうことを見たり、聞いたりできるだろうと。ですが、ここまで感情的に揺さぶられる経験をするとは予想していませんでした」

つまりこれは、日頃、現場のようすを知りえない立場に置かれているひとりのＣＥＯが、現場に身を置くとどれほど驚くことになるかという事例だ。ＣＥＯはふだん、すでに問題として取り上げられていることについてしか問わなかったり、あるいはまったく現場に足を運ばなかったりして、社内で孤立していることが多い。加えて、ＣＥＯの機嫌を損ねそうな情報を伏せておこうとしたり、自分たちが最も重要だと考える問題にＣＥＯの注意を向けさせようとしたりする部下によって、孤立させられることもある。とはいえ悲観する必要はない。仕事でも私生活でも、つけひげをしたり、変名を使ったりしなくとも、存在感を高める有効な方法はたくさんある。

訓練のつもりで実践する

不快な状況が自分のためになることを頭で理解していても、実際にそういう状況を探したり、築いたりすることはまた別の問題だ。では、どう実践すればいいのか。以下にいくつか私案を記そう。

どこか遠くに移り住む

わたしがメイソン・カーペンター、ジェラルド・サンダースと共同で行った調査では、数多くの国に住んだことがある人ほど、異国での経験を商品開発や、業務手順の改善や、事業の創出に役立てていることが明らかになっている。またその調査では、外国への赴任経験を一度でも持つCEOに率いられた企業のほうが、そうではない企業より、業績がいい傾向にある——市場成果が平均で約七パーセント高い——こともわかった。[7]

ジェフ・ダイアーとクレイトン・クリステンセンによる調査でもやはり、組織——私企業、政府、社会的企業——の全階層において、外国で暮らしたことがあるリーダーはそうではないリーダーに比べ、価値のある新しいアイデアを思いつく率が二倍高いという結果が出た。このような数字は数々の研究で一貫して示されている（イングランド、フィンランド、フランス、UAEで一〇年以上生活したわたしたちの家族の実感とも一致する）。異なる文化の中で暮らしていれば、不快なことも多い。しかしそのおかげで、世界を別の視点から見られるようになる。難題を創造的に解決しようとするときにはそれが必ず役に立つ。[8]

眺めのいい道を通る

ヨルダンの国際総合輸送物流企業、アラメックスの創業者、ファディ・ガンドゥールは、会社を設立して間もない頃、考え方が一変する経験をした。それは偶然もたらされた経験ではなかった。アラメックスの拠点都市の一つであるドバイの空港に到着したときのことだ。すでに深夜の午前二時を回り、数時間後には会議が予定されていた。ガンドゥールは空港からホテルまで行くのに高級リムジンの送迎を使わず、自社の配達車に同乗した。ホテルまでの車中、配達員を質問攻めにして、その答えに耳を傾けた。アラビアの灼熱の太陽が昇り、現地の幹部を全員集めた会議が開かれたとき、会議にはガンドゥールの指示で配達員も何人か呼ばれていた。勢揃いした重役陣を前に、ガンドゥールが配達員に昨晩と同じ質問をすると、重役たちはそれまで知らなかった運営上の問題点を、配達員たちの口から聞くことになった。

ここで重要なのは、ガンドゥールがこの集まりに「互いに発見し合う場」という雰囲気を持たせるよう心を配ったことだ。それらの問題点がＣＥＯによって指摘されるまで見過ごされていたことに対して、申し開きをしなくてはいけないとは、誰も感じなかった。むしろ誰もが、自分たちの集団での問題解決能力を発揮するチャンスが到来したことで活気づいた。もう一つ同じように重要なのは、ガンドゥールが重役たちに――自分も含めて――ふだんからこの手法を取り入れて、手遅れになる前に「知らないことを知らない」ことに気づけるようにしようと呼びかけたことだ。このあと、重役たちは定期的にオフィスのエルゴノミックチェアから腰を上げて、配達車に同乗することが社の方針として定められた。その後、ガンドゥールは莫大な財をなし、中東で最も成功したベンチャーキャピタリストとして名を馳せるようになったが（アラブ世界のテクノロジー企業を支援するベンチャーキャピタルファンド、ワムダ・グループの会長として）、そこでも同じ手法を貫いた。今も、毎日、出資している九五社のうち少なくとも二社の起業家と――ふつうはオフィスの外で――会って、市場の動向について話を聞いたり、助言を与えたりしている。

　ガンドゥールが提唱していることはおそらく、それほどむずかしいことではないように思えるだろう。その気になれば誰にでもできる。しかし、もしあなたがＣＥＯだったとして、ガンドゥールがドバイの空港で下したような判断ができるかどうか、胸に問いかけてみてほしい。出張続きで疲れ切っているとき、滑走路に着陸したとたん、返事を求める大量のメールや電話が入ることがわかっていたら、空港にリムジンを呼んでおくのではないだろうか。ガンドゥールはわたしに次のように話している。「ＣＥＯが率先してやらないかぎり、ほかの者にさせることはできないでしょう」。どんな日でも、きょうはやめておこうといえるもっともな理由が見つかるものだ。しかしそれでもガンドゥールはあきらめない。「繰り返しこういっているんです。まずは一度やってみよう、と。ねぎらいの言葉をかけながら、自分で質問して回ろう。部下に頼り過ぎるのはやめよう、と」

　もっと身近なところでは、夫婦のあいだでも、相手がどういうことで苦労しているかを知ろうとするときにこの手法が使える。例えば、わが家では子どもがまだ小さく、妻が専業主婦をしていた頃、わたしは子育ての仕方についてとても立派なアイデアを次々と思いついた。しかし妻が教職課程を修了できるよう、わたしが三カ月の長期休暇を取って、専業主夫になってみると、わたしの子育てのアイデアがうぬぼれていたほど名案ではないことがわかった。

お供を引き連れない

この方法の実践者としては、とりわけマーク・ベニオフにわたしは感心させられた。わたしが初めて彼とじかに会って話をしたのは、互いにひとりで世界経済フォーラムのダボス会議の会場を歩いていて、こちらが彼の姿を目に留めたときだった。ベニオフはどこへ行くのにもお供を連れないこと、それはサンフランシスコからでも、ハワイからでも、旅に出ることの醍醐味は予期せぬ人との出会いにあると考えているからであることをわたしは知った。のちにそのことをダボス会議のベテラン参加者に話したところ、長年参加するあいだにある法則に気づいたという話をしてくれた。彼女によれば、随行者に囲まれて歩いているリーダーは得てして、有意義な質問をすることも、されることもまったくないという。したがって、世界を変革する力にも乏しいと、彼女は断言する。自分の考えに対する建設的で新しい異論を聞きたければ、ちがう人と話をすること、それもできればいつもとちがう場所でそうすることが必要だ。以前、わたしに次のように語った人がいた。「呆然とするほど自分と意見のちがう人と話をするようにしたい」。以来、わたしはその言葉を思い出しては、そうするよう心がけている。

批判と向き合う

シルク・ドゥ・ソレイユでは、新しい演目の稽古の最終段階には、必ず、「獅子の穴」という舞台リハーサルが行われる。以前の作品——例えば、ラスベガスで今も上演され続けている大ヒット作『ミステール』や『オー』、『ズーマニティ』など——の関係者を招いて、ショーを披露し、意見をもらうリハーサルだ。これほど目の肥えた、手強い観客はいないだろう。制作費一億六五〇〇万ドルをかけたラスベガス公演の新作『カー』の初演が間近に迫ったとき、同作の監督がいよいよ「獅子の穴」に落とされるにあたって、ロサンゼルス・タイムズ紙のインタビューを受けている。「ほんとうにきついリハーサルですよ」と監督は記者に語った。しかし記者によれば、その表情は「言葉とは裏腹に、怖がっているというよりわくわくしているよう」だった。[9]
「獅子の穴」は極端な例だが、CEOのダニエル・ラマーによれば、批判と向き合うのはシルク・ドゥ・ソレイユでは日常のことだという。社内にはつねに意見をぶつけ合う文化が浸透しているといい、それはギー・ラリベルテが「四六時中、みんなをうまくけしかけてくれる」おかげだと、ラマーは語っている。

　一般的な企業の世界では、会議というと、わたしはあなたにきびしいことをいいません、ですからわたしの発表のとき、あなたもわたしにきびしいことをいわないでください、という暗黙の了解があります。シルクはそうではありません。シルクでは、いちばんいい案が勝てるよう、徹底的に議論を戦わせます。その案を出したのが自分なのか、ほかの人なのか、あるいはギーなのかは、関係ありません。大事なのは、いい案かどうかを議論することです。最初はある一つの視点から議論されていたのが、突然、別の視点が見出されるのには、いつも驚かされます。とはいえ、最後まで残るほんとうにいいアイデアを一つ得るためには、たいていは一〇とか二〇とかのちがうアイデアを検討しなくてはなりません。

最後方席に座る

もしEGカンファレンスの創設者マイケル・ホーリーと話すチャンスがあったら、絶対に話をするといい。なぜならホーリーは、どんな話題でも、多様な経験にもとづいて、独自の角度から切り込むことができるからだ。以前、わたしはホーリーから、EGカンファレンスの大会では会場のいちばん後ろの席に好んで座っているという話を聞いた。たいていの人は、当然、ステージに近い最前列を好む。そこなら話がよく聞こえるし、場合によっては話者と目が合うこともあり、話に引き込まれやすい。ホーリーにいわせると、周縁に退くことで、自分の内輪の世界から外に出やすくなる。末端に身を置くことで、健全な懐疑精神を保ちやすくなる。最後方席はステージからいちばん遠いというだけの席ではない。外の世界にいちばん近い席でもある。

何年か前、スウェーデンの家具量販店イケアの幹部と話す機会があった。そのとき聞いた話によると、イケアの創業者イングバル・カンプラードは七〇代のときに、一〇代の子どもたちの集まりを開いて、みずから参加していたという。若い世代の近くにいられるようにするためだ。世界有数の大富豪になってからも、自家用飛行機は持たなかった。旅客機に乗り、しかもエコノミークラスを利用した。国内では、公共交通機関を好んで使った。商売についての有名な格言がある。「金持ちに仕える人は、大衆の席で食事をし、大衆に仕える人は、金持ちの席で食事をする」。カンプラードはこの法則を断固として拒んだ人だった。二〇〇〇年、フォーブス誌のインタビューで次のように話している。「わたしの仕事は大多数の人々の役に立つことだと思っています。どうすれば、一般の人たちが何を欲しているかや、何がいちばん一般の人たちのためになるかを突き止められるのか。その問いへのわたしの答えは、ふつうの人たちの近くにいるということに尽きます。そもそもわたし自身が、本来はそのひとりなのですから」[10]。これはけっしてバブルに踊らされまいとする人の言葉だ。

度を越さない

「不快さ」は、あくまで相対的なものだ。新しい問いを見つけるのが目的なのだから、過度に苦しいことをして、それを切り抜けるのに必死になり、ほかのことが考えられなくなっては本末転倒だ。わたしはそのことを例のエベレストの登山旅行で身をもって学んだ。新しい洞察につながる問いなどとうてい思い浮かぶ状態ではなく、息をすること以外、何もまともに考えられなかった。日常の問う能力を高めるためには、そのような極端なことをするよりも、勝手がわからず戸惑いはするが危険にはさらされない程度の冒険を頻繁にするのがいい。

安住度を計測する

ふだん歩かない場所をもっと歩くとか、新しい習慣を築くとか、そのほかなんであれ、自分の行動を変えたいときには、まず最初に、変えたい行動の現状を把握するといい。平日、何割の時間をオフィスの外で過ごしているか。建物の外では？　会社の外では？　業界の外では？　市の外では？　国の外では？　大陸の外では？　家の外では？　地域の外では？　最近、とっさには答えられない質問や、不快な質問をされたか。自分が誰かにそういう質問をしたのはいつか。あまり面倒なものにしてはいけないが、計測しやすい簡単な指標——自分がどの程度、不慣れな環境に挑んでいるかを示す尺度——をいくつか持つといい。ほかのことと同じで、ときどき数字を見て、努力の成果を確かめることで、モチベーションを高められる。

快適な椅子から立ち上がる

栄養補給食品「クリフ・バー」で有名な健康食品メーカー、クリフ・バー社の創業者、ゲリー・エリクソンも、問いの力を信じるひとりだ。エリクソンは創業の回想録に次のように書いている。「クリフ・バーで、わたしは知らないことを重んじること——問うこと、絶対視しないこと、他者から知恵をもらおうとすること——をリーダーシップやビジネスのスタイルとして確立したい」。さらにその回想録には、大企業で管理職の経験がある人を雇ったときのエピソードが紹介されている。その人物から入社にあたっての助言を求められたエリクソンは、次のようにいったという。「答えるよりも、問うことを多くしてください。答えがわかっていると思っても、それを問いにしてください。働くうちにきっと、この会社のおかしいと思える部分、変えたほうがいいと思える部分が見つかるでしょう。まずはそれを見つけてください」

エリクソンがこんなに問いを重んじるようになったのは、貧乏旅行で世界じゅうを回ったことがきっかけだった。それは快適な場から思いきって外へ出る冒険の旅だった。その旅で自分がどう変わったかが今ではよくわかるという。「世界を旅して回ったことで、謙虚になった」とエリクソンは書いている。「それまでのわたしは、ものごとには正しいやり方とまちがったやり方があり、人生の大半のことは白か黒かに分けられると信じてきた。イスラエルで一カ月、インドとネパールで三カ月過ごすと、世界や人生に対する見方が根底から変わった。もう何かを絶対と考えることはできなかった。さまざまな人や、文化や、宗教や、考え方に出会い、世界には自分が知らないことがいくらでもあることを知った。この旅のおかげで、答えを知っていなくてはならないという先入観から解放された。問うことを教えられた」

この章では、同じ考え方ばかりして行き詰まらないためには、自分——と、できれば自分の周りの人間も——を快適な場から外に出すことがいかにたいせつかを説いている。しかし、不快な状況に喜んで身を置こうとする人がいるだろうか。問う力を真剣に鍛えたいと思っている人であれば、おそらくそうするだろう。コカ・コーラ・インターナショナルの元社長アーメット・ボーザーは次のようにいっている。「問う力も筋力と同じで、使わなければ衰えます。トレーニングをすること、ハードなトレーニングをすることでしか、問う力は維持できません」。誤りに気づいたときと同じように、不快なことを経験すると、脳に解決策を探せという信号が送られる。不快さには軽度で慢性のものもあれば、強度で急性のものもあるだろう。どちらの場合でも、脳はおのずと状況をよくしようとし、原因と解決策を探ろうとする。

エリクソンもわたしと同様、問いに関する名言の収集家だ。例えば、小説家ウェンデル・ベリーの次のような助言を引用している。「答えのないことを問え」。低予算の世界旅行では、お金で買えない数々の経験をし、たくさんの思い出ができた。しかしいちばんよかったのは、好奇心を駆り立てられたことだといい、次のように書いている。「ピコ・アイヤーの言葉を借りていうなら、〝わたしにとって旅の目的は、複雑さや矛盾に身をさらし、家にいてはけっして思いつかない問い、簡単に答えられそうにない問いと向き合うことだ〟[11]」

第6章　静かにしてくれませんか？

オークの木に止まった賢い年寄りのフクロウは
目を見開いて、口を閉じ、
口を閉じて、耳を澄ます。
そんな賢いフクロウのように、
わたしたちもなれないものか。

――わらべ歌

わたしがサム・アベルと知り合いになったのは、サンタフェ写真ワークショップでマンツーマン指導を受けたときだった。わたしは写真を本格的な趣味にしていて、こんな貴重な機会にめぐり合えたことに胸が高鳴った。サム・アベルといえば、ナショナル・ジオグラフィック誌の契約写真家として三三年の経験を持つ写真術の達人だ。「ナショナル・ジオグラフィックの傑作写真50選」では一点ではなく二点選ばれた。しかしその指導は写真以外にも役立つことがすぐにわかった。

アベルは自分の手法に人一倍自覚的だ。しばしば自分のことを「〝背景から始める〟写真家」と呼ぶ。それは写真の構図を決めるとき、背景から前景へという順に考え、それらが互いにどういう関係にあるかを見定めようとする写真家という意味だ。アマチュアは前景のいちばん目立つものに飛びつきやすい——背景に何があるかには気づいてすらいないこともある——が、アベルは最も遠くにあるものから始め、そこから手前へ順に進んでいく。

優れた写真とは撮るものではなく、作るものだというのがアベルの持論だ。初めて写真を撮った少年の頃のアベルにとって、それは動く物体を本能的にレンズで追いたくなるのをこらえることを意味した。少年はしだいに父親にいわれたこと――「構図を決めて、待つんだ、サミー。構図を決めたら、じっと待て」――を守れるようになっていった。静的な背景をどのように写したいかを考えたら、あとは正しい撮影場所さえ選べば、そのイメージを完成させるのに必要な動的な要素はやがて向こうからフレームの中に入ってくる。広場を足早に横切る女性であれ、草原をのんびりと歩くバイソンであれ、ロープを投げる船乗りであれ。ポイントは弧を描くロープを追わないことだ。「ロープがこちらにやってくるのを待てばいい」

問いについての本で、こんな写真講座のようなことを述べたのにはもちろんわけがある。この話からはもっと一般的な要点を引き出せるからだ。わたしはこれまでに数多くの独創的な人たちと話をしているが、毎回必ず、同じことを尋ねている。「ある状況を作り出すためにみずからしていることはあるか、あるいは、自分が働いている環境の中に、有意義な問いが生まれる背景になる要素はあるか。画期的な新しい答えを導き出す優れた問いは、どういうときに見つかりやすく、どういうときに見つかりにくいか」。それらの人々の多くが口を揃えていうのは、無理に解

Sam Abell

決策を見出そうとはしていないということだ。そうはせず、問いに耳を傾けたり、取り組んだりしやすい環境、いい問いがもっと自然に出てくる環境を見つけるなり、築くなりしている。つまり、アベルの表現を借りれば、「構図を決めて、じっと待っている」わけだ。

前の二章では、自分がまちがっていると感じられる場や不快な場にあえて自分の身を置くことで、問いが生まれやすくなることを紹介した。この章では、「黙る」ということでいい問いが生まれやすくなることを見ていきたい。これはアベルの「じっと待つ」という写真術にも通じる。

送信エラー

この黙るというのは、わたしたちのふだんのモードではない。教師として、リーダーとして、親として、わたしたちは鼓舞したり、説明したり、明確な方向を示したりすることが自分の役割だと考え、饒舌モードになっていることが多い。著名なプロクター・アンド・ギャンブル（P&G）社のCEO、A・G・ラフリーも、自分の仕事は幹部陣に自社の戦略を繰り返し聞かせ、「それをセサミストリート並みに単純なものにする」ことだとつねづねいっている。まずははっきりと伝えることが、多くの人にとって最優先事項になっており、それはそれで理にかなったことでもある。しかしラフリーもよく心得ているとおり、それによって新しい扉が開かれることはなく、「知らないことを知らない」ことと向き合うことはできない。次の戦略を練る助けにはならない。

いっぽう、現状についての自分の考えを声高に話すばかりでは、今のやり方に異議がある者がいることに気づけないことがある。航空宇宙局（NASA）の最高情報責任者を務めた経歴を持つ、テクノロジーコンサルタントのリンダ・キュアトンはリーダーたちにいつも、会議では「全員にそれぞれの考えを述べる機会を与えるまでは、自分の感情や意見を口にしてはいけない」と説いている。しかし、いざそのことをブログに書こうとしたとき、その典型的な悪い例として思い出したのは、自分自身の家族のことだった。夏の終わりに、休暇で家族や友だちとジャマイカに行ったときのことだ。一行の「リーダーを自認していた」彼女の兄が、キャンプファイアをするというアイデアに急に夢中になった。その計画は地元の人と話していて思いついたものだった。兄によればその地元の人は「わたしたちの送迎ドライバーと、ツアーガイドと、自動車の整備士と、仕出し屋と、護衛と、そして願わくはキャンプファイアの準備係」を務めてくれるという。兄は朝食の席でみんなにその計画を熱っぽく語ると、人数を数えて、キャンプファイアの費用はひとり二〇ドルで済むと告げた。

しかし、その後、参加費を集めて回った兄は、困惑した。ひとりまたひとりと参加者が減ったからだ。みんな、気乗りしないといった。実際、その夜はキャンプファイアをするにはまだ暑すぎたし、風も強く、火事になる心配もあった。兄は愕然とし、なぜそれをもっと早くいわなかったのかと尋ねた。キュアトンはその理由を次のように説明している。「兄がすでにキャンプファイアを名案と決めつけていたので、異を唱えづらかった。兄の口ぶりでは、暑さや火事の話を持ち出すのは許されそうになかった」[1]

これはありがちな話だ。どんな家族にもこういう人間関係の力学はある。しかしそれだけではなく、この兄の驚きも、めずらしいことではない。わたしたちは知らないうちに、相手が質問しようとしたり、反論しようとしたりするのを押しとどめてしまっている。一日じゅう、たえず自分の意見を述べたり、支持を取りつけようとしたりすることに必死で、ほかのことを見落としている。長年、おおぜいの人と話をしてきたわたしの経験からいうと、そのようなことを自覚するには本人の努力が欠かせない。ASOSのCEO、ニック・ベイトンは次のように指摘している。

「よく観察することとよく聞くこと、これら二つは最も過小評価されているスキルです。わたしは自分が話し過ぎていることに気づいたときには、たいていまちがったことをしています」

成功する計画を立てるためには、自分であれこれ語りたい気持ちを抑えて、自分を「受信モード」に切り替えることが必要だ。わたしが話を聞いた人たちは主に次の三つの手法で、「黙る」ことを実践している。

①相手の言葉にじっくり耳を傾ける
②言葉以外の情報も取り入れる
③頭を埋め尽くしている雑音を取り除く

では以下にそれらの方法の重要なポイントや実践例を紹介しよう。

予期しないことに耳を傾ける

わたしが行っているインタビューでいつも話題に出るのが、この〝聞く〟ということだ。たいていの場合、それは誰かに備わった称賛すべき資質として口にされる。例えば、マイケル・ホーリーはスティーブ・ジョブズの思い出を語ったときに、そのことに触れた。ふたりはとても親しく、コンピュータ企業ネクストを立ち上げた際は、生活をともにしていたという。ホーリーはジョブズの結婚式に参列し、ジョブズは「妻とわたし〔ホーリー〕の駆け落ちを知る唯一の友人」という仲だった。ジョブズにはさすが超一流のイノベーターはちがうと思わせる資質がいくつも備わっていた。「でも、わたしがいつも感心させられたのは、一心に耳を傾けるところでした。たまたまその場で会った相手であっても、それは同じでした」とホーリーはいう。「人と話をするときはいつも相手の話に全神経を集中させて、熱心に聞き入っていました。とても感じよくです。相手は自分の話をまじめに聞いてもらっていると感じ、現にそのとおりでした。そういうことをし続けられる人はなかなかいません」。アンドルー・ゴードンも、ピクサーのアニメーターを務めていた若い頃、ジョブズと会話を交わし、その真剣さに驚かされたエピソードを語っている。当時、アップルはｉＰｏｄの開発の真っ最中だった。ふたりは知り合いではなかったが、たまたま同じエレベーターに乗り合わせたとき、ジョブズのほうからゴードンに話しかけてきた。ジョブズは熱心にゴードンの音楽の趣味や聴き方を尋ねた。エレベーターのドアがふたたび開いたとき、ゴードンは自分がほんのわずかの時間に、ジョブズを相手にじつに多くのことを語っていたことに気づいた。

わたしもすでに紹介した会話で、相手の話に同じように深く集中したことがある。セールスフォースの共同創業者、マーク・ベニオフと初めて会ったときだ。画期的なアイデアを得たいと思っている人へのアドバイスはないかと尋ねると、ベニオフはわたしの目をまっすぐ見て、ひとこと、「聞くことです」とだけいった。そして黙り込み、じっとこちらの反応を待っていた。わたしは次の質問をしかけたが、はっと気づいて、口をつぐみ、聞くことに徹した。おかげでそれからの三〇分間、問う技術について、自分ではきっと尋ねることを思いつかなかったであろうことを聞くことができた。

いざというときに自分の考えをしっかり主張できるよう、討論や弁論のスキルを磨きなさいと、わたしたちは若者によくいっている。しかしそのいっぽうで、異なる意見の人々を一つにまとめるためには、聞くことがたいせつであることはじゅうぶんに強調されていないのではないだろうか。リーグ・オブ・イントラプレナーズの共同創業者マギー・デ・プリーは、学生時代にそのことを身をもって学んだ。ナイキで数カ月間、職業実習をしていたときだ。ナイキのビジネスに改善できる点があることに気づき、部長レベルの幹部陣にその案を発表するチャンスをもらった。「興奮しました」とデ・プリーは振り返る。「一世一代の大チャンスだなんて、思いました。新しく身につけたばかりのビジネススキルを使って、みんなをあっといわせるビジネスの提案をしてみせるんだ、と意気込んでいました」

ナイキは当時、直営店を数百店、運営していたが（現在、その数は一〇〇〇店を超えている）、それらの店舗の照明設備はエネルギー効率のいいものではなかった。デ・プリーはそれらの照明設備をすべて取り替えることを提案した。新しい省エネタイプの照明の設置にかかる費用は、電気代の削減によってすみやかに回収できることも計算していたし、これは持続可能性という世界の大潮流に乗るものであり、収益にもプラスになると思えた。しかし重役たちの反応はよくなかった。「担当者はそのビジネスチャンスをわたしが思っているほどすばらしいものだとは思っていないことが、すぐにわかりました。そもそも、それをビジネスチャンスだと思っていないようでした」。その担当者は、彼女の計算に入っていなかったさまざまな数字をあげた。例えば、照明は店舗のデザインに関わるものであり、へたにそれをいじったら、売り上げに直接響くと説明した。また、ナイキはほかの人気ブランドと同じく、店舗のデザインを頻繁に刷新しており、設置費用の回収期間は五年でも長過ぎるとも述べた。

会議の途中で、デ・プリーは「はっと気づいた」という。「わたしはビジネスの提案をしているのではなく、自分の提案をしていたのだとわかりました。大事なことを聞かずに、自分の見方だけで、何がビジネスに重要かを判断してしまいました」。売り込もうとするのをやめて、聞こうとし始めてみると、自分の提案が誤った問いにもとづいていることがわかった。ナイキにとって、毎日の電気代を数セント節約できるかどうかは重要な問題ではなかった。重役たちの賛同を得るためには、持続可能なビジネスにおいてナイキが主導的な地位を築くにはどうすればいいかを、論じるべきだった。「ナイキは一九七〇年代以来、つねに流行の火つけ役となってきた会社です。流行を追わず、流行を生み出してきました。［中略］ナイキブランドが魅力を保てるかどうかは、それを続けられるかどうかにかかっています」。デ・プリーはこの経験から一生の教訓を得た。変化を起こしたいときには、「相手がものごとをどのように見ているか、どういうことに共感するかを見きわめることで、労を厭わぬ協力を引き出せる」ということだ。そのときに肝心なのは、「じっくりと相手の話に耳を傾けて、相手が何を必要とし、何を優先し、何を動機にしているかを理解すること」だ。[2]

あえて口をつぐむ

マサチューセッツ州の元知事で、現在はベインキャピタルの重役を務めるデバル・パトリックは、「間《ま》の力」を信じている。ふだんの生活や仕事で「知らないことを知らない」ことに気づくために習慣づけていることはあるかと尋ねると、パトリックからは次のような答えが返ってきた。「習慣づけているというほどでもありませんが、一つ注意しているのは、わたしたちはともすると発言と発言の間を埋めなくてはならないと思いがちだということです」。間を埋めようとする衝動をこらえたことで、いい結果が得られたことが、パトリックにはこれまでに何度もあった。「ミスの報告など、上司にいいにくいことをいうとき、途中で一回深く息をするなどして、間を置いてから、話を続けるといいんです」とパトリックはいう。そのようにちょっと間を取ることには「大きな見返り」があるという。

これはすばらしいアドバイスだが、この「間」についての重要な問いがある。間を取っているあいだ、頭の中で何をしているか、だ。次にいう言葉を必死で考えているのか。話に決着をつけられる優れたいい回しをひねり出そうとしているのか。それとも、自分が必要としている決定的な情報は、相手の頭の中に一時的に封じ込められており、それをいかに引き出すかが、今の自分の課題なのだと考えているか。セールスフォースのサイモン・マルカーヒーは後者を心がけてい

ていますと頭の中で唱えるという。「つねに流れているBGMのように、〝話さず、問え、話さず、問え〟と頭の中で唱えています」と。

もめごとの調停役を職業にしているトニー・ピアッツァと、聞くということについて話をしたことがある。ピアッツァは一九八〇年以来、四〇〇〇件以上の争いを和解に導いてきた実績を持つ。彼のオフィスを訪れるのはたいてい、深刻な対立でにっちもさっちもいかなくなってしまった人たちだ。彼の主な仕事は、それらのクライアントたちによって持ち込まれた根本的な問いの枠組みを変えることだという。ほとんどのクライアントは正しいのは自分たちであって、向こうがまちがっていると固く信じ、はげしい怒りに囚われている。まずはそのような状態にあるクライアントの意識を、泥沼化した状況に終止符を打つにはどういう現実的な選択肢があるかという問いへ、向けなくてはいけない。たいていピアッツァはたった一日で、長年の対立に奇跡的な変化を起こしてしまう。

ピアッツァの調停の手腕がいかに見事かについては、一九八九年に初めてその調停を手伝った弁護士クロード・スターンが、次のように話している。

紛争の当事者とその弁護士が全員顔を揃えた話し合いの冒頭で、双方の申し立て内容などについて説明したわたしは、トニーにびっくりさせられました。トニーはわたしがいったことを一言一句たがわず、しかも抑揚や強調までそっくりに繰り返したんです。トニーはそういうことの達人です。そのように説明を繰り返すことは、話をした人、陳述を行った人、その場にいるクライアントに対する直接的な敬意の表明になります。弁護士もクライアントも「この調停人は話をしっかり聞いてくれる」と確信し、トニーに全幅の信頼を寄せます。

弁護士が陳述を終えると、トニーは「あなたを困らせようとか、誹謗しようとかいう意図はまったくありません。すべて純粋な質問です」と断ったうえで、「一、二、三、質問させてください」と切り出します。そして、相手の立場の弱点を突いた質問をします。それはいじわるなものでも、攻撃的なものでもありません。ほんとうに純粋な質問です。その目的はあくまで、弁護士やクライアントに「もう少し、詳しく説明するといい」とか、「いいたいのは、こういうことではないか」とか、やんわりと助言することにあります。

もういっぽうの側の陳述も終わると、トニーはそちらの側に対しても同じ質問をします。ですので、陳述と質問がひととおり済んだときには、双方の弱点が明らかになっているという寸法です。そしてそのことが最終的には話し合いを決着に導きます。両者ともに自分の弱点を相手に知られてしまい、負けるリスクが高まった結果、できるだけ危険は冒したくないという点で双方の利害が一致し、合意に達するというわけです。これがトニーの手法です。

以前、ピアッツァとじかに話す機会があったとき、ピアッツァが話してくれたのは、自分のしていることが仮に奇跡と呼べるものだとしても、それは奇跡の方程式があるからではないということだった。交渉人になるための本やセミナーはたくさんあるし、ピアッツァもそれらの本をひととおり読んではいる。どの本にもたいていい、状況別の基本ツールだとか、戦術だとかが紹介されている。しかしピアッツァにいわせると、そういう教則本で得るのは、益より害のほうが大きい。「相手をAという状態からBという状態へ変えるにはどうすればいいかという発想をしたとたん、どんどんまちがったほうへ道を逸れていってしまうものです」とピアッツァはいう。なぜなら、相手の行動を一般的なパターンに照らして分析しようとすると、相手の考えを尊重し、その声にじっくり耳を傾けずに、「相手をなんらかの型にはめよう」としてしまうからだ。「自分の頭で考えることをおろそかにして、ツールに頼り、それを〝問題状況番号Dの5〟に当てはめようとします。ですが、そのような分析の手順を踏むだけでは、自分をその問題なり、状況なりから切り離してしまうことになります」

ピアッツァがいつも心がけているのは、「隔たりを最小限にすること」だという。なぜなら「隔たりの中で、争いを激化させる衝突が起こる」からだ。しかし、そこで考えられている隔たりとは、紛争者間の隔たりだけではない。調停人も紛争当事者とのあいだの距離をできるだけ縮めなくてはいけない。そのためには、「当事者に寄り添えるよう、意識して、徹底的に自分の先入観を排除する」必要がある。そうすることで初めて、いわばソクラテス式の質問を通じて、思いもよらぬ打開策が見つかる。自分の固定観念にもとづいた質問をしていては、相手から返ってくるのは「こちらの考えのこだま」ばかりになりやすい。ただし、ピアッツァ自身は「それをソクラテス式の問いと呼ぶのは、ソクラテスに失礼な気がします」といっている。

驚きに備える

現在はグラクソ・スミスクラインの研究開発部長を務めている（キャリコやホフマン・ラ・ロシュでも同様の役割を務めた経歴を持つ）、バイオテクノロジーの起業家ハル・バロンも、固定観念にもとづいて相手の話を聞くことを自戒している。「いちばん大事なのは、真剣に聞くことです。真剣に聞くとはどういうことかといえば、頭の中でストーリーを組み立て始めたら、それは真剣に聞いていることになりません。あらゆるストーリーを頭から締め出して、一心に耳を傾けるのが、真剣に聞くということです」。ここで興味深いのは、バロンが「ストーリー」という言葉を使っていることだ。これはわたしたちが定まった物語の形式に則って、次に何が起こるか──つまり自分が何を聞くか──を決めつけてしまいやすいことを暗に指摘している。「相手のいうことを自分のストーリーに合わせるのではなく、相手の話にほんとうに耳を傾ければ、おのずといい質問をすることになります。どういうストーリーかわからないから、いい質問をせざるをえないのです」

バロンがこの問題に関心を持つのは、正しく問うことの威力を何度も目の当たりにし、問う力は意識的に磨くべき能力だと考えているからだ。問いよりも答えを重視する上司のことにわたしが触れると、一概にそのどちらがいいかは決められないとバロンはいった。「それは仕事や、人生の段階や、自分が何をしようとしているかでちがいます」。若いときや新人のときであれば、成功できるかどうかは、個人としてどれだけ活躍できるか、「集団の中でいちばん有能な人間になれるかどうか」に左右される。そこではあらゆる答えがはっきりしており、どうしていいかわからず戸惑う人はあまりいない。そういう段階には「たいていの人が子どもの頃から慣れ親しんでいる」からだ。しかし地位が上がって、ほかの人を率いるとか、大きな影響力を持つとかいう立場になると、「いい問いによって、ほかの人を集団の中でいちばん有能な人間に育てる」ことに意識を向け変えなくてはいけない。ここで戸惑うことになる。「多くの人がこの段階の訓練は受けていない」からだ。「ふつうはそういうことをしている優れたリーダーを見て、〝そうか、あのようにすればいいのか〟と理解します。ですから、まずは手本になるリーダーを探して、観察することです」とバロンはいう。

アウターウォールの元CEOで、現在はスパイスワークスのCOO兼CFOを務めるスコット・ディ・バレリオも、しっかり聞くためには、相手が何をいうかをあらかじめ予想しないことが肝心だと考えている。たえず胸の中で「自分を守るために聞く」のではなく、「相手を理解するために聞く」のだと自分を戒めているという。それは昔、妻から学んだ心得だという。わたしたちは往々にして、相手の考え方に対する先入観だとか、相手の過去の言動だとかに縛られて、相手が伝えようとしていることを正しく理解していない。

人によっては、驚くべきことを聞かされるのを覚悟するというだけではなく、驚くべきことを自分から積極的に聞こうとする。どんどん意見をいうのを相手に促し、手伝ってさえやる。ダニエル・ラマーによれば、シルク・ドゥ・ソレイユの創業者ギー・ラリベルテの資質の中でいちばん感服するのが、そういう部分だという。会議で誰かがとんでもないアイデアを口にすると、ラリベルテはその人物にもっと話すよう求める。「ふつうは制止されそうな発言」に対してだ。ほかの全員が懐疑的な見方を示し、その案を退けようとしても、ラリベルテは譲らず、次のようにいう。「どうぞ、続けてください。わたしもまだ確信があるわけではありませんが、もっと聞かせてください」と。

これと似た話はインフォシスの共同創業者、ナンダン・ニレカニからも聞いた。さまざまな場面で指示を出さなくてはならない立場のニレカニにとって、黙って相手の話に耳を傾ける時間を作ることは容易ではない。「ビジネスリーダーの難題の一つがそこにある」とニレカニは話す。リーダーはたえず「何をするべきかをいう」ことを求められるからだ。しかしだからこそ、聞くスキルを意識して磨くことがなおさら重要になる。ニレカニは人と直接顔を合わせて話すときには、言葉以外のシグナルを特に注意して読み取るようにしている。どんな会話からも必ずなんらかの有益な情報が得られるという楽観的な確信がニレカニにはある。「どんな会話でも、役に立たない話が多いと思える会話であっても、気をつけて聞けば、必ず何かしら、相手の話から得るものはあります」という。それを得損ねたら、相手も自分も貴重な時間をむだにすることになる。

仕事でも私生活でも、自分から驚くことを聞こうとしなければ、いずれ不意に驚くことを聞かされることになる。見えない未来に手遅れになる前に備えるには、ふだんから意識してそういうことに耳を傾けるのが、最善の方法だ。

話しかけやすい人間になる

わたしは聞くことについてのインタビューでは最後に、人から話を聞くという行為のいちばん最初の部分について尋ねることにしている。それはそもそも話を聞く機会を増やすためには、人から「話しかけやすい」と思われなくてはならないということだ。話しかけやすさは自分で気づかないうちに損ねていることがある。わかりやすいのは、電子機器の例だ。近くの人から話しかけられれば応じられる状況にあるとき、もしスマートフォンを取り出して、画面をタップしたり、あるいはイヤフォンを耳に入れて、目を閉じたりしたら、みずから無数の出会いを拒んで、「知らないことを知らない」ことを学べたかもしれない機会を逸する。

その気になりさえすれば、いろいろな方法で話しかけやすさは高められる。ニック・ベイトンはASOSに加わったとき、ファッション企業に入れたことを喜んだ。昔からおしゃれをするのが好きだったからだ。自宅のワードローブには、美しく仕立てられたオーダーメードのスーツと上品なネクタイのコレクションが揃っていた。とはいえASOSはそういうファッションではなく、ストリートファッションを手がける会社だった。従業員の大多数を占めるミレニアル世代はみんな、弁護士風ではなく、ヒップホップミュージシャン風の服を着ていた。ベイトンはすぐに自分のワードローブを整理したという。特別なときに着るスーツを何着か残し、「あとはすべてイーベイで売り払った」。そのような服を着ていたら、社内で浮いてしまい、無言でコミュニケーションを拒絶することになると考えたからだ。

リオ・ディブも、話しかけやすさには「服装から、表情、しぐさ、話し方、人の扱い方まで、自分のすることのすべて」が関係するといい、次のように指摘している。「〝話しかけやすさ〟という言葉を持ち出したら、もうだめなんですよ。話しかけやすさは、自分のあらゆる行為の中に備わっているものなのですから、話しかけやすい人間になるという発想はまちがっています。話しかけやすい人は、その人のままで、話しかけやすい人なんです」

同じような考えは、米陸軍の元大将スタンリー・マクリスタルからも聞いた。マクリスタルは大将になる以前、一部から傲慢という批判を浴びた。部屋に入ってきても、めったに人と話をしようとせず、とりわけ同僚とはほとんど口をきこうとしないといわれた。本人も——内向的な性格だとみずからいい——パーティのような場はとても苦手で、つい黙り込んでしまいがちであることを認めている。それでもこのきびしい批判をきっかけに、マクリスタルは自分の振る舞いが周りに悪い印象を与えやすいことに注意するようになった。

今も大昔に浴びたその批判を忘れず、マクリスタルは相手とのあいだの壁を取り除くことをいつも心がけている。例えば、執務室に人が来たときは、机を離れて、相手といっしょに別の隅にある椅子に座るという。ほかのリーダーたちも、携帯電話の電源を切るとか、重役室から頻繁に外に出るとかによって、同様のことをしている。そのようなちょっとした行為によって、真剣に話を聞くつもりがあるというメッセージが送られ、周りの誰もが自分の考えを述べやすくなる。新しいアイデアを生み出す土台になるのは、そういう気遣いの行為だ。

能動的に受動的なデータを探す

正しい問いについて考える小規模ながら活気のある会合が、二〇一七年にMITリーダーシップ・センターの主催で開かれた。その会合で、クレイトン・クリステンセンが破壊的なチャンス――正しい問いによって示されるチャンス――にいち早く気づくには、「受動的なデータを能動的に探す」ことが必要だと述べた。クリステンセンによれば「受動的なデータ」とは、「目立たず、体系化されておらず、支持もされず、利用もされていない」が必要な情報だという。つまり、すでに誰かが重要だと判断し、体系化されていることにより、向こうから勝手にこちらの耳に届く情報ではないということだ。「それは解釈されていないありのままの状況としてそこにある。つねにそこにあるが、みずからここにあるとはいってくれない」。したがってそれを探すかどうか、それに出くわすかどうか、それを自分のものにするかどうかは、自分しだいだ。

例えば、あなたが野心的な起業家だとしよう。あるいは新商品の開発を手がけているとしよう。あなたは今までになかった画期的なものを生み出したいと考えるだろう。しかし、まだ存在していないものの必要性をどう見きわめたらいいのか。消費されていないのだから、関連する統計データはもちろんない。市場調査の手法をどれだけ精密にしても、今はまだない必需品は何か、人々がそれを買うのにいくら払ってくれるかは、なかなか明らかにならないだろう。しかし、自分の周りや、自分に探ることができるほかの場所には、「受動的なデータ」が豊富にあることを知っていれば、そこに向けてアンテナを張れる。そうすると、顧客が不当なトレードオフに不満を持っていることに気づけるかもしれないし、ほかの業界で使われているテクノロジーが自分の業界に取り入れられることがわかるかもしれない。「受動的なデータはみずからここにあるといってくれません。こちらが手がかりを集めて、探し出さなくてはなりません」とクリステンセンはいう。わかりやすくまとめられた分析結果が届くのを座して待つのではなく、現実の複雑に入り組んだ文脈を自分で読み解こうとすることで、従来とはちがった視点の問いを思いつくことができ、ひいては人々に必要とされている画期的なソリューションを生み出すことができる。[3]

わたしはこのクリステンセンの発表を聞いて、ピーター・ドラッカーの次の名言を思い出した。「革新的機会は嵐とともにではなく、そよ風とともに訪れる」。またもう一つ気づいたのは、よく聞くとは、人の話を聞くことだけに限られるものではないことだ。「黙る」という技術を磨くことには、単に会話で聞き手に回るという以上のことが含まれる。もっと広い意味での「受信モード」に頭を切り替えて、雑音にかき消されてしまいやすいあらゆるタイプの弱い信号を聞き取ることがたいせつだ。心理学者エレン・ランガーが提唱しているいわゆるマインドフルネスのポイントもそこにある。[4] 簡単にいえばマインドフルネスとは、ふだんの生活では後景に置かれ、あまり意識されていないものに、しばし意識的に注意を向けるということだ。

MITのわたしの同僚である心理学者エド・シャインも、マインドフルネスを「マントラや瞑想よりもはるかに効果がある」と高く評しているひとりだ。シャインはときどき関節炎の痛みが出るというある人物のケースについて、ランガーと話したときのことを振り返っている。その人物が関節炎を意識するのは、痛みが出るときだった。なぜなら痛みはふだんはないものだからだ。しかしランガーは次のような問いを発した。「痛みがないときはどうなのか。痛みがないとき、関節炎はどうなっているのか」。シャインはこの問いに目を開かされた。なぜなら「自分に起こっていることの四分の三ぐらいは、自分に関係のあるものとして扱われないせいで、意識から消し去られている」ことに気づいたからだ。マインドフルネスとは、ふだん意識していないものに注意を向けること、つまり、当たり前に思っていること、遠い昔に問うのをやめてしまったことに注意を向けることを意味する。要するに、ぼんやりしないということだ。

黙って考える時間を作る

ひとりきりになって深く考える時間を作るのもたいせつだ。それはつまり、自分自身の考えに耳を傾けることを意味する。先日、わたしは「考えにふけっているのを見つかった」と話す、あるヨーロッパの小売り企業の経営幹部を気の毒に感じたことがあった。それは絵に描いたように典型的なオフィスの一コマだった。彼女は自室の椅子に深々ともたれて、窓の外を眺めながら、戦略上の課題を真剣に考えていた。そのときたまたま上司であるCEOがそこを通りかかって、「何もしていない」彼女の姿が目に入った。CEOはドアから顔をのぞかせて、尋ねた。「何をしているんだ?」。深く考えにふけっていた彼女は、その声に飛び上がるほど驚き、とっさに「考えています」とだけ答えた。CEOがその次にいった言葉――「で、仕事にはいつ取りかかるんだ?」――は、このCEOに率いられている会社がどういうタイプの会社であるかを雄弁に物語っている。わたしは思わず首を振って、「まさか!」と叫んだ。しかし彼女はあきらめたようにいった。「いいえ、そのまさかです。そのときも、今も、変わっていません」

もう何十年も前、リーダーシップ論の権威であるマギル大学のヘンリー・ミンツバーグが、CEOたちの日々の仕事のパターンを調べたことがあった。それによると、CEOが勤務中、一つのタスクに費やす時間は平均で九分だった。驚くべきことに、経営のトップが平均でわずか九分しか一つのことに時間をかけず、次から次へと仕事をこなしていた。[5] では、いっきに時間を二〇一七年まで早送りしよう。ハーバード・ビジネス・スクールの研究者が六カ国、一一一四人のCEOを対象に行った調査によると、その時間はさらに短くなっている。わずか五・三分だ。[6] いっぽう、もっと下の層でも、より短い時間でより多くのことをするよう求められ、仕事のペースは速まっているようだ。つまりほとんどの組織でトップから末端まで、どの地位にあっても、徹底的に考えるということがどんどんしにくくなっている。

　創造的な問いを立てるのが得意な人の特徴は、そんな中でもうまく時間を作って、頭から余計なことを追い払い、未解決の問題をじっくり考えられることにある。それもたいていはひとりきりの場所でそうする。わたしは受講生や会合の参加者たちにいつも、「最高のアイデアを思いつくとき、あなたはどこにいますか」という質問をしている。するとほぼ決まって、飛行機に乗っているときとか、自転車で走っているときとか、シャワーを浴びているときとか、考えることを妨げられない場所にいるときという答えが返ってくる。以前、家族でフランスに住んでいたとき、わたしたちの家には「ラ・ソリチュード（孤独）」という名がかつての持ち主によってつけられていた。そこは森の端に位置していて、まさにひとりで静かにものを考えるのに打ってつけの場所だった。たとえ、家族などほかの人間が周りにいてもだ。泊まりに来た人はたいてい、仕事や人生について深く考えることができたと、感想を述べた。

毎日読む、深く読む

大学院時代の恩師ボナー・リッチー先生——わたしの知る中ではまちがいなく世界一の問い手——に、どのようにものごとをちがう視点から見る能力を鍛えているのかと尋ねると、「読書です」というシンプルな答えが返ってきた。沈思黙考し、情報を取り入れることに集中する方法として、読書ほど、実績のある確かな方法はないだろう。そのように読書を活用している人は少なくない。例えば、ピエール・オミダイアや、VMウェアの共同創業者、ダイアン・グリーンなどがそうだ。エド・キャットマルは歴史書の古典から最新の脳科学の本まで、特にノンフィクションをよく読んでいる。そのような本を読むと、ふだんは触れない情報に触れられ、問題の解決策について新しい考えが浮かぶことがあるという。

読むことの長所についてはもう少し詳しく述べておきたい。その多くは文章という表現形式そのものに関わるものであるいっぽう、読む人の考え方に関わる長所もある。まず形式についていうと、アイデアは一般に、きちんとした文章にすることで、ただ口で述べるだけのときよりも整理され、明確になる。文章というのは、あいまいな部分をできるだけ残さずに大量の情報を伝えられる効果的な手段だ。アマゾンの経営陣が行動提案に関しては、箇条書きの項目がずらりと並ぶスライドによるプレゼンではなく、文章による説明にこだわっているのも、きっとそれゆえだろう。アマゾンの社員は自社の文化について語るとき、「書くことと読むことが基本」ということをよく口にする。

優れた文章にはまた、その文章で答えようとしている問いがはっきりと記されていることも多い。作家はしばしばこれから論じようとする問いを明らかにし、それがなぜ正しい問いであるか――従来の問いとはちがうものであっても――を示す（第1章で紹介したマルコム・グラッドウェルの文章がまさにその例だ）。そうすることで本書で説明している触媒的な性質が文章に備わるからだ。興味深い問いが記されていると、読者はそれに引きつけられて、探求を始める。

読み手の側から見るとき、もう一つ同様に重要なのは、読書では第三者の立場でものを学べるということだ。また即座に返答する必要はないので、大胆な意見であっても、落ち着いて受け止めやすいし、必要であれば、あとで時間をかけてゆっくり検討できる。書かれている内容に腹が立ったら、興奮が冷めるのを待てばいい。内容がわからなかったら、再読したり、ほかの文献で調べたりできる。読書で得られるものの多くは、ドキュメンタリー番組を観たり、セミナーを受講したりすることでも得られる。しかし、費やされる時間の長さや、求められる集中の度合いを考えるなら、内容とより深く向き合うことができるのは読書のほうだろう。読書は新しい問いとのめぐり会い方として、外向的なものではないかもしれない。しかし、いかに生産的なひとりきりの時間を作るかという課題は読書によって解決できる。[7] そのような沈思黙考の時間は、インテュイットの共同創業者、スコット・クックのモットー「驚きを堪能する」を実践するのに打ってつけだ。そういう時間にこそ、まったく新しい問い（と答え）は浮かび上がってくるからだ。

心と頭を空っぽにする

「黙る」手法の三つめは瞑想だ。マーク・ベニオフ、モーリーン・シケ、レイ・ダリオ、オプラ・ウィンフリーをはじめ、数多くの人が支持している。エド・キャットマルは毎朝、起きるとすぐに約一時間、瞑想を行っている。その熱心さは、仏教哲学を学んだり、「沈黙瞑想リトリート」に参加したりするほどだ。「聖なる沈黙」を体験するその一〇日間のリトリートでは、参加者たちが長時間、指導者の指示に従って、内面に意識を向ける。呼吸に集中することから始めて、意識を研ぎ澄ましていくと、やがて忘れていた感覚に気づけるようになる。なぜそんなことをするのか。仏教でよく説かれているように、その狙いは執着を捨てることにある。執着は知らないうちに苦しみや行き詰まりの原因になっているからだ。自分を律して、静けさにじっと動かずに浸るという体験をすると、内面の最も奥深いレベルで重要なこととは何かを考えさせられると、参加者たちはいう。

瞑想には創造的な思考が引き出されやすい習慣を築く効果もある。ディズニー・アニメーションの制作担当副社長、アン・ル・キャムがキャットマルについてこんなことを話している。「エドがディズニー・アニメーションに初めて来たときのことはよく覚えています。エドはここでの業務の流れについての説明を聞きながら、たえず〝なぜそういうやり方をするのか〟と質問しました。質問をしたあとは、ぴたりと口をつぐんで、何もいいません。じっと座ったまま、相手を見つめています。すると相手が話し始め、空白をすべて埋めようとし始めます」。質問をされたときも、キャットマルは思いつきで答えず、しばし黙って、深く理解しようとする。ふつうの会話とはずいぶんテンポがちがうので、相手は初めはいくらか戸惑うが、やがて「ほんとうに深く掘り下げて考えようとしているのが感じられ」、心を打たれる。あるピクサーのアニメーターはそれを「いわば瞑想式の受け答え」だといっている。

　キャットマルのほかにも、クリエイティブな企業を率いるリーダーの中には、瞑想の力を実感している人が多い。マーク・ベニオフも毎日、瞑想を行っている。頭の中の雑音を消し去って、世界の変化の微弱な信号を聞き取れるようにすることがその目的だ。ベニオフの瞑想は、「感謝の念」から始まり、まずは感謝すべきことに思いをはせる。次に「許す心」に進み、いらいらさせられたり、落胆させられたりしたことを頭から追い出す。さらに胸の内の心配事を一つ一つ取り出して、それらも意識的に忘れる。そのようにして思考力を消耗させていた雑念をすべて取り去ると、思考が新しい認識やアイデアに開かれた状態になる。ふだんは雑音にかき消されてしまっている信号が聞き取れるようになる。瞑想というと、生理学的な効果がよく知られている。例えば、血圧や心拍数を下げる効果があることが研究で示されている。しかし新しい問いや洞察のための心の余裕を生み出すことによって、創造的な思考力を高められることも、数々の事例からまたまちがいないようだ。

静寂の音

この章では創造的な人たちが家庭や会社で実践している三つのこと——積極的に自分のまちがいを認める、不快な場に身を置く、黙って熟考する——のうち、三つめを取り上げた。いわば「静寂の音」に耳を澄ますことだ。多くの人にとって、三つの中でこれがいちばんむずかしい。[8]「送信モード」ではなく「受信モード」に徹するというのは、なかなか自然にできることではない。とりわけエネルギッシュな人にとってはそうだ。したがって意識的、継続的、積極的にそう心がける必要がある。そうして初めて、触媒的な問いが引き出されやすくなる。

あることが正しいと決めてかかり、けっして問おうとしない人ほど、多弁だ。しゃべるばかりで聞かず、さらなるインプットを求めない。逆に、問う人は、情報の「送信」よりも「受信」を努めて強化しようとする。個人的にそうすることもあれば、グループの一員やリーダーとしてグループをそのように導こうとすることもある。前者の場合であれば、瞑想や、聞くスキルのトレーニングなどがその手段になり、後者の場合であれば、業務手順に工夫を凝らしたり、新しい基準を設けたりすることでみんなの「受信」力を高められる。

成功を収めている個人やチーム、あるいは組織は、まずは創造的な思考を引き出せる環境を意

静かに人々を待つ（エルサレム）。

識的に築いている。環境という「背景」の構図が決まったら、写真と同じであとは待てばいい。じりじりはするかもしれないが、やがて価値のある洞察が得られることを確信して、待つことができる。何より重要なのは、目を見張るものがついに視界の中に現れたとき、それら——取り込む価値があり、背景にぴったり合うもの——をはっきりとありのままに見て取れということだ。成功する個人やチームや組織はそういうことをしている。

それはつまり構図を決め、待つということだ。

静かに船を待つ（パリ、セーヌ川）。

静かに大荒れの波を待つ（ボストン、ノースショア[9]）。

第7章　どのようにエネルギーを振り向けるか？

ほんとうに社会の役に立てるのは、問いやアイデアを現実の形にできる人だ。

――マイケル・ホーリー

二〇〇二年のある日、当時プライベート・エクイティ・ファンドの財務担当重役だったローズ・マーカリオは、リムジンでニューヨーク市内を移動中、渋滞に巻き込まれた。ニューヨークに来たのは、新たな投資ラウンドの資金調達が目的だった。やがてのろのろと進んでいたリムジンが止まった。マーカリオの口から、いらだちのため息が漏れた。窓の外に目をやると、原因がわかった。「見るからに精神疾患を抱えた人物が、道路を横断しようとしているせいだった。［中略］その人物は道路の真ん中で、ぐずぐずしていた」。自分の母親が統合失調症だったマーカリオはそれを見て、すぐにぴんときた。しかし時間が刻々と過ぎるにつれ、しだいに我慢できなくなってきた。この人物のせいで「待たされている。こんなに急いでいるときに」という思いが募った。そのときふと「窓に映った自分の顔が目に入った」。怒りでこわばった自分の顔を見ると、とっさにドライバーに車を道路脇に停めさせ、車から降りた。「そのままセントラルパークまで歩いて、緑のある場所に行き、わが身を振り返った。今のわたしはこんな人間なの？　成功するとはこういうことなの？[1]」

これはまさに触媒的な問いになりうる問いだ。そこにはすべてを一変させる力が秘められている。しかしわたしたちはこのような体験――呆然としたり、自分を高められる可能性に気づいたりする体験――をしても、結局、何も変わらないことが多い。ほかのことに注意を逸らされたり、変化に伴う犠牲や苦労に恐れをなしたりして、気分はいつしか冷めてしまう。マーカリオはちがった。彼女は実際にその仕事を辞めた。そして、悔いのない一生を送るためには何を仕事にしたらいいのかを、時間をかけて真剣に考えた。その結果、職種を大きく変えることにし、最終的には、持続可能性に力を入れている企業、パタゴニアから最高財務責任者への就任を要請されると、それに応じた。五年後にはＣＥＯに就任し、現在に至っている。

ローズ・マーカリオは何がちがったのか。簡単にいえば、その体験をきっかけに、意欲をかき立てられることを見つけ、そのエネルギーを行動に振り向けたということだ。マーカリオは新しいことを思いついたとき、思いついただけでやめなかった。それを新しい現実に変えるところまでやり抜いた。そうすることで初めて、問いに秘められていた潜在的な力を存分に生かすことができた。

個人のことであれ、社会全体のことであれ、変革を起こそうとするときには、正しい問いを立てることが決定的に重要になる。科学革命の歴史を描いた『独創的な探求』の著者リサ・ジャーディンは次のようにいっている。「どんな分野でも、進歩の前には必ず、大胆な発想の転換が見られる。その発想の転換のすばらしさがその分野の人々に認められると、今度はその発想の転換に刺激されて、それらの人々がさらなる行動へ駆り立てられる」[2]。ただしこの引用文でも示唆されているとおり、問いは始まりに過ぎない。問いによって答えの扉は開かれるが、答えにたどり着くためにはそこからさらに別の努力をしなくてはいけないし、その答えを実行するためにはそのまたさらに別の努力を要する。

触媒的な問いは、自由な発想を妨げている固定観念を取り除き、エネルギーを別の経路に送り込む。しかしそこから具体的な成果を上げるためには、そのエネルギーをさらに変化のエンジンにつなげなくてはいけない。エネルギーを管理し、維持する必要もある。創造的な活動や自己変革においては問いや問い手が大きな貢献をしているはずなのに、その貢献の大きさがなかなか理解されにくい理由は、そこにあるのだとわたしは思う。実際に変化を起こす人ひとりに対し、思いつくままにべらべらとしゃべる人は何十人もいる。視点を変える問いを提起しながら、それを掘り下げたり、答えを見つけようとしたりしない人はどこにでもいる。それらの人はいったことを実行しないせいで、問いをまったく口にしない場合よりも、周りのみんなを落胆させてしまう。それればかりか、場合によっては、問いによって計画に遅れを生じさせたり、ほかの人の時間をむだにしたりしていることもある。

この章では、問いのよさを知らしめるような成果を上げている人、つまり問いのエネルギーをうまく利用して、問いから洞察を生み出し、さらに洞察を変化へと結びつけている人から学べることを紹介していきたい。

問いを拡大させる

この章の冒頭でローズ・マーカリオの話を紹介したのは、一つにはこの章を書くにあたって、パタゴニアのことが頭に浮かんだからでもあった。ちょうど少し前に、パタゴニアの歴史について、同社の人から話を聞いたところだった。その歴史は、物質主義の世界に背を向けたサーファーでロッククライマーだったイヴォン・シュイナードが、思いがけず実業家になったときに始まる。実業家となった彼の胸に浮かんだのは次の問いだった。魂を売り渡さずに生計を立てるにはどうすればいいか。

シュイナードはこの問いに強く心を捉えられ、それから何年ものあいだ、その答えを探り続けた。やがてどうすれば自分の信条とビジネスとのあいだに折り合いをつけられるかを見出し、それらの緊張関係は耐えられないものではなくなった。しかし自分が創業した会社が成長するにつれ、第二の問いが浮かび上がってきた。それは、そのような緊張関係を気にするリーダーはどういう会社を築けばいいのか、という問いだ。この問いについての考えがどのように深まっていったかは、二〇〇五年に刊行された著書『社員をサーフィンに行かせよう』に詳しく書かれている。

シュイナードが本を著したのは、ベストセラーリストに名を連ねたかったわけではなく、執筆を通じて、自分が本気で信じているのは何かを理解し、それを言葉にしたかったからだ。[3]

この頃には同時に、さらに大きな緊張関係が生じ、それとも向き合わなければならなくなっていた。シュイナードの会社はもともとアウトドアライフに対する自身の愛にもとづいて創業された会社だった。それが急速な生産や流通の拡大に伴って、環境を破壊していいのか。環境への影響を最小限に抑えるにはどうすればいいのか。パタゴニアはこの問いに奮起し、それから何年もかけて、オーガニック素材への移行というむずかしい取り組みを大きく進展させた。

その後、パタゴニアの野心（と問い）は次のように拡大した。地球への悪影響を減らすだけに留まらず、地球への悪影響を実質的にゼロにするにはどうしたらいいか。それも、環境だけではなく、社会への悪影響も出ないようにするには、どうしたらいいか。さらには環境によい影響を与えるにはどうすればいいか。そこまで来ると、経済的な繁栄のためには代償を払わなくてはならないという社会の通念に対しても、問いを投げかけることになった。

とはいえ、パタゴニアはアパレル業界の大手企業と比べたら、まだまだ小さく、巨大産業の中では脇役だった。自分たちが身を正すだけで満足していていいのか。社内では、自社と反対方向に進んでいる世界のアパレル業界に変化を起こすには、自分たちは何をすればいいのかという問いが口にされ始めた。直接的な競合関係にある他社にも環境に配慮させるにはどうしたらいいのか。これはパタゴニアの古参の社員にすら、いくらか度を越しているように感じられた。消費者のあいだでパタゴニアは持続可能性に力を入れているところがほかの企業とはちがうと認知されていたからだ。当然、社内には次のような心配をする者がいた。「もし他社に追随されたら、競争上の強みを一つ失うのではないか」

パタゴニアの歴史の中でこの話がわたしにはいちばん興味深かった。その問いは社内でさらに次のようにひっくり返された。「もし他社が追随しなかったら？」。「もしわれわれが本気で環境を守りたいのなら、他社にまねされることはむしろ歓迎すべきではないだろうか。それどころか、パタゴニアには環境対策についてのノウハウを公開する義務があるのではないか。われわれと同じことをしようとする企業を積極的に助けるべきではないのか」

ローズ・マーカリオがパタゴニアに加わったのはちょうどこの頃だった。パタゴニアのそれらの問いはマーカリオには、次の四半期の損益にばかり注目する証券業界の問い、彼女の言葉を借りれば「一株当たり当期利益という鎖を首に巻かれた」業界の問いよりも、はるかに自分の信条と一致し、意義深いものに思えた。こうしてマーカリオがパタゴニアへの加入を決めたことに示されているとおり、企業が問う姿勢を持つことには、問題を解決できる優秀な人材を引きつけるという利点もある。マーカリオは今、ＣＥＯとしてそういう問う姿勢を推し進め、問いをさらに次のように拡大させている。「他社にまねされないことが不快に感じられるようにするにはどうしたらいいか」

このようなパタゴニアでは当然、社員たちは今も、あの最初の触媒的な問いの答えを熱心に探求している。魂を売り渡さずに生計を立てるにはどうすればいいか。これはいつまでもわたしたちを刺激し続ける永遠の問いだ。多くの幹部社員との会話を文字に書き起こしたものを読み直していて、わたしはあることに気づいた。それはなんらかの一つの習慣とか、創造力を高める訓練とかによって、問いの意欲がかき立てられ、維持されているわけではないということだ。そうではなく、核となる文化的な価値観とそれにもとづいた行動によって、問い（と答え）の活発さは保たれている。

例えば、そのことはパタゴニアの人事とシェアードサービスの統括担当副社長を務めるディーン・カーターとの会話からはっきりとわかった。わたしはカーターから、パタゴニアが他社に先駆けて、従業員の年次査定で相対評価をやめたときのことについて教えてもらった。今では相対評価をやめるのが企業のトレンドのようになっているが、パタゴニアではそれは業績管理で何をめざすべきかという問いを深く考えた結果だったという。

カーターの話でわたしが何より感銘を受けたのは、「本社内に託児所を設ける」というやはり従業員のことを考えたまた別の決定についての説明だった。それはふつう「当たり前」の決定とはいえないだろう。現に、託児所を設けている企業はいまだにきわめて少ない。ところが、カーターによると、パタゴニアではそれは誰からも「当たり前」の決定と受け止められたという。カーターは二〇一五年にパタゴニアに加わる以前も他社で人事の仕事をしており、従業員の勤怠の問題に詳しかった。ギャラップ社が毎年行っている米国の労働者の勤怠に関する調査には、由々しい実態が示されている。二〇一五年の調査では、「仕事に熱心に励んでいる」と答えた人が三分の一以下に留まるいっぽう、「熱心に励んでいない」と答えた人は五一パーセントにのぼった。さらに「積極的に仕事を避けている」と答えた人も一七パーセントいた。カーターはこのような事態を改善するため、どこの企業に勤めていたときも、人事部門のトップとともに「従業員が仕事にもっとやりがいを感じられるようにするにはどうしたらいいか」という問いに取り組んでいた。

パタゴニアに勤め始めて数年経ったとき、カーターはその問題をはじめ、人事の問題について、自分がそれまで「情けないほど」狭い範囲でしか考えていなかったことに気づかされたという。ちょうどそのとき廊下を、ひとりの従業員がベビーカーを押して歩いてきた。カーターはそれを見て、いった。「自分を情けなく感じた大きな理由は、あの小さなベビーカーです。二〇年も人事の仕事をしていながら、勤怠や男女平等の問題の単純な解決策がこんなに身近にあるとは、それまで思いもよりませんでした」。社内託児所の問いをそれらの問題の枠組みの中に置いてみれば、「答えは簡単に出たんです」とカーター。「それがわかっていれば、もっと昔から託児所の設置を呼びかけていましたよ！」

わたしは長年、企業の内部を見ているが、パタゴニアは真実を追究している会社だと断言できる。社員は社内外を問わず、「徹底的な透明性」を大事にしている。その徹底ぶりは、エクストリームスポーツを思わせるほど過激なレベルだ。パタゴニアは問題を解決しよう、真実を探そう、主体的に行動しよう、他者を気遣おう、変化を起こそうという姿勢の人々を採用している。そして採用後は、長期的な利益や目的や努力には短期的なコストがかかることを承知のうえで、それらの情熱家たちを全力でバックアップする。そういうコストにはまったく頓着しない。

ローズ・マーカリオに話を戻そう。素材開発部門のシニア・ディレクターを務めるマット・ドワイヤに聞いた話から察するに、マーカリオは今後も、ぬかりなくこういうことをすべて続けていくだろう。経験豊富な科学者で、手法でも、撥水生地などの素材でも、従来からあるものはなんでもまずは疑ってかかるドワイヤは、次のように話している。「ローズはわたしが知っているリーダーの中で誰よりも、不快な質問をすることに長けています。納得できる答えが返ってこなければ、容赦なく指摘もします」

変ないい方になりますが、とても感じのよい尋ね方で、なおかつ不快な質問をするんです。そうとしか表現できません。わたしはここへ来てからずっと、それをまねようと努力していて、いつもそういう質問をしようとするのですが、どうしても回りくどくなってしまいます。わたしが質問を二、三回、重ねなくてはいけないところを、ローズは一つの質問で済ませます。不快な質問をし、問題の根を掘り起こし、次に進みます。解決できれば解決し、解決できなければ、次のようにいうだけです。「この失敗にはもう処置の施しようがないわね。これはここでやめておきましょう」。そういう部分はとてもてきぱきとしていて、迷いがありません。

パタゴニアでは、最初の問いによって放出されたエネルギーは、その問いによって示唆されるさらに大きな次の問いを探すことに振り向けられている。問いを手がかり、足がかりにして新しい高みへとのぼり続けているのだ。

問いを絞り込む

いっぽう、ハイアット・ホテルの近年の成功は、大きな抽象的な問いから出発して、それを掘り下げていき、その問いによって生まれたエネルギーをどこに集中させるべきかを見きわめることでもたらされたものといえる。漠然とした大きな問いは、次のようなところから始まった。「ホテル経営では、運営効率のことばかりが考えられやすい。しかし、もっと顧客の体験という観点から考えてみるべきではないのか」。だとすると、「われわれは何を見落としているか」。二〇一一年、ハイアットは「デザイン思考」の信奉者であるジェフ・セメンチュクを最高イノベーション責任者に任命した。

最初に行われたのは、クレイトン・クリステンセンであれば「積極的に受動的なデータを探す」と呼びそうなことだった。もちろん、ハイアットには膨大な「能動的な」データの蓄積がある。つまり、世界各地のホテルの業務や顧客接点で収拾され、分析されたデータだ。しかしそれらの能動的なデータには、過去に立てられた問いしか反映されていない。ハイアットの顧客層に著しい変化が生じていることはそれらのデータからはわからなかった。セメンチュクは次のように説明している。「宿泊客の三七パーセントが女性で占められていること、その数字が全体の宿泊客数が変わらない中でさらに上昇していることに気づきました。わたしたちはこのことにそれまでまったく注意を払っていませんでした。これが次の問いと真剣に向き合うきっかけになりました。〝女性客のニーズに応えられていないことはあるか、もしあるなら、それは何か、それにどう取り組めばいいか〟」

こうしてセメンチュクが始めた女性客への対応を改善する試みは、「ハイアット思考」――ハイアット版のデザイン思考――からいかにすばらしいアイデアが生まれるかを示す好例となった。[4]ハイアット思考は徹底的に「聞いて、学ぶ」ことから始まる。セメンチュクのチームは女性客の声を聞くことから始めた。その多くはシングルルームを利用しているビジネスウーマンたちだ。ここに来るまでの移動中にどういうことがあったか？　ホテルに到着したとき、うれしかったことは何か？　がっかりしたことは何か？　セメンチュクによると、このように「ある分野のことを重点的に調べながら、答えを出さずにいるというのは、多くの者にとっては慣れないことで、かなりたいへん」だった。しかしまずは「ひたすら問う」ことから始めるのがハイアット思考だ。ハイアット思考にはそのほかに、ニーズの特定、ブレインストーミング、プロトタイプ作り、検証という段階があるが、この最初の段階では、顧客と向き合い、徹底的に受動的なデータが集められた。それによってそのあとの段階に備え、問いが磨かれた。

次の「ニーズの特定」の段階では、聞き取り調査の結果を分析して、大きなテーマになることを探した。女性客の声で特に目立ったのは、次の二点だった。一点は、ひとりで宿泊していると、ホテルの部屋に閉じ込められている気分になりやすいということ。女性客はひとりで外食するのは恥ずかしいとか、ひとりで界隈を見て回るのを怖いとか感じていることが多かった。その結果、男性に比べ、部屋に閉じこもっている時間が長かった。これがホテルの滞在を寂しく感じさせるものにしていた。しかもホテルの客室は男性客を想定してデザインされていたので、なおさら室内にひとりでいるのは、女性客には退屈に感じられた。もう一点は、出張にはたいていの場合、同僚といっしょに来ているということと関係するものだった。仕事のことで同僚と連絡を取らなくてはいけないことはしばしばあるが、同僚の部屋を訪ねて、そこで話し合うのは気が引けるという女性客が多かった。これらのことから女性客の少なくとも二つの大きなニーズがはっきりした。恥ずかしさや怖さを感じずに、もっと部屋の外に出たいということと、思いついたときに使えるミーティングの場所が欲しいということだ。

ニーズを特定したら、次はいよいよ解決策を考える段階だ。ブレインストーミングを行うことになったが、そこで一つの問いにぶつかった。誰を参加させるべきかという問いだ。セメンチュクはいう。「チェックイン時の対応やフロント業務をどう改善するかを考えるのなら、ふつう集められるのは、フロント係だけです。ですが、わたしたちのあいだから、こんな声が上がりました。〝清掃係も呼ぶべきではないか。財務の責任者もいるといいのではないか。いや、ウェイターにも声をかけるべきだ。［中略］外部の人間も必要ではないか。別の業界で似た業務を手がけている人を招いてはどうか〟。ブレインストーミングでは、できるだけさまざまな視点の意見を得られるように努めています。そうすることでアイデアの豊かさが増すからです」

ブレインストーミングの次は、そこで出されたいちばん有望なアイデアのプロトタイプを作った。いちばん有望な案はどれか。それを見つけるのにもやはりいくつもの問いを立てるのが役に立ったと、セメンチュクは話す。「いちばん手軽に実行できるのはどれか。いちばんむずかしいのはどれか。いちばん大きな変化をもたらすのはどれか。いちばん儲かるのはどれか。そのようにありとあらゆる基準にもとづいて、いくつかの案を選び、プロトタイプ作りに取りかかりました」

プロトタイプ作りの目的は、デザイン思考や低予算起業の信奉者によって実践されているように、「ローファイ」のソリューションを使って、実際の顧客からフィードバックを数多くもらうことで、品質を高めることにある。ハイアットではこれをそのまま行うのには問題があった。実際の宿泊客に不完全なものを提供して、支障はないのか。顧客体験やブランドイメージが損なわれるリスクには、どう対処したらいいのか。セメンチュクは「エスケープ・バー」の最初のプロトタイプを、実験場として選んだハイアット・リージェンシー・オヘアで試したときのことを話している。ハイアット・リージェンシー・オヘアの経営陣はセメンチュクたちからその案を聞かされると、興味を示したが、建築士と五万ドルの予算を必要とする三カ月のプロジェクトになるだろうと考えた。「そこでわたしたちは、こういいました。〝いえ、今すぐ収納庫へ行って、そこにある家具の中から適当なのを選び出し、それでさっそく始めましょう〟と。彼らは不服のようでしたが、数日後には、エスケープ・バーを開くことができ、すぐにお客様でにぎわい始めました」。経営陣の不安も、セメンチュクのイノベーションチームが客に直接説明することでやわらいだ。チームは客に声をかけて、次のようにいった。「これは試験的に提供しているものです。ご意見があれば、頂戴できるでしょうか。じつはここにはまったくお金をかけていないので、ご心配には及びません。どんなことでも、ぜひ率直なご感想をお聞かせください。改善すべき点はどこでしょうか」。それらの客からのフィードバックには、有益な提案が含まれていただけではなく、客たちが新しいものを試し、それについての意見をいうという体験を楽しんでいることも示されていた。ハイアットの各ホテルの経営陣も、プロトタイプ作りでもたらされる新しい問い――「最小限のコストで有益なフィードバックを得られる簡素なソリューションを、どのように取り入れればいいか」――にしだいに賛同するようになり、今では積極的にそれに取り組んでいる。

ハイアット思考の最後の段階は「検証」だ。この段階では、「本格的な導入をする価値があるかどうかを、どう判断すればいいのか。ほんとうにホテルの業績を上げる効果があるのか」が問われる。業績の測定を手がけたことがある人は誰もが知るように、これらの問いからはさらにまた別の問いが生まれる。まず問題になるのは、「何を業績の基準にするか」だ。顧客の満足度か、リピート客の数か、総売り上げか、あるいは最終的な収益率か。セメンチュクによれば、ハイアットでは「売り上げから、コスト削減や顧客推奨者比率まで、さまざまな角度から効果を計測」し、少なくとも一軒以上のホテルで成功が確認されるまでは、新しいアイデアを本格的な実行に移すことはないという。[5]

　このハイアットの話には問いの力がよく描き出されていると思う。ハイアットのチームはエネルギーを生み出す刺激的な大きな問いから出発して、そのエネルギーをできるかぎり迅速かつ確実に成果に結びつけられるよう、巧みに振り向けている。パタゴニアではその長い歴史を通じて、最初のすばらしい問いがしだいに拡大されていったのに対し、ハイアットでは問いは、顧客体験にもっと目を向けようという広い目標から始まって、個別のソリューションを実行するという運営のいちばんの細部へと、どんどん絞り込まれていった。

　どちらも、問いのよさを知らしめるのに貢献する事例だ。どちらも問いを使って、固定観念に建設的な疑問を投げかけ、おおぜいの人たちのものの見方を変え、最後には、誰もが前よりもよくなったと感じられる成果を上げた。問いの力を活用したこのような成功を一度収めた企業では、その後も問いが発されやすくなる。

意欲を保つ方法を考える

ものの見方を変え、解決への新しい道を示す問いは、刺激的だ。そのような問いは人を前向きな気持ちにする。クエスチョン・バースト――第3章で紹介した問いのブレインストーミング――というたって小規模な環境でも、その効果ははっきりと表れている。クエスチョン・バーストでは環境がコントロールされているので、集中的に問いを出し合う前とあとで気持ちにどういう変化が生じたかのデータを集めやすい。そのデータには、クエスチョン・バーストのセッションが八〇パーセント以上のケースで――たった一回のセッションでも――参加者の気持ちにいい影響を与えることが示されている（クエスチョン・バーストに懐疑的な人でさえ、セッションを繰り返すだけで、気持ちにいい変化が表れる）。参加者たちはそれまで行き詰まりを感じていた問題にも、セッション後はもっと自信を持って取り組めるようになる。

わたしたちはこういう問いの効果を、経験的な事実としても知っている。新しい問いをきっかけに新しい洞察が生まれたというエピソードには、必ず、歓喜の瞬間が含まれているものだ。それは「そうだったのか！」「大発見だ！」という大興奮を催すものであることもあれば、関心を引かれ（「おっ、これはおもしろそうだぞ」）、そこからよりよい答えが見つかるというもっと静かな形態のこともある。たとえすぐには答えを導き出せない問いであっても、わたしたちの想像力をかき立てる力を持っており、希望の源泉になる。

問いによって気持ちが前向きになれば、エネルギーも生まれる。そのことは数多くの心理学の研究によって知られているとおりだ。じつにさまざまな研究で、前向きな気持ちが創造性を高めることが示されている。[6] 人間は幸せを感じ、将来に希望を持っているときほど、創造性を発揮しようとする意欲が高まり、認知能力も高まる。創造性を調べる実験では、前向きな気持ちの人のほうがものごとのあいだに独創的なつながりを見出し、広い範囲に考えが及ぶという結果が出ている。[7] その逆もまた然りだ。後ろ向きの気持ちの人ほど、解決のチャンスを見逃しやすい。例えば、ある最近の実験では、ストレスにさらされている人はそうではない人に比べ、互いにまったく異なるいくつかのものを与えられたとき、変わったアイデアや組み合わせを思いつきにくかった。実験を行った研究者たちは、ストレスが強まると、「不調和を許容しにくくなり」、その結果、「思考の硬直化」が起こると結論づけている。[8]

したがって、幅広い見地から、従来の考えに異を唱える問いを発することは、二重に気持ちに好影響を与える。問うこと自体によって、希望が育まれるのに加え、斬新な問いによって新しい問題解決のアプローチが見えてくれば――例えば、もうお手上げだと思っていた難題への新しい取り組み方が見つかるなどすれば――問おうという意欲はそれによっていっそう増すことになる。

しかしここには危険も潜んでいる。そのようなエネルギーがかえってフラストレーションの原因になることもある。そういうことが起こるのは、解決策が期待外れに終わったときや、その解決策のためには、障害ばかり多くて、当面は見返りの少ない、きつい仕事を長く続けなくてはいけないことがわかったときだ。そういうときにリーダーの真価が問われる。わたしのMITの同僚アンドルー・ローはそのことを身をもって知るひとりだ。「新薬開発の資金を調達するもっといい方法はないか」がローの問いだった。新薬開発のための資金調達では、リスクの大きさがネックになっていた。金融工学でそのリスクを減らせば、調達額をもっと増やすことができ、ひいては、患者たちに新薬をより早く提供できるのではないか。そう考えたローは、次のような提案をした。投資先企業の長期社債で大型の「メガファンド」を組めば、停滞しているプロジェクトの資金を得やすくすると同時に、大手機関投資家や資産運用者に安全な投資機会を提供することができるのではないか、と。[9]

これはローとチームのメンバーを活気づかせる問いだった。しかし、前進するためには、ただ問いを立てるだけではなく、すみやかに行動することが求められる。「ビジョンを描くだけでは不じゅうぶんです」とローはいう。「そのビジョンを実現するため、チームの各メンバーにそれぞれどういう貢献をしてもらうかまで、決めることができなくてはいけません。いい換えるなら、単なる理想ではなく、現実的なビジョンを描くということです。そのためには、各メンバーにどの程度まで期待できるかを把握しておく必要があります。メンバーの中には、自分にどれぐらいのことができるかがわかっていない人もいます。ですから、チームの力をすべて結集させるためには、達成感や、目標への意識や、能力の自覚を育めるかどうかが鍵となります」。優れた問いをきっかけに数年がかりの取り組みが始まったら、その取り組みを最後までやり遂げられるようチームの意欲を保つのは、プロジェクトリーダーの役割だ。

ここで知っておくといいのは、テレサ・アマビレとスティーブン・クレイマーの研究だ。ふたりの研究では、「前進している」という実感をどれだけ得られるかは、課題にどれだけ積極的に打ち込んでいるかに大きく左右されることが示されている。ちなみに、ふたりはこの研究結果を出版したとき、その本の中で、見事な問いの枠組みの変更も論じた。それはソフトウェア開発など、創造性を要求される分野でチームを率いているすべての人が傾聴するべきものだ。もし、そのようなチームを率いていて、「メンバーからもっといい仕事を引き出すためには、鼻先にどういう人参をぶら下げればいいいか」という問いを立てているリーダーがいたら、考え直したほうがいい。それよりも、「チームの前進の妨げになっていることをできるだけ取り除くために、自分には何ができるか」と問うほうがよい。[10] メンバーはみんないい仕事をしたいと思っているという前提に立って、その妨げになっているものは何かに注意を向けるべきだ。

奮い立たせる問いに始まって実行可能な答えに達するまでの、意欲の高まりと衰えをどう管理するかという問題もある。これに関しては、最初の問いで生まれたエネルギーを使って、できるだけ遠くまで飛ぶというのが一つの目標になる。そのためにはエネルギーがあちこちに分散しないように気をつけなくてはいけない。ハイアットはそこのところをとても効果的に行っているとわたしは思う。最近ハイアットを去り、現在はヤーロのＣＥＯを務めるセメンチュクはわたしに、努力を方向づけるプロセスを持つことが肝心だと話している。「たとえイノベーションを起こそうとする人たちには、直感に反することに感じられてもです。彼らはさまざまなことをしたがります。ですが、わたしたちの経験からいうと、チャンスであれ、対処しなくてはいけない問題であれ、重点分野を選んだほうが賢明です」。女性のビジネス客が多いというチャンスないし問題に取り組んだときにはいくつかの重点分野が選ばれ、集団のエネルギーがそこに振り向けられた。

ロバート・サットンとハヤグリーバ・〝ハギー〟・ラオは、「拡大のチャンス」とみずから名づけた状況について、幅広い研究を行っている。それはなんらかの新しい取り組みを始めたとき、そこで「それをもっと広げられないか」という問いが生まれるような状況のことだ。ある意味では、この問いがあらゆる「変更管理」の土台になる。なぜなら、新しいやり方を取り入れるときには、その新しいやり方の創出に携わっていない人たちにもそのやり方を取り入れてもらう必要があるからだ。そのようなプロセスを成功させるには、「熱い気持ちと現実的な解決策」の両方を持つことがたいせつだとふたりはアドバイスしている。[11] 両方とも「拡大のチャンス」を生かすためには欠かせない。熱い気持ちがなければ、新しい解決策が見つかっても、それを実行しようとする意欲は生まれない。逆に熱い気持ちがあっても、現実的な解決策がなければ、生産的な行動に結びつかず、すべてむだになる。それは燃料がすべて地面にこぼれ落ちてしまうようなものだ。せっかくいい問いが立てられたのに、そこからいい答えが生まれないときには、往々にしてそういうことが起こっている。最初の問いによってかき立てられた前向きな気持ちやエネルギーが、うまく方向づけられていないせいだ。

ただし、問いから生まれた取り組みを前進させる方法はそれだけではない。最初の大きな問いだけに頼らず、追加の問いによって新たなエネルギーを注入し続けるという方法もある。これはあらゆるレベルで実践できる。わたし自身、課題に取り組んでいて、意欲の衰えを感じたとき、四分間のクエスチョン・バーストによってエネルギーの再注入を行っている。パタゴニアも、人生の意味を考える根本的な問いにあらためてフレッシュな気持ちで取り組もうとしたときにそうした。ハイアットの事例では、女性のビジネス客の顧客体験を改善しようと取り組んだ際、その過程で生まれたあらゆる問いによって、取り組みを前へ進めようとする意欲が高まった。そのおかげで最後まで、気持ちがしぼんでしまうことはなかった。

問いを使って変化を起こそうとするとき、具体的にどういう方法で意欲を保つべきかは一概にはいえない。ただ覚えておきたいのは、そういう意欲の問題があるということ、そしてそれが大きく成否を分けるということだ。問いという鍵によって解錠されたドアがじつは大きく開けられてはおらず、細く開いているだけだったとわかると、熱意に溢れていた初めの勢いが急速に衰えてしまいやすい。そういう状態に陥ったとき——有望な新しい道が見えていても、その道のりが長いとき——には、いかにエネルギーを再注入するかを真剣に考えるべきだ。どのように意欲を保つかという問いは、避けては通れない。それは同時に触媒的な問いにもなるだろう。

優秀なコーチがしていること

ここでコーチングの役割の話をするのはむだではないだろう。わたしがいうコーチングとは、スポーツのコーチングから、重役のコーチング、人生のコーチングまで含む、広い意味でのコーチングだ。どの分野のコーチであっても、クライアントの感情やエネルギーのコントロールを手伝うことがその重要な仕事の一つになる。

わたしは以前、そのことに関して、著名人のコーチを務めるアンソニー・ロビンズを訪ね、話を聞いたことがある。ロビンズは人間的にもとても魅力に富んだ人物だ。これまでに何冊もベストセラーの自己啓発書を著しているほか、数千人とか、数万人とかいう聴衆を相手に頻繁に講演を行っている。ロビンズのもとにコーチングを受けにやって来るのは、溢れるほどのエネルギー（と財力）を華々しい成功に結びつけたいと思っている人たちだ。

話を聞いてみると、ロビンズはコーチングで問いを重んじていることがわかった。単にクライアントに質問をするというだけではない。もちろん、クライアントがどういう人間であるか、何を成し遂げたいと思っているかを知るためにそういう質問もしてはいる。しかしロビンズのコーチングで要《かなめ》をなしているのは、思考は無意識のうちに問いの影響を受けているということをクライアントに理解させることだ。「新しい答えを得る唯一の方法は、新しい問いを発することです。

問いの質しだいで、答えの質は決まります。ですから、わたしがしていることはすべて、問いが土台になっています」とロビンズは話している。

問いがそれほど重要なのは、「注意が何に向けられるかは問いに左右される」からだ。人の注意を操るのはたやすいと、ロビンズはいう。例えば、「あなたの人生でみじめに思えることはなんですか」と尋ねれば、相手はそれまでそんなことを一度も考えたことがなくても、脳が勝手にそのことに注意を向け、答えを考え始める。「あなたは何に感謝していますか」や「どういうときに心が浮き立ちますか」というような質問をしても同じだ。それらのことにおのずと注意が向く。相手の心の状態を変えたければ、問いを使うのが「いちばん手っ取り早い」。人生を変える方法は二つしかないと、ロビンズは説く。身の回りの「外的な環境」を変えるか、自分の内面の「内的な環境」を変えるかのどちらかだ。コーチが担うのは後者の方法であり、コーチは「質問をしたり、質問の仕方を工夫したりすることで、相手の内的な環境で生じることを変えられる」。

ここで気をつけたいのは、それらの問いはすべて想定を含んでいるということだ。例えば、先ほどの問いでいえば、相手には何かしらみじめに思っていることがあること、あるいは感謝していることがあることが想定されている。

「誰にでも、わたしが〝第一の問い〟と呼んでいるものがあります。つまり日々の生活の中でほかの問いよりも頻繁に発されている問いです」というのが、ロビンズの基本的な立場だ。ロビンズはそのことについて、自身の例をあげて、次のように話している。「わたしの場合、いちばん問うことが多いのは、〝もっとよくするにはどうすればいいか〟という問いです。いつもその問いが頭にあって、それに突き動かされています。年中、そう自問してばかりいます」。これは自分磨きの象徴的な存在であるロビンズにはいかにもふさわしい問いだ。しかしこの問いに自分がそれほど強く突き動かされていることに気づいたのは、今の仕事を始めてしばらく経ってからだという。人はそれぞれにちがう問いに突き動かされているなどということは、なおさら思いつかなかった。それに気づいてからは、新しいクライアントのコーチングを行うにあたっては、まず最初にその人の「第一の問い」は何か、その問いにどの程度縛られているかを見きわめることから始めるようにしている。問題になるのは、その問いに無意識のうちに、ネガティブな思い込みが組み込まれている場合だ。ロビンズによれば「それがエネルギーを削ぐ元凶」であり、そういうときにはその問いをどうにかしなくてはいけない。ロビンズは手順に従って、クライアントからそのような問いを引き出し、それに対処している。コンピュータの世界には「不正確なデータを入力すれば、不正確なデータが出力される」という古い格言がある。「脳もそれと同じです」とロビンズはいう。「お粗末な問いを立てれば、お粗末な答えが得られます」

いったん自分の「第一の問い」が明らかになれば、クライアントはそれを土台にして、いろいろなこと――例えば、最も有効な時間の使い方など――の判断を下せる。

アンソニー・ロビンズと話す機会が得られたのは、マーク・ベニオフのはからいによるものだった。ふたりは古くからの友人どうしで、ベニオフはロビンズのおかげで数々の思考の習慣を改められたと語っている。とはいえ、ロビンズの問いの重視と、ベニオフが何度も話しているこ とのあいだにつながりがあることにわたしが気づいたのは、ロビンズと直接話をしてからだった。「イノベーション資本」の多さが人によってちがうというのがベニオフの持論だ。セールスフォースは斬新で価値のあるアイデアをたえず生み出し続けなくてはいけないという話の中で、ベニオフは次のように話している。「自分ひとりでそれはできません。わたしのアイデアにはかぎりがあります。わたしの仕事はアイデアを出すことではなく、イノベーションの文化を築くことです。イノベーションはわたしたちの生命線です。ですから、わたしたちはイノベーションを奨励し、尊重し、その貢献者には見返りを与え、つねにそれを引き出そうとしています」。とはいっても、従業員に研修を受けさせれば、それで誰もがイノベーションを起こせるようになるというものではないこともベニオフは理解している。イノベーションは単なる技能ではない。変革を起こすためには、ほかの者たちからの信頼も得ていなくてはならない。現状に異を唱えて、抵抗に遭い、それでも成果を上げたという実績を重ねることで、そういう「イノベーション資本」を蓄積する必要がある。

　似たことは問いについてもいえて、問いの触媒的な効果は人によって異なる。優れた問いはどこからでも、誰からでも発されうるものだと考えたいところだが、現実には、同じ質問をしても質問者がちがうと返ってくる反応がちがうことはめずらしくない。それは単に地位の差による場合もある。例えば会議で、地位の低い人間がある指摘をしようとして、取り合ってもらえなかったあと、しばらくして、まったく同じ指摘をその場の実力者がすると、真剣な議論が湧き起こるという光景は、きっと多くの人が目にしたことがあるだろう。

　あるいは問いを発した人のバックグラウンドが問いの効果を左右する場合もある。例えば、二〇一八年、資産運用会社ブラックロックのCEOラリー・フィンクは株主になっている企業のCEOに向けて、書簡を送った。ブラックロックが運用している資産の大部分は数千社で構成されるインデックスファンドに投資されていたので、それは事実上、上場企業の経営者に対する公開書簡だった。この書簡に産業界は騒然となった。経営者に対してきびしい問いを突きつける内容だったからだ。株式市場での短期キャピタルゲインへの固執がもたらす壊滅的な影響に対し、どのような対策を施しているか。生活を豊かにするイノベーションと良質の雇用の創出を期待され、社会から与えられている「操業の許可」を、今後も得続けるため、どういうことをするつもりか。

　じつはこれらの問いは目新しいものではない。企業に社会的責任を果たすよう求める活動家や学者たちが何十年も前からいっていることだ。しかしフィンクの声には特別な力があった。アスペン・インスティテュートのジュディス・サミュエルソンは次のように指摘している。「世界最大の機関投資家であるブラックロックのトップが、企業は利益を追求するだけではなく、社会に貢献しなくてはならないという意見を述べたことで、強力なメッセージが伝わった」[12]。ここで思い出されるのは、聖書に描かれているサウロの回心の話だ。キリスト教徒の無慈悲な迫害者だったサウロはダマスカスへ向かう途上、啓示を受けて、キリスト教に改宗し、やがて聖パウロと呼ばれるようになった。「目から鱗が落ちる」という表現はこの話に由来する。ある社会の中心人物と目される人物がその社会の常識に異を唱えるとき、その人物の「問いの資本」が増すことが、パウロの例同様、フィンクの例にも示されている。

それほど尊敬されていない人物が同じ問いを発したら、反感を買うだけかもしれないが、この事例から学べることが一つある。それは前向きな気持ちやエネルギーを問いによってどの程度引き出せるかは、その問いに実際に変化を起こす力があると信じてもらえるかどうかにも左右されるということだ。人々をその気にさせられる人にはそれだけ豊かな「問いの資本」が備わっているといえる。それが立派な人物かどうかはここでは問う必要はない。それよりも問うべきは、「問いの資本」を欠いたわたしたちがそれを増やすにはどうしたらいいか、だ。

「問いの資本」がどのように失われるかはわかっている。ある人が発した問いがほかの人たちから注目されながら、その問いからいっこうにいかなる成果も上がらないとき、「問いの資本」はみるみる減っていく。成果が上がらないのは、問いによって切り拓かれた道を進むための努力を怠っているか、あるいは、そのために必要な数の人手を集められないせいだ。さらに悲劇なのは、「問いの資本」をまったく蓄積せず、組織の幹部にまで昇進した人だ。SAPのCEOビル・マクダーモットは、重役の多くが挫折する原因はそこにあると話している。

簡単にいえば、「二〇年にわたって、あれやこれやのすばらしい成績を収めてきた。ところが、部長に昇進したところで、行き詰まってしまった。いったい何があったのか」ということです。一夜にして、勝者から敗者に転落したというわけではありません。何があったかといえば、そこにたどり着くまでに役に立っていたことが、そこにたどり着いてからは役に立たなくなったということです。そこで次の出世の階段をのぼれなくなる原因は、何をどう問えばいいかを知らないことにあります。難局に陥ったとき、問いの力でそれを乗り越える方法を知らないのです。

この指摘は「問いの資本」が「リーダーシップの資本」とイコールであることを示唆している。実際、それはほかの会話で、マクダーモットが強調している点でもある。マクダーモットはわたしに次のように話している。「リーダーにとって致命的なのは、自分よりも年上の部下からの人望がないせいで、業績を高められないことです。なぜ人望がないかといえば、命令しかしないからです。そういうリーダーはああしろこうしろというだけで、質問をしません」。世界最大級のヘッジファンド、ブリッジウォーター・アソシエーツの創業者レイ・ダリオも、問いの力を重んじるひとりだ。自身の経営哲学を明らかにした『人生と仕事の原則』で、社員採用の選考基準について、入社後ただちに担うことになる仕事に適した技能を持っているかどうかではなく、「長期的な目標を共有できるかどうか」で選ぶべきだと助言し、次のように述べている。「有益な質問を次々とする人材を探すべきだ。賢い人間ほど、深い質問をすることができる。自分はなんでも答えを知っていると思っている人は、いい質問ができない。将来、成功できるかどうかは、いい答えを返せるかどうかより、いい質問ができるかどうかから判断するほうがはるかに正確だ」[13]。

ただし、「問いの資本」を築くためには、正しい問いを見つけるとともに、それを成果まで結びつける実績を積み重ねなくてはいけない。そこでそのことを考えるため、ふたたびアンソニー・ロビンズなどの名コーチのコーチングの事例に戻ってみたい。ロビンズたちコーチの仕事とは、クライアントがそれぞれの目標の実現に効果的に取り組めるよう、「問いの資本」を築く手伝いをすることだとわたしは思うからだ。

ストーリーを語る

画期的な問いから生まれた取り組みに他者の協力を得たいなら、特に磨いておきたいのはストーリーを語るスキルだ。優れたストーリーには、自分たちの意欲に火をつけた問いがどのように生まれたのか、また、その問いにもとづいて打開を図ることでなぜ状況を好転させられるのかを、みんなの心に深く刻み込む力がある。今見えている問題が別の観点から見るとどのような問題に変わるかを、ストーリーの展開によって描き出すことで、問題の解決へ向かおうとする勢いも生み出せる。

変化を起こせるリーダーはたいていストーリーを語るのがうまい。本書で前に、アラメックスの創業者ファディ・ガンドゥールが空港からリムジンに乗らず、自社の配達車で平社員とともにホテルへ向かったというエピソードを紹介したのを覚えておいでだろうか。ガンドゥールはその平社員との会話を通じて、それまで問おうとさえ思ったことのない問題に気づかされ、翌朝の会議でさっそくそれらの新しい問いを取り上げて、改善に取り組むことを決めた。

このストーリーには後日談がある。ガンドゥールのこの話はやがて社内に広まり、ガンドゥールはその後、行く先々で従業員がその話をしているのを知って驚かされた。同じことは、従業員たちには異例のことに思えたほかのガンドゥールの振る舞いでも起こった。例えば、重役と連れ立って倉庫を見学中、コンクリートの床に何かの破片が散らばっているのを見つけたガンドゥールは、近くにあった箒をさっと手に取って、それを掃き集めたことがあった。その一件も社内で語り草となった。このようなストーリーはしだいにガンドゥールの神話の一部と化していった。いっぽう、ガンドゥールは社内の文化を育むのにそれを巧みに利用した。ストーリーは人々にあからさまな命令はしない。そうはせず、ある場面を想像させて、そこで何ができるか、何をすべきかを本人に考えさせ、ひいてはほかの場面にそれがどう当てはまるかを考えさせる。

ストーリーにはわたしたちの注意を引きつける力があることは、科学的にも数々の研究で裏づけられている。例えば、神経生物学者ポール・ザクの研究では、話し手が重要なポイントを説明するとき、人物中心の、感情的な内容を含むストーリー仕立てにすると、聞き手はそのポイントをより正しく理解でき、より長く記憶できることが示されている。「強い印象を与えるという点では、一般的なパワーポイントのプレゼンよりはるかに勝る」とザクはいう。[14]

そのようなことが可能になるのは、一つには、ストーリーは聞き手や読み手の心に問いを生じさせ、しばらく――長い時間ではなくても――その問いについて考えさせることができるからだ。ピクサーのアニメーションディレクターを長年務め、現在はイルミネーション・エンターテインメントのアニメーション部門を率いているアンドルー・ゴードンと、ストーリーを作る技術について話をするのをわたしはいつも楽しみにしている。一度、ゴードンが『ハトにうんてんさせないで。』などで知られる絵本作家モー・ウィレムズの講演を聞きに行った直後に話をしたことがあった。ゴードンはウィレムズの講演を聞いて、絵のアイデアとストーリーのアイデアの関係など、いくつか「大きく目を開かれた」といった。[15] とりわけ興味を引かれたのは、ウィレムズが「読者にすべてを与えないようにしている。与えるのは半分以下の四九パーセントに留めて、読者自身に、この本がいわんとしていることを探ってもらいたい」と考えていることだった。ネット上のレビュワーには、「この本はともだちと力を合わせ、けっしてあきらめないことを描いている」と書き込んでいる者もいれば、「この本はいつあきらめるべきかを説いている」とコメントしている者もいた。ゴードンは笑っていった。「完璧ですよ。これこそまさに読者が自分で、この本は何をいおうとしているかを考えている証拠じゃないですか」。ピクサーでもそれと同じように、「ストーリーを作るときは、いろんな角度から問い、検討する」という。

よくできたストーリーは、もちろんおとなの心も摑む。おとなも物語に引き込まれて、感情移入し、そこで描かれていることの意味を自分なりに解釈するよう促される。TED形式のスピーチがあれほど大人気を博しているのは、それ以外に説明がつかないだろう。あの一八分間で話し終えるという条件を課された講演者たちは、ストーリーを多用するという方法を見出した。「むずかしい説明をしたり、複雑な議論を繰り広げたりすることとちがって、ストーリーで話すことは誰にでもできます[16]」

病院の小児科で行われている医療用画像撮影をどのように改善したかについて話したダグ・ディーツのTEDスピーチは、特に好評を博している。ディーツは長年、GEヘルスケアの工業デザイナーとして、磁気共鳴断層撮影装置（MRI）などの医療機器の設計に携わってきた。しかし小児科には一度も足を運んだことがなく、その現場をまったく知らなかった。初めてその機会が訪れたときのことを、ディーツはTEDで次のように振り返っている。「廊下をこちらに歩いてくる家族が見えました。近づいてくるにつれ、小さい女の子がしくしく泣いているのがわかりました。さらに近づくと、父親が娘のほうに身をかがめて、こういっているのが聞こえました。〝お話をしたとおりだから、大丈夫だよ。勇気を出そう〟」。ディーツが小さい子どもの目で医療機器を見たのは、同情心で胸がいっぱいになったこのときが初めてだった。「何から何まで、ベージュでした」とディーツはいう。薄暗い照明と、壁や機械に貼られた警告のステッカーの組み合わせは、子どもたちに不吉な予感を抱かせるのにじゅうぶんだった。加えて、ディーツの自慢の医療機器そのものが「穴のあいたレンガのような代物」だった。それからというもの、このときの経験に苛まれ続けた。しかしそのいっぽうで、そのような光景を目にしたことで、それらの小さい患者たちのために何かをしてやらなくてはならないという強い使命感が芽生えた。優れたデザイナーは何をするべきか。

このストーリーがそのあとどう展開したか、わたしはピッツバーグこども病院の小児放射線科部長、キャスリン・カプシンから聞いた。カプシンとそのチームもこの問題に以前から頭を悩ませていた。医師が正しく病状を診断し、自信を持って治療計画を立てられるような質の高い画像を撮影しようとすると、数回、撮影しなくてはならないことが多かった。問題は、おとなの患者とちがって、子どもはじっとしているのが苦手なことだった。撮影装置による体のスキャンにはある程度の時間がかかり、子どもはそのあいだずっと動かずにいることができない。解決策としてすぐに思いつくのは、GEなどのメーカーにもっと瞬時に撮影できる高性能の装置を作るよう求めることだった。ただしそれには当然、装置の値段がはるかに高くなるうえ、まだ何年も使える装置を廃棄しなくてはいけないという大きな欠点があった。

あるとき、そのいい解決策が見つかった。それは発想の転換がきっかけだった。撮影速度を速くしようとするのではなく、子どもたちがもぞもぞしないようにすればいいのではないか。そもそも、子どもたちはなぜもぞもぞするのか。そういう問いを立てたところ、ほどなく、小児科を訪問したときのディーツと同じような観察を通じて、答えが見つかった。子どもたちは怖がって、もぞもぞしていたのだ。では、穴のあいたレンガをもっと怖くないものにするにはどうしたらいいか。

解決策――今ではどこの小児科でも当たり前になっているプレイルームを設けるという解決策――はその問いと同時に生まれたものだ。ただし、そうはいっても、すぐに実際に問題が解決したわけではない。カプシンのチームはそこから何カ月もかけて、GEヘルスケアのダグ・ディーツたちを含む数多くのグループと協力して、解決策を具体化していった。その結果、MRI撮影室は冒険物語の一場面に見立てられ、カラフルな部屋に変わった。子どもたちは撮影装置の中に入ったときには、冒険物語の主人公として、静かにじっとしなくてはいけなかった。そこは海賊の洞窟であったり、恐竜の影の中であったりするからだ。まるで魔法のようだった。とたんに一回でいい画像が撮れるようになり、子どもたちは笑顔になった。中には冒険後、「またここに来てもいい？」と尋ねる子もいた。

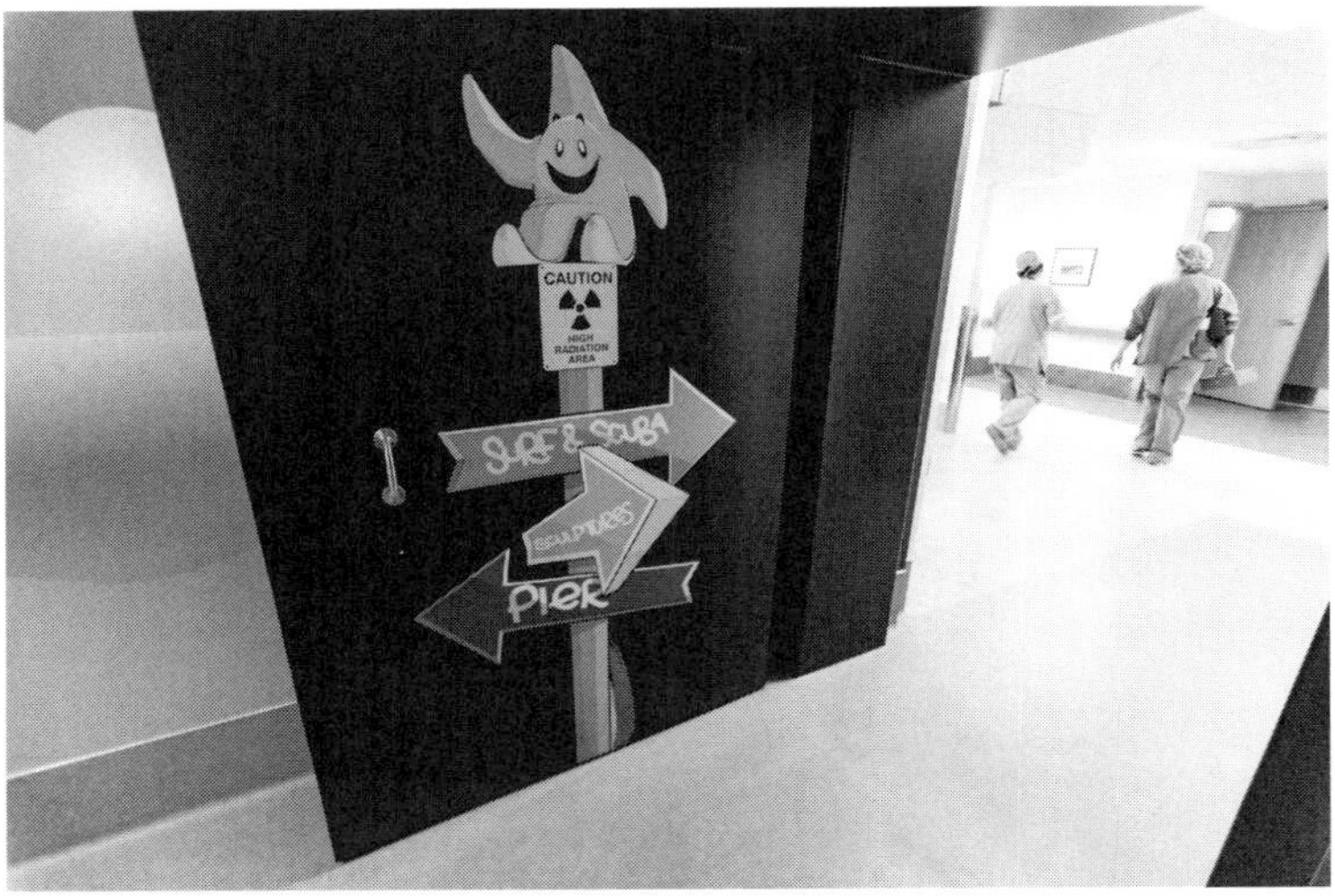

院内のあちこちをめぐるいくつもの冒険の道順を示す案内板（ピッツバーグこども病院）。

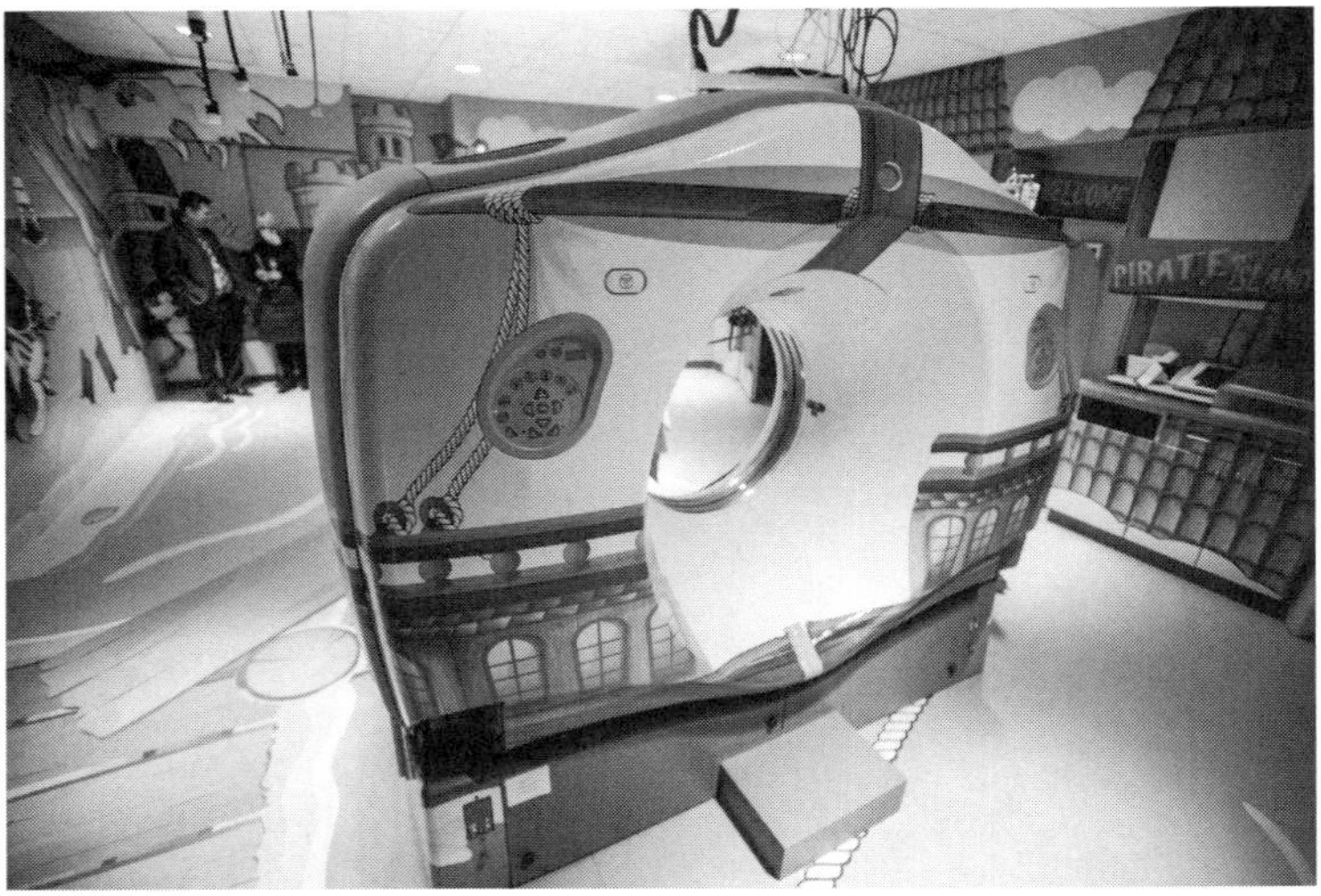

小児放射線科部長、キャスリン・カプシン（奥の右側）。院内の冒険を案内しているところ。

子どもたちの気を紛らわすものに満ちた「海賊島の冒険」の部屋。宝箱もあれば、ロープにぶらさがる猿もいる。

第8章　次の世代の問い手を育てられるか？

問うこと——的を射た価値のあることを問うこと——を覚えたなら、それは学ぶことを覚えたということであり、知りたいことであれ、知る必要があることであれ、なんでも好きなだけ学ぶことができる。
——ニール・ポストマン、チャールズ・ワインガートナー

一九四四年、ある物理学者が核磁気共鳴の発見によりノーベル物理学賞を受賞した。それは磁気と電波を使って体の内部を画像化する核磁気共鳴画像法を可能にする画期的な発見だった。その物理学者の名は、イジドール・ラービ。ラービは第二次世界大戦中は原子爆弾の開発に携わり、戦後は、ブルックヘブン国立研究所や欧州合同原子核研究機構（ＣＥＲＮ）などの研究所の設立に貢献した。要するに、超一流の経歴の持ち主だ。後年、あるインタビューで子ども時代に特別な育てられ方をしたのかと尋ねられ、次のように答えている。「母は意図せず、わたしを科学者にしました。当時、ブルックリンのユダヤ人家庭では、子どもが学校から帰ってくると、母親たちはたいてい〝どうだった？　きょうは何を習った？〟と尋ねたものです。ですが、わたしの母はちがいました。いつもこう尋ねました。〝イジ、きょうはいい質問をした？〟」。科学者として

の功績はこのときに培われた習慣のおかげだとラービはいう。「ほかの子とちがって、いい質問をしようとしていたというのが、わたしの科学者としての原点です」[1]

わたしたちが意識的にいい問いを多く発するほど、社会全体にそのいい影響が及ぶだろう。そのためには人々が若いうちにそれに適した思考の習慣や行動の規範を身につけておく必要がある。そういうものがいちばん育まれやすいのは家庭という場においてだ。しかしこの問うという能力は学校や職場、あるいは地域社会でも教えたり、奨励したりできる。まだ経験の浅い人たちが、指導的な立場の人や、手本とされる人や、世の中で活躍している人から影響を受け、優れたリーダーシップや創造的なブレークスルーの秘訣を学べるかどうかは、問う能力にかかっている。

わたしがインタビューした一流のイノベーターたちはたいてい過去に、さまざまな人生の段階において、周りのおとなたちから問うことを教わり、創造に携わる機会を与えられるという恩恵に浴している。年長者からものを学んだという点ではほかの人たちと変わらないが、それらのイノベーターたちの場合、周りの年長者たちが問うことをことさらに重んじていた。もしわたしたちが社会全体で同じことを子どもや、学生や、職場の若手たちにしてやることができたら、イジドール・ラービのような創造性にあふれた知性が世の中にもっともっと増えるはずだ。問うことに長けた世代を育てるにはどうすればいいかをこの章では考えていきたい。

学校で問うことを教える

まずは学校でできることから見ていこう。学ぶという営みをいかに改善すればいいかを考えようとするとき、真っ先に思い浮かぶのは学校という場だろう。教育改革の必要性を強く訴えているダン・ロススタインとルース・サンタナは、著書『たった一つを変えるだけ――クラスも教師も自立する「質問づくり」』の冒頭で、持論を次のように明確に打ち出している。

本書で論じたいのは次の二点である。

・すべての生徒に質問づくりのスキルを学ばせるべきである。

・そのスキルを教えるのは簡単であり、通常の授業の中で行える。[2]

授業の改善点について説いたこの本にわたしは心から賛同する。もっと問いを大事にするべきだと主張しているのはロススタインとサンタナだけではない。[3] 第2章で紹介したとおり、数々の調査によって、教育の現場でいかに問いがないがしろにされているかが明らかになっている。小学校でも、高校でも、大学でも、あるいは社員研修でも、その状況は変わらない。例えば、教育学者ジェイムズ・T・ディロンの観察によれば、教室で生徒が自分の好奇心を口にすると、教師と生徒の両方からあらゆるネガティブな反応が返ってくるという。生徒たちはその経験から「質問してはいけない」という教訓を学ぶ。[4] 別の学者が行った同様の調査でも、一貫して同じ結論が下されている。創造的な問いを発することは人間の生来の性質でありながら、学校では抑えつけられ、封じられているという結論だ。さらには、そのような環境で育った子どもたちは、よりよい答えを知っていることを誇るいっぽうで、よりよい質問をしようとは考えないおとなになるという。

これらの研究が蓄積されてきたおかげで、最近は、学校関係者のあいだでも、問う能力を育むことのたいせつさに対する意識がだいぶ高まってきた。しかし教育制度を変えるのはますますむずかしくなっているようだ。マーク・ザッカーバーグはニューアーク市の公教育制度に一億ドルを寄付したときにそのことを知った。二〇一〇年のザッカーバーグのその寄付は、地元の人々から集められた同額の寄付と合わせて行われたので、実際の寄付金額は合計で二億ドルにものぼった。おおぜいのコンサルタントが雇われて、既存の最善の手法にもとづいた改善計画が立てられ、実行された。誰もが真剣によりよい教育を実現したいと考えていた。ところが、それだけの資金を投入しながら、結果は空振りに終わった。それどころか、数学の成績はいくらか低下すらした。[5]

ここでこの有名な失敗の事例を持ち出したのは、公立校の改革はもうあきらめたほうがいいといいたいからではない。そうではなく、変革を実現するためのいちばんの近道は、組織レベルでの方針変更というトップダウン方式ではないということをいいたいからだ。生徒たちに問うことを教えるという取り組みはおそらく、草の根の運動という形でこそ成功するだろう。個人がそれぞれの現場でそれぞれのやり方で力を尽くすことで初めて、大きな成果が上がるはずだ。

生徒の問う能力を育てることが必要だという認識を持つ教師たちと話すと、費用もかからなければ、何かを犠牲にすることもない方法で、問いを引き出す授業を行っているという話が聞ける。決められたカリキュラムもおろそかにはしておらず、標準テストの問題に正しく解答するのに必要な学力も、生徒たちに身につけさせているという。以下にいくつか実例を紹介しよう。教育に携わる人たちに、問いを引き出す方法を考えるときの参考にしていただければと思う。

問いのくじ引きをする

フィラデルフィア市の西地区にワークショップ・スクールという表彰歴のある高校がある。非営利団体によって設立され、従来の学校とはちがう運営がなされている高校だ（同校で取り入れられている課題解決型の学習の利点についてはあとでまた論じたい）。それでも、その取り組みの中には一般の学校でも簡単に実践できるものがある。例えば、生徒たちが班に分かれて、学校や地域の問題の解決策を話し合う〝サークルタイム〟には、問いをくじ引きで選ぶという手法が取り入れられている。生徒たちは、問いが書かれたくじを箱の中から一枚引くことで、その日のサークルタイムで話し合うテーマを選ぶ。これによって生徒たちがテーマに興味を抱きやすくなるという。しかしそれよりも重要なのは、くじを作るのも生徒たち自身であるという点だ。生徒たちには「学ぶ者」として、何を問うべきかをじっくり考えることが期待されている。

答えをもたらした問いを教える

学校で教わる知識はすべて、もともとは問いへの答えという形で生まれたものだ。あらゆる公式には、どこかの誰かが問題を解決するよりよい方法を見つける必要に迫られたという出発点がある。ふつうの授業では、そういう歴史的な経緯の説明に時間が割かれることはほとんどない。もちろん、すべての知識の起源を知らなくてはいけないということではないが、偉大な答えのもとになったすばらしい問いにも、ときどき生徒の興味を向けさせることは有益だ。そのような問いを思いついたことがなぜ重要かを知ることで、答えが忘れにくくなる。また、生徒たちが将来学ぶことになる知識の多くは、きょう発される新しい問いからもたらされることも、理解させられる。同じように、歴史の授業では必ず、誰がどこでどういう新しいものを生み出し、その結果、世の中がどう変わったかが説明される。しかし肝心なのは、そこからさらにどういう別の問いが立てられるかを示すことだ。コペルニクスの時代の人々はなぜ、太陽が中心であることを知らなかったのか。コペルニクスはなぜ天動説を疑ったのか。天動説を疑う問いからどのように新しい理解への道が開けたのか。問いが重要な転換点をなしている物語として、歴史の話をすることで、過去の偉大な進歩はいつも固定観念を疑うことから生まれたこと、それはこれからも同じであることを生徒たちに教えられる。

待つ時間を長くする

授業の運営の仕方で教師が気をつけさえすれば、すぐに改善できるのは、待つ時間だ。教育学者メリー・バッド・ロウが指摘したように、ほとんどの教師は生徒に質問をしたあと、じゅうぶんに考える時間を与えていない。みなさんは教師が答えを待つ時間は平均でどれぐらいだと思うだろうか。ロウによれば、なんと一秒だという。

これでは生徒たちはとうてい高次の認知機能を働かせられない。できるのはせいぜい記憶していたことを答えるだけだ。ロウはその研究論文で、答えを待つ時間を一秒から三秒へわずか二秒増やすだけで、生徒の言語や論理能力に著しい変化が見られたと述べている。[6] ここから学ぶべきは、もちろん、生徒への質問は記憶力テストのような質問に限定すべきということではなく、数秒、答えを待ったほうがいいということだ。待つ時間を長くするほど、深く考えさせる質問ができる。逆にいえば、深く考えさせる質問をするには、待つ時間を長くしなくてはいけない。

授業における質問の研究では、教師による質問の頻度に一貫した傾向が見られる。教師はひっきりなしに質問をしがちで、その数は一時間当たり五〇回から一〇〇回にのぼる。教師が授業中に質問するのは、カロン・ルイスが指摘するように、「生徒が教科書の内容を理解しているかどうか、授業に集中しているかどうかを確かめるため」だ。しかしこのことは「教師がおおむねまちがった質問ばかりをしている」ことを意味する。「教師の関心は、ある特定の情報が生徒の頭に入っているかどうかに向けられ、いかに生徒を学びへと促すかに向けられていない」からだ。[7] ここで教師は生徒の学習を二重に損ねているといえる。なぜなら生徒に今の学習に必要なことを提供してもいなければ、将来きっと役に立つであろう、問うという姿勢のよき見本を示してもいないからだ。

問いを称える

学校は教育機関であると同時に、社会的なコミュニティーでもある。生徒たちは同級生の中でいちばん輝いているのは誰かということにとても敏感だ。いい質問をした生徒を褒めたり、表彰したりすることにもっと力を入れれば、質問を増やすことができる。二〇一八年二月一四日にフロリダ州パークランドのマージョリー・ストーンマン・ダグラス高校で銃乱射事件が発生した。同校の生徒たちのグループが今、問うという活動によって大きな注目を集めている。彼らは自分たちには声を上げる義務があると強く信じ、銃規制をめぐる全国各地の対話集会に参加して、問いを発している。彼らに対し、授業を休む日を減らして、教室に戻り、受験勉強をせよと命じる教師は同校にはひとりもいない。これは極端な例だが、見習うべき事例だ。では、ほかの学校はどうか。生徒たちは自分たちに関係する問題について問うことができるか。授業で教わった内容について、完全な真実ではないと思ったとき、疑問を口にすることが許されているか。教育心理学者ソフィー・フォン・シュタムが述べているように、「学校は早い段階から生徒の知への渇望をかき立てるべきで、指導に素直に従うことばかりに高い評価を与えてはいけない。［中略］立派な学期末レポートを書いた生徒だけではなく、授業中、教師をたじろがせるほどの鋭い質問をした生徒も、勤勉な生徒と見なされるべきだ（残念ながら、そのような質問を歓迎しない教師もいる）」[8]。生物学者クリストファー・ウールと教育学者ダナ・L・スタッチャルも共著に次のように書いている。「生徒たちに恐れ知らずの問い手になるよう促すとはつまり、正しい答えより大胆な問いを褒めるということだ」。そして「現代の教室に蔓延している問うことを恐れ、もっぱら答えばかりを重んじる風潮を、問いを称え、楽しむ学校文化へと大転換することは、困難だが挑戦するに値する課題だ」と指摘している[9]。

世界的なコンサルティング会社ベイン・アンド・カンパニーの会長を務めるオリト・ガディーシュは、「たえず一〇〇の質問をしている」という。なぜならそれが仕事でも私生活でも、難題を解決する唯一の方法だと知っているからだ。そのことを学んだのは、イスラエルで過ごした子ども時代だった。ガディーシュの父親は「さまざまなことに興味を持ち、話すよりも聞くのが好き」だったいっぽう、母親は「おもしろそうだと思うことがあると、なんでも問わずにはいられない人」だったという。ガディーシュは学校に上がる前から自分のことを「生まれつき好奇心が旺盛」な人間だと感じていた。一年生のときから、授業中はいつもほとんど手を挙げっぱなしで、どんなテーマでもいくつもの質問をした。八年生を終える頃には、担任の教師に次のように書かれるほど、問う技術が磨かれていた。「オリト、これからもそのように二つの質問をし続けることです。第三、第四の質問もしてください。好奇心を絶対に失わないでください」。職業人生――最初は軍人として、その後はコンサルタントとして――を歩む中で、どんな地位や役割においても、正しい問いを立てることが真の価値を生み出す唯一の方法であることを、ガディーシュは一度も忘れたことがない。

試験勉強にデジタル学習ツールを活用する

デジタル学習ツールが発達した今の時代には、試験勉強との両立も可能だと、クリステンセン・インスティテュートの所長、アン・クリステンセンはいう。現在、学校運営の制度面での最大の問題はおそらく、同年齢の生徒たちをひとまとめにして「一括で」進級させていることだろう。それでもそういう古びた制度の中であっても、それぞれの生徒がどこでつまずいているかや、どこまで理解しているかを簡単に把握できるテクノロジーを使えば、三〇人学級を受け持つ教師が個々の生徒にもっときめ細かい指導をすることは可能だ。試験勉強にデジタル学習ツールを活用する程度に応じて、ひとりひとりの生徒のもっと高次の学習スキルを育むことに割ける時間が増える。クラスの全員が選択解答式の問題に正しく解答できるようになるまで指導するという苦労から解放され、教師たちはもう荷役用のヤクのような気分を味わわずにすみ、学習という旅のシェルパになれる。

課題解決型の学習に切り替える

前にワークショップ・スクールの事例を紹介したところで、同校が課題解決型の学習に取り組んでいることには簡単に触れた。この考え自体は新しいものではない。モンテッソーリの教育理論や、国際バカロレア学校のカリキュラムでは昔から中心をなしている。その最大の目的は生徒の好奇心を育むという点にある。心理学者アンジェリン・ストール・リラードが書いているように、モンテッソーリ教育の「開かれた教育システムは、興味と学習の有機的な発展を促すものだ。モンテッソーリ教育では教師の役割は、子どもたちに問いを植えつけることではなく、子どもたちが自分で問いを考え出せるよう、想像力を刺激することだとされる」。リラードは「そのような興味にもとづく学習が、他人の興味に端を発する学習よりも優れている」ことを示す数多くの研究を紹介している。[10] クレイトン・クリステンセンとジェフ・ダイアーとともにわたしが一〇年前に行った研究では、調査の対象になったイノベーターの半数が課題解決型学習の採用校の出身であることがわかった。そうではない人もたいていは、自分の親や祖父母が主体的にむずかしい課題を解決する学習を奨励していたり、そういう学習の場を校外に設ける地域の取り組みに携わったりしていた。

もちろん、現在の学校制度の中では、教師がひとりでこのような取り組みを始めることはむずかしい。したがって、そのような手法を試すことができる学校を特別に設立するという事例のほうが一般的だ。例えば、一五年以上前、ハイテク・ハイという高校が特別認可校として、ビル&

メリンダ・ゲイツ財団の支援で設立された。同財団の支援を受けたのは、イノベーション人材の育成には課題解決型の学習が適していると考える企業主がシリコンバレーには多いからだ。現在、同校は三つのキャンパスに一三の付属校を持ち、幼稚園から高校までの全生徒数は五〇〇〇人を超える。ハイテク・ハイの課題解決型学習のポイントは、興味を引かれ、なおかつさまざまな学習項目を習得しなくては解決できない課題を、生徒たち自身に選ばせていることにある。課題をみずから選ぶことで、学習意欲が高まるとともに、自分たちが学習していることが何のためのものなのかもはっきりと理解できる。

ワークショップ・スクールの設立の経緯も紹介しておこう。そもそもの始まりは、サイモン・ホーガーという教師が自動車に興味のある子どもたちを集めて、放課後の課外プログラムを立ち上げたことにあった。子どもたちは「ＥＶＸ」と名づけられたその課外プログラムで、従来のガソリン車にハイブリッド装置を組み込むという課題に取り組んだ。「参加した生徒たちにとってそれは突然取り組むことになった〝本物の〟問題でした。子どもたちはすぐに夢中になりました。そのときにわたしがはっと気づいたのは、授業中よりもその放課後の教室でのほうが子どもたちが熱心に学ぼうとしていることでした」とホーガーは述べている。[11] 学校の制度を変えることができない個々の教師にとって、これはとても参考になる話だろう。例えば、授業では課題解決型学習を取り入れられなくても、課外プログラムとして始める許可はすぐに得られるかもしれない。また、すでに放課後の活動に携わっている教師――演劇や音楽、スポーツの指導者としてなど

――であれば、それらの活動を、生徒たちに問いの力を学ばせる機会として捉え直すこともできるはずだ。

そもそも教育者の中に、生徒の問う能力を育むべきだという考えに積極的に反対している人がいるわけではないし、通常の授業の中で問うことを教えるのは不可能だと考えている人もいない。むしろ、生徒たちの学習の達成度のほんとうの指標になるのは、答えではなく問いだという意識が高まりつつある。

最近、わたしは「共通願書《コモン・アプリケーション》」――全米の大学で使われている入学願書の形式――に取り入れられている小論文の項目に、明るい兆しを感じた。願書の中で、生徒が標準テストや学校の成績以外に自分の知的な能力を示そうとするとき、鍵となるのが小論文だ。その項目にはあらかじめ論述の糸口となる問いが用意されており、最近そこに次のような新しい問いが加えられた。「考え方やアイデアに対して、質問をしたり、異論を述べたりしたときのことを思い出してください。それは何がきっかけでしたか。結果はどうなりましたか」。高校生たちはこれを読んで、高校三年生になるまでにはそういう経験をしているのが当たり前なのだというメッセージを受け取るだろう。ただし、気の毒なのは、高校の最後の時期になるまで、そういうことをしようとしたことがなかった生徒たちだ。

学校でも、仕事でも、私生活でも、課題解決型の学習が役に立つことはまちがいない。Xプライズ財団の創設者兼会長にして、シンギュラリティー・ユニバーシティーの共同創設者兼ＣＥＯ

であるピーター・ディアマンディスもそう考えている。最近、イアン・ゴーハーによって運営されているイノベーション・パートナーシップ・プログラムで、「これからの教育でたいせつなことは何か」と問われ、二児の父親であるディアマンディスは、次のように答えた。「自分の子どもたちに教えたいのは、どのように正しい問いを立てたらいいかと、いかに課題に取り組む情熱を保てばいいかです。これからの教育で大事なのはそれに尽きると思います。暗記中心の従来の教育はもう役に立たなくなるでしょう。そういうことはこれからはすべて人工知能がやってくれます。ですから、自分が情熱を傾けていることについて、いかに正しい問いを立てられるかが肝心になるはずです」

アーティストになるのは何歳から?

生徒から問いを引き出そうとする教育者たちの取り組みには、すばらしいものが多い。例えば、一九九四年にスコットランドで偶然のめぐり合わせから生まれ、その後、世界じゅうに広まった、ルーム13インターナショナルという課外活動がそうだ。最初のルーム13は、ケイル小学校に芸術家招聘制度(アーティスト・イン・レジデンス)で招かれたアーティスト、ロブ・フェアリーにあてがわれた教室だった。フェアリーは招聘期間の一年間、子どもたちに美術の技術的な指導をしたほか、いかに考えるかも教えた。それは学校から期待されていた以上の貢献だった。子ども

南アフリカ共和国ケープタウン、アスローン地区にあるキュータウン小学校のルーム13の生徒。気分は芸術家だ。

たちはフェアリーのもとで、芸術とは目の前のものを単に複製するだけの行為ではなく、目の前のものを深く理解して、新しいものを生み出す行為なのだということを学んだ。一年はあっという間に過ぎた。生徒たちはフェアリーに学校に留まってもらいたかった。しかしそのためにはお金が要る。そこで生徒たちが思いついたのが、美術室で商売を始めるという案だった。自分たちの作品を売って、その売り上げで材料費や指導料を払えばいいではないか、と。これが結果として、まったく新しいタイプの課題解決型学習の場を生み出した。ルーム13は生徒主導で営まれており、アーティストはその「被雇用者」という形になる。生徒たちが運営チームを構成して、日々の支払いについても決定を下している。

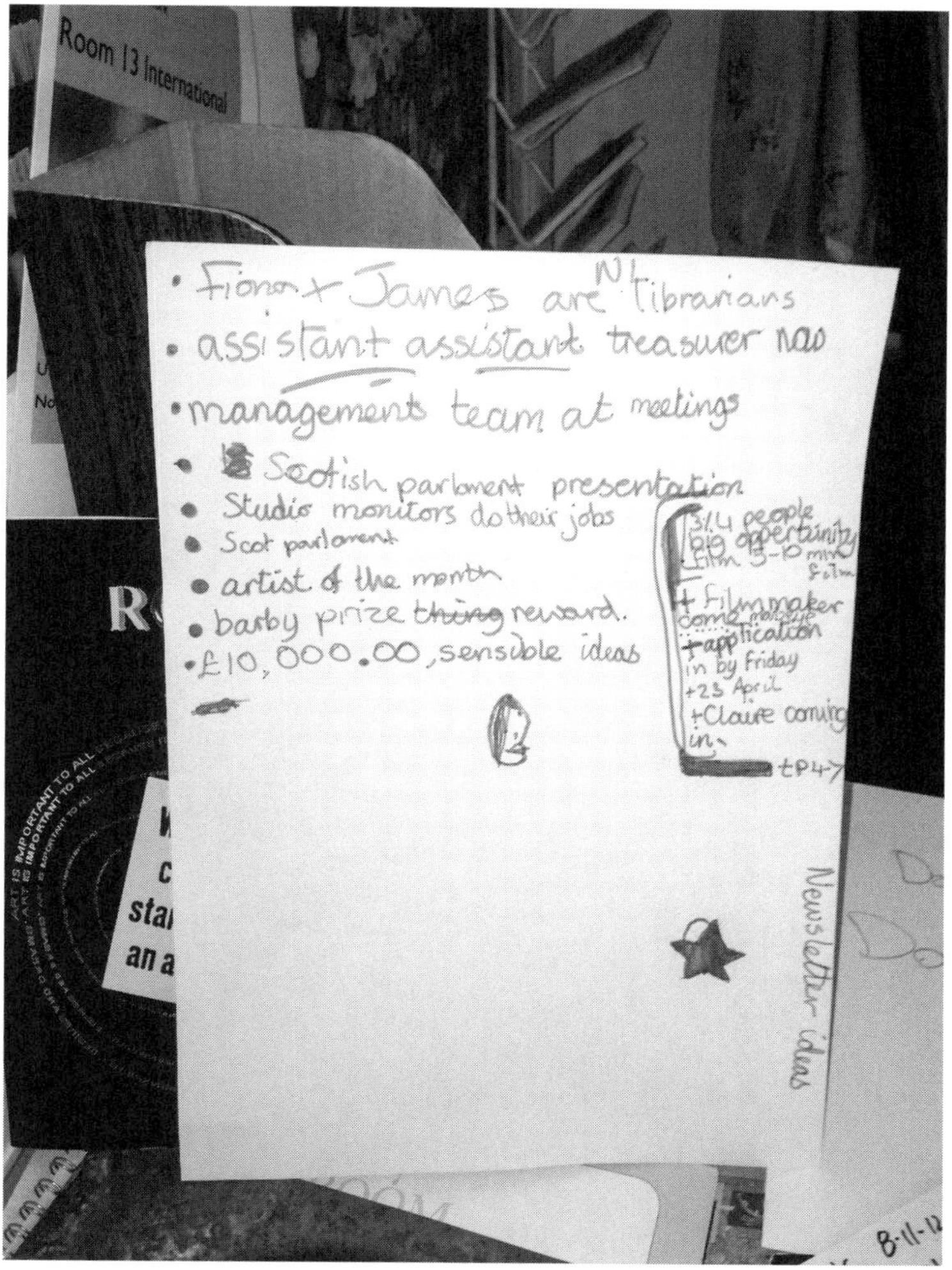

運営チームの「することリスト」。スコットランド議会でのプレゼンの準備や、空席になっている「財務副部長」後任の募集などが含まれている。スコットランド、ケイルにあるケイル小学校のルーム13（1994年創設）。

ケイル小学校の生徒たちが貼り出したルーム13の「求人広告」。

キュータウン小学校に招聘されたアーティスト、ハルーン・コリア（奥の左端）。平日の夜や週末も、子どもたちの安全な居場所になっているここで、無報酬で過ごしている。

いわれなくても熱心に作業に打ち込むルーム13の生徒たち。南アフリカ共和国ソウェトにあるサペブソ小学校。

このルーム13が世界的に有名になったのは、二〇〇四年だ。映画監督と共同で制作されたドキュメンタリー「アーティストになるのは何歳から？」が、英国のチャンネル4で放送されたとき、世界的な広告会社TBWAの重役ロッド・ライトがたまたまその番組を見た。ライトは貧困地域の子どもたちの創造性を育むことに以前から関心を寄せており、そのドキュメンタリーに自分の関心との結びつきを感じた。そこですぐにルーム13の代表を務める一〇歳の生徒と連絡を取って、ルーム13の活動を拡大するための資金の提供を申し出た。

現在、ルーム13はアフリカから中国や米国まで、世界各地に七〇以上ある。北米ではライト・ブリンガー・プロジェクトという非営利の芸術団体が二〇〇八年に初めて、南ロサンゼルスで創設し、その後、さらにカリフォルニアでも立ち上げた。今ではノースカロライナ、インディアナ、ミズーリ、コロラドの各州でも設立されている。

ルーム13の小さな芸術家たちは、周囲の世界を注意深く観察することも学ぶ。わたしが南アフリカのルーム13の工房を実際に訪ね、そこで見た作品の数々には、子どもたちが耳にした音や、目にした景色や、目撃した出来事が反映されていた。その中にはおとなでも震え上がりそうなこともあった。TBWA南アフリカの社長、マリー・ジェイミーソンはそんな作品の一つを見たときのことを次のように述懐している。

わたしはそこで初めて魂を揺さぶられる絵に出会いました。絵を描いたのは、ソウェトに住む小さな芸術家でした。ンザコという名の一三歳の少年です。キャンバスを使った油絵で、太鼓腹をした中年のアフリカ人男性がズボンを穿き、ファスナーを上げようとしている場面が描かれていました。描かれているのはそれだけです。でも、この絵には大きな文字でメッセージが記されていました。「レイプはやめてください」と。以来、わたしはこの絵をずっとそばに置いています。今はオフィスにあります。焦っているときでも、困り果てているときでも、ストレスに苛まれているときでも、あるいはしなくてはいけないことがあるときでも、この絵を見れば、ルーム13のことを思い出します。自分の住む町からレイプをなくしたいと叫ぶ一三歳の少年がそこにはいます。彼はこれは自分で直接経験したことではないといっています。でも、自分の町からそういうことがなくなってほしいと叫んでいるんです。それがルーム13の声です。

子どもたちが日々、どんな過酷な体験をしているかを知ったアーティストたちは、五感のすべてを働かせて世界を知ることを教えるだけではなく、知ったことを理解するところまで手助けしている。ＴＢＷＡのクリエイティブディレクター、ジョン・ハントによると、ある生徒は作品制作を通じて、とてもふしぎな自己発見をしたという。

ある生徒との会話がとても印象に残っていて、そのときに撮ったモザイク画の写真は今も

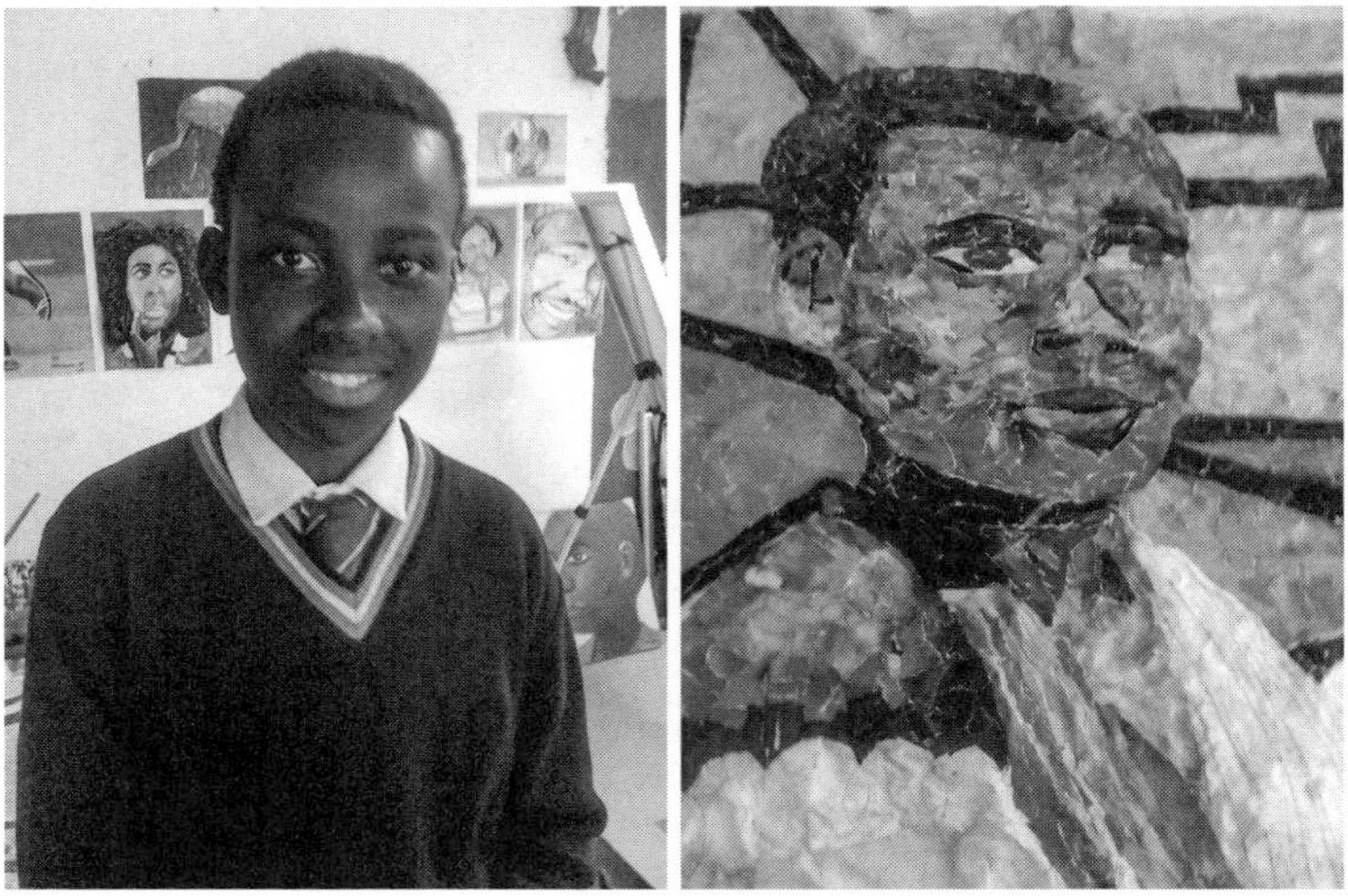

ジョン・ハントがセント・マーティン・デ・ポレス高校（南アフリカ共和国、ソウェト）のルーム13でこの生徒から教えられたように、わたしたちはみんな制作中の芸術作品だ。写真：ジョン・ハント

自室の壁に貼っています。その生徒は何カ月も紙のコラージュを作り続けていました。毎日、来ているのですが、とても丁寧に作っていて、ほんのわずかずつしか進みません。見ていたら、古い雑誌から薄い茶色の紙を切り取って貼ってから、次に濃い茶色の紙を切り取って貼っていました。そのあまりの入念さにわたしは感心し、声をかけずにはいられませんでした。生徒は満面の笑みを浮かべて、気さくに応じてくれました。わたしが「いつから作っているの？」と尋ねると、「七、八カ月前からかな」という答えが返ってきました。わたしは思わず「そんなに！」と声を上げ、さらに訊きまし

た。「これは誰なの？　誰の顔を描いてるの？」。それへの答えは、「知らない」でした。わたしは内心で「ほんとうかい？」とつぶやきながら、携帯電話で生徒の写真を撮って、モザイク画の横に並べました。彼は自分の顔を描いていたんです。ふしぎですが、そのことに自分では気づいていませんでした。わたしは心理学者ではありません。でも、彼は確かに紙を一枚一枚貼って、自分自身を描こうとしているようでした。ですが、どうやって、写真も見ずにそんなことができたのでしょうか。それはわかりませんが、だからあんなに作るのに時間がかかったのでしょう。あるいは、彼はまだ自分自身を完成させたくないと思っていたのかもしれません。

課外活動での問い

ルーム13などの課外活動は学校内で、問いを育む環境を築こうとする取り組みだったが、学校外でそのような活動に取り組んでいる人や団体も多い。例えば、ワシントンにあるスミソニアン早期教育センターの元職員で、現在はデンバー近郊のレイクウッド・ヘリテージ・センター（二〇世紀をテーマとした博物館で、一五エーカーの敷地に歴史的建造物が数棟あり、三万五〇〇〇点以上の品が展示されている）の運営に携わるベツィー・バウアーズもそのひとりだ。「いまだにときどき、博物館は六歳以下の子どもに適した場所かどうかが議論される」が、バウアーズとその同僚たちには博物館は子どもたちの学習に貢献できるという強い自負がある。「実物が工夫を凝らして展示されている博物館には、子どもたちの好奇心を刺激して、問いを引き出す力があります」とバウアーズはいう。

シルク・ドゥ・ソレイユも、シルク・ドゥ・モンドという試みによって同じような貢献をしようとしている。社内の人道支援部門と位置づけられているシルク・ドゥ・モンドは一九九四年に、世界の子どもたちに大道芸を教える教室として立ち上げられた。その目的は、シルク・ドゥ・ソレイユの次世代のエリートパフォーマーを育てることではなく、社会からドロップアウトしかかっている若者たちにサーカスの練習を通じて、目的意識や規律を身につけさせること、また異なる境遇の者たちどうしで協力することによって、信頼し合うことを学ばせることにある。

わたしがここでぜひ強調したいのは、シルク・ドゥ・モンド自体が新しい視点の問いから生まれたということだ。サーカスの運営に携わる人々はたいてい次のように問う。サーカスのショーをもっとすばらしいものにするにはどうすればいいか。もちろんシルク・ドゥ・ソレイユでもそういう使命感が日々の原動力になっている。しかしシルク・ドゥ・モンドは次のように問う。サーカスの上演を通じて、苦しい境遇にある人々を助けることはできないか。このように新しい問いを立てたことで、サーカスは目的から手段――社会改革の手段――へと変わった。この問いの見直しは同時に、途方もなく旺盛なエネルギーを生み出した。シルク・ドゥ・モンドが現在までに世界各地で開催したサーカス教室の回数は、九〇回以上にのぼる。またシルク以外にも、

「社会的なサーカス」を標榜する団体が現れ始めた。しかしシルク・ドゥ・モンドはこれを脅威となる競争相手の登場とは見ていない。むしろ喜ばしい普及と感じており、自分たちのウェブサイトで、急速に増えつつある世界の社会的サーカスの分布図を掲載しているほどだ。

ＩＮＳＥＡＤのフォンテーヌブロー校（フランス）とアブダビ校（アラブ首長国連邦）で社会起業家対象の講義を受け持っていたとき、わたしはリアル・アイディアズ・オーガニゼーションや、ドリームズ・アカデミー、パートナーズ・フォー・ユース・エンパワーメント（ＰＹＥ）など、若者たちに有意義なことに挑戦するよう促し、教育している数多くの団体のことを知った。ストラスモア社のホレース・モーゼスとＡＴ＆Ｔ社のシオドア・ベイルのふたりのビジネスリーダーによって設立されたジュニア・アチーブメントは、当初から一貫して、社会に必要とされる新しいビジネスを興そうとする若者たちの支援を使命に掲げている。その代表的な取り組みは、一五週間でベンチャー企業を設立するプログラムだ。二〇一九年には創立一〇〇周年が祝われることになっている。わたしがこのプログラムのことを深く知るようになったのは、ジュニア・アチーブメント・ワールドワイドの中東・北アフリカ地域を受け持つＩＮＪＡＺアルアラブのトップ、ソラヤ・サルティと知り合ったことがきっかけだった。中東と北アフリカは世界で最も若者の失業率が高い地域だが（そのことが深刻な社会問題も引き起こしている）、サルティは二〇一五年に若くして他界するまでにこの地域に大きな足跡を残している。ＩＮＪＡＺの活動を一五カ国に広げ、一〇〇万人以上の若者を助けた功績により、アラブ人女性として初めてスコール社会起業家賞も受賞した。

サルティの仕事のどこが問うことと関係があるのか。本人がわたしに説明してくれたように、そのほとんどすべてがだ。中東と北アフリカの若者たちは、政府機関を理想の就職先と見なす教育制度のせいで、ビジネスの世界で活躍するのに必要な能力を著しく欠いていることにサルティは気づいた。政府機関の就職試験のための勉強はもっぱら「丸暗記」ばかりで、生徒たちが世界の変化に注意を向けるよう促されることはまったくない。上からの指示を守ることがいちばん重要で、ごく限られた範囲内の判断しか求められない仕事には、そういう教育も役に立つのかもしれない。しかし若者の人口が急増した結果、政府機関の求人数を求職者数が何百万人という単位で上回ることになった。あまりに皮肉だったのは、それらの地域では生徒たちの平均学力が向上したのに、民間部門で必要な能力を持った人材は逆に減ったことだ[12]。サルティは官民連携によってそれらの国々にジュニア・アチーブメントの教育支援を広め、若者たちに正しく答える以上の能力を身につけさせた。その結果、おおぜいの若者たちがみずから事業を興すことを通じて、問いを磨けるようになった[13]。

デジタル世界は問いの天国か、それとも地獄か?

ネット時代のわたしたちの思考の習慣について考えるとき、大きな問題になることが一つある。

それはデジタル環境はわたしたちの問う能力にどういう影響を及ぼしているか、それはいい影響なのか、悪い影響なのかという問題だ。今の子どもたちがネットを見て過ごす時間はすべて、その壮大な実験になっているといえる。果たして子どもたちは触媒的な問いを立てる能力において、過去のどんな世代よりも優れた世代になるのか、それとも逆に劣った世代になるのか。

ある意味では、デジタル世界は問い手にとって至福の環境だ。今や誰もが日常的にグーグルの検索ボックスに問いを入力しては、その思いつきの問いに対して（たいていは）満足のゆく答えを得ている。その結果、わたしたちの問いの総数は確実に増えた。またウェブ上のチャットやフォーラムでは質問が抑制されないことが多い。それは世界のさまざまな地域で見られる傾向だ。

インドの投資顧問会社バリュー・リサーチのディレンドラ・クマールは、ウェブサイトで個人投資家の質問に答える経験から、「ウェブチャットでの質問と答えのやりとりは、これまでとかなりちがう」という。クマールは実際の会場で行われるイベントでも投資家たちの質問に答えたことがあり、ウェブ上で質問する人と会場で質問する人に特別なちがいはないと感じている。しかし、ウェブ上では「匿名で、しかも顔を合わせることがないので、初歩的な質問も恥ずかしがる必要がなく、率直な質問が出やすい」という。またもう一つ、質問が抑制されないことには「自由な発想の問いが増える」という効果もある。[14]

いっぽう、それとはまったく異なる層を相手にするドリーン・ケシーも、同じように抑制が取り除かれることを期待している。ケシーはタンザニアで「ウボンゴ・キッズ」という教育番組のシリーズを共同で立ち上げたメンバーのひとりだ。小学生に算数を教えるその番組では、毎回、アニメのキャラクターが登場して、算数の問題を解決しなくてはいけない状況に追い込まれる。番組の最大の特徴は、視聴者が携帯電話を使って、番組に参加できることだ。例えば、選択式の問題の答えをSMSで送信すると、番組のキャラクターからフィードバックと励ましのメッセージが返ってくる。第一シーズンの六カ月間の視聴者数はユニーク数で一四〇万人以上に達し、全国の小学生の算数の成績に明らかな変化が見られた。とはいえケシーは「ウボンゴ・キッズ」にはほかにもできることがまだたくさんあると考えている。例えば、ふだんあまり質問をすることがない母親たちの力になることがその一つだ。

女性たちの質問の中には、生死に関わる切実なものがある。「マラリアの症状はどういうものか。健康的な食事を摂るにはどうすればいいか。新生児に水を飲ませていいか。避妊の仕組みはどうなっているか」。しかしケシーによれば、「アフリカには保守的なコミュニティーが多く、そこでは女性が性とか、宗教とか、政治とか、社会規範とかのデリケートな問題を口にするのは、はしたないとされている」。女性が自分の健康や幸せを守るため、もっと自由にものを問える力を獲得するにはデジタル技術が鍵を握るというのが、ケシーの考えだ。

トニー・ワグナーはハーバード大学のイノベーション教育フェロー――そのようなフェローのポストがあること自体よい兆しだ――であり、ハーバード教育大学院のチェンジ・リーダーシップ・グループの創設に携わった人物だ。学校や財団のコンサルティングを手がけ、ビル&メリンダ財団のアドバイザーでもある。もとは高校の教師として出発し、その後、小中一貫校の校長まで務めた。ワグナーがそれらの教育の現場で強く感じたのは、「授業を〝掌握〟しなくてはいけないとか、試験で点を取れるようにするためには質問に時間を割いている余裕はないとかいう思いから、教師たちは生徒に質問をさせようとしない。あのような教師の態度は子どもたちの好奇心を著しく損ねている」ということだった。トーマス・L・フリードマンの『フラット化する世界』を読んだワグナーは次のように自問した。では、「フラット化する世界」を生きる子どもたちに何を身につけさせればいいのか。この問いから生まれたのが三冊のベストセラーだった。ワグナーは、デジタル環境は全体としてみれば子どもたちの学習にプラスになると確信している。『未来のイノベーターはどう育つのか』には次のように書かれている。「このような新しい学習形態が普及した結果、わたしが〝イノベーション世代〟と呼ぶ今の若者たちは、過去のいかなる世代よりも高いイノベーションや起業の潜在的な能力——とそれらへの強い興味——を持っている」。そう主張する根拠は次の点にあるという。「子どもたちはインターネットでは、教室にいるときとちがって、自分の好奇心に従って行動している。［中略］いやいやグーグルで検索する子どもはいない。楽しいから検索し、そこから先のリンクをたどっていくのだ」。だから子どもたちは「ネット上でのほうが、学校でよりもはるかにのびのびと創造し、つながり、協力し合うことができる」という。[15] インターネットでの学習を深いものにするには、子どもたちに質問日記をつけさせ、定期的にインターネットで自分の問いを探求させるのがいいと、ワグナーは教師に向けて――「親に向けて」といい換えてもいいだろう――提言している。

いっぽうで、デジタル環境は問いにとって有害になることもあり、その懸念は高まり続けている。前に紹介したわたしの友人、ティファニー・シュレインは――カリフォルニア大学バークレー校のロボット工学の教授である夫のケン・ゴールドバーグとともに――デジタル世界の最先端にいる人物だ。いち早くインターネットには世の中を一変させる力があることを見抜いて、ウェビー賞を創設するとともに、国際デジタル芸術科学アカデミーを立ち上げた。しかしそんな彼女でも、自分の子どもにはインターネットでばかり思考や会話の習慣を身につけてほしくないという。彼女の家族は週一回、「テクノロジーの安息日」を設けて、その日はいち日、デバイスを使わず、目の前にいる友だちや家族と過ごす時間を大事にするようにしている。

シュレインたちがその「安息日」に休む活動は何か。それは主にソーシャルメディアの世界での活動だ。フェイスブックやツイッター、あるいはニュースサイトのコメント欄などに熱心に書き込んでいる人を思い浮かべてほしい。思い浮かぶのは、固定観念に異を唱える質問を歓迎するとか、自分のまちがいをみずから探そうとするとかいうタイプとは正反対の人だろう。そのような人たちは自分と似た意見しか聞こえてこない「残響室《エコーチェンバー》」の外に出ようとしない。その特徴は多弁であるということだ。その書き込みには誰かの名前や、顔写真もしばしば添えられている。匿名や偽名の書き込みがなされるケースでは、ソーシャルメディアは問いを損ねている。それは問いが発されないからではなく、侮蔑や罵倒の問いがあまりに多いせいだ。特に一〇代の子どもたちの世界ではその傾向が強い。

おそらくどんなことでもそうだろうが、デジタル環境が問いに与える影響にもやはりいい面と悪い面の両方がある。世界じゅうの情報源と直接つながれるのはきわめて有益で、好ましいことだが、インターネットを使えばおのずと新しいいい問いが生まれてくるわけではない。ここで問わなくてはいけないのは次の問いだ。自分や家族がまちがいや、不快さや、沈黙をもっと積極的に受け入れることに、インターネットが役に立っているかどうか。もし役に立っていないなら、インターネットの使い方を見直す必要がある。

問いは家庭で始まる

柔軟にものを問う能力を子どもたちに身につけさせる責任は、誰よりも親や養育者にある。神経科学の研究で明らかにされているとおり、思考の習慣はかなり幼いうちに築かれる。おとなになってからも新しい思考の習慣を築くことは可能だが、情報に対する脳の反応の仕方がいちばん形成されやすいのは、子どものときだ。問うことに長けた世代を育てるためには、家庭内のことにもっと目を向けなくてはならない。

第2章で見たように、家族内でも権力の力学は働いており、子どもたちの問おうとする気持ちを削いでいる家庭はとても多い。それらの問いには健康や幸せになるための新しいヒントが隠されているかもしれないのにだ。逆に、わたしがインタビューをしたクリエイティブな人たちはほぼ決まって、子ども時代の話になると、いかに好奇心を育まれたかという思い出を語っている。

例えば、VMウェアの共同創業者、ダイアン・グリーンは入り江の町に住んでいた子どもの頃を振り返り、「父親がセーリングが大好き」で、自分も自由に「ひとりでボートに乗って、冒険に出る」のを許されていたと話している。そのような海での経験のおかげで、「ある問題がある方法で解決できなくても、必ずほかに解決する方法がある。それは単にいかにいい航路を探すかの問題なのだ」と学んだという。ゴールディーブロックスの創業者、デビー・スターリングは、父親の仕事のおかげで子どもの頃から世界じゅうを旅して回り、たえずカルチャーショックを経験していたと話している。インドの発明家ミール・イムランは、興味を持ったものはなんでも好きなだけいじったり、組み立てたり、分解したりしてみるよう両親にいわれていたという。ときには同じものを二つ買い与えられ、一つを分解のためだけに使うこともあった。イムランは医学部を出たのち、一九の会社を興し、現在までに約一四〇件の特許を取得している。

イムランの話からわたしが思い出したのは、アマゾンの創業者ジェフ・ベゾスが語っていた、テキサスの祖父の牧場で過ごした夏休みの思い出だ。ベゾスの祖父は独創的な「けっして他人に頼らない」人だったという。まったく動かなくなったトラクターを、ジェフ少年とふたりで修理しようとしたこともあった。祖父の「問題の解決に取り組むときの集中力のすさまじさ」と、「まったく知識のない分野――例えば、獣医学など――の問題であっても、必ず解決できると信じる楽観的な姿勢」にベゾスは感銘を受けた。このときに学んだ「どんな問題でも自分の力で解決しようとする自助の精神」が今日まで、ベゾスの成功を支えてきたという。[16]

わたしが子ども時代の話を聞いた人の中で、親がいちばん自覚的に子どもの問う能力を育てようとしていたのは、キャリー・シャールだ。シャールは現在、製薬会社アストラゼネカで社員研修の教官として、がん治療薬の営業チームの教育を手がけている。シャールの父は生涯、教育者だった。「わたしに問い方を誰よりも教えてくれたのは、父だったと思います」という。「わからないことがあって父のところへ行っても、けっして答えは教えてくれませんでした。いつもわたしに質問をするだけです」。これだけ聞くと、彼女の父親は解決のヒントをいくつか与えていただけのように想像するかもしれないが（わたしもそうだった）、実際にはそれ以上のことをしていた。「たぶん一〇歳のときです。父にこういったことがありました。〝パパ、わたしは答えが知りたいの。ブルームの分類法でどう問うかなんてどうでもいい！〟」

あまりに問いを重んじる親にときどきいらだちを募らせたことを、シャールは笑って振り返っている。「よくこんなふうに抗議していました。〝わたしはただ答えだけが知りたい。この男の子とつき合っていいの、いけないの？　評価の問いとか統合の問いとかはどうでもいいから、答えを教えて〟と」。しかし、今の仕事ではまさにそれらの問いがすべて役に立っており、「あれは最高の贈り物」だったと父親に感謝している。

デイビッド・マカルーが書いたライト兄弟の伝記には、弟オービルが友人から、きみと兄ウィルバーは「特別恵まれた環境に生まれなかった人間」でも、米国では大きな成功を収められることの偉大な見本だと称えられたときのエピソードが紹介されている。オービルはその友人にきっぱりと次のようにいったという。「でも、ぼくたちが特別恵まれた環境に生まれなかったというのは、当たってないよ。ぼくたちにとっては、子どもの好奇心をいつも大事にしてくれる家に育ったことがいちばんありがたかったんだから」[17]

またわたしが行っているインタビューでは、子どもがいる人の場合、自分の子どもたちにも問う習慣をぜひ引き継がせたいと話す人が多い。例えば、コカ・コーラ社でサステナビリティー活動の責任者として問う力を発揮するとともに、チーム内に問いが生まれやすい環境を築いているビーア・ペレスがそうだ。わたしはペレスに小さい子どもがふたりいることを知っていたので、次のように尋ねずにいられなかった。「お子さんの問う能力を磨くため、または、問おうとする気持ちを後押しするため、特別にしていることはありますか」

これにはやはり「いくつか、ある」という答えが返ってきた。その一つは、家族に考えるのを手伝ってほしいことがあるときには、夕食の時間に「家族会議」を開くという家族ルールだ。家族会議に早変わりした夕食のテーブルでは、「最初に話すのは夫やわたしではなく、年齢の小さい子から順番に話す」という。ある「会議」では、娘の学校での友人づきあいが議題になった。最初に娘がそれについて説明したあと、次に息子（兄）が発言した。問題について深く考えるための質問をするのが二番めに発言する兄の役割だ。次いで、ペレスが同様の質問をし、最後に夫が質問をする。質問のたび、意見が交わされる。ただし、それらの意見を取り入れるかどうかや、次の質問に移るかどうかは、家族会議を開いた本人が決めていい。そんなふうに夕食の時間を見事な問題解決と問いの訓練の場にしていることにわたしは感嘆した。これはほかの家庭でも容易にまねのできる手法だ。ここで紹介した理由もそこにある。

マイケル・シピーの手法もまねしやすい。それは子どもたちに本を読み聞かせるといういたって単純な手法だ。そのポイントは、主人公が子どもと同年代で、なおかつ境遇はまったくちがう物語を選ぶという本の選び方にある。そういう本を読むことで子どもたちの心に「主人公はどんな生活をしているのか、どんな社会に生きているのか、どうして西部に移り住むのかなど、次々と問いが湧いてくる」。わたしがインタビューをしていたときに読んでいたのは、ローラ・インガルス・ワイルダーの『大草原の小さな家』だった。その読み聞かせは「米国の歴史について、西部への移住について、そのような時代に生きることについて、数カ月にわたって会話をかわす」きっかけになったという。親であればたいていは読み聞かせをしているだろう。しかしシピーの場合、子どもたちに問いの習慣も身につけてほしいという思いがあり、読み聞かせにひと工夫が施された。

サイバーリーズンのリオ・ディブには、子どもたちの教育に自身の内省の深さは影響しているかどうかを尋ねた。ディブから返ってきたのは次のような答えだった。「その影響はあります。失敗について教えているのも、何事も試してみるよういっているのも、答えを与えないようにしているのもそうです。子どもたちには自分で問い、考えるようにさせています。いつも答えを教えてもらっていると、しだいに正しい答えを待つのが癖になります。子どもの場合、特にそうです。たいせつなのは、早いうちから正しい答えは一つではないことを理解することです。目的の実現につながる答えや方法はいくつもあります。そういうことを教えられれば、子どもたちの考える力はぐんと伸びます」

大学の課題

「大学の入門講座で深く考えることが求められることはめったにない。たいていは教授が、すでに調理された事実を皿にきれいに盛りつけて出してくれる。そのごちそうがどのように調理されたのか、どうしてその事実が信じられるようになったのか、先人が厄介な問題にどのように取り組んだのかは問題にされない」。ケン・ベインは高等教育と大学生の本分について論じた著書でそう指摘する。[18]「入門講座では、謎とか、論理的な探求の課題とか、あるいは難問とかは学生たちに与えられない。与えられるのは、試験のために頭に詰め込んでおく必要がある知識だけだ。だから学生たちはその学問分野でどのように問いが立てられ、どのように答えが出されてきたかを理解していない。自分で複雑な問いを深く掘り下げることもなければ、先人がどのように問いを掘り下げたかを学ぶこともない」

現在の大学の状況を嘆いている人は多い。今の大学生は理解を深めるための有意義な対話というものができなくなっているように見受けられる。相手と異なる意見はまったく口にされないことすらある。口にされないのだから、理解し合うことからはさらに遠い。一八歳を過ぎたそれらの学生を連れてきて、今から創造的で生産的な問い手に育てることはできるのだろうか。わたしはできると思う。子どもの頃に問うことを学び損ねたとしても、今からでも遅くはない。

イェール大学で法学の教授を長年務めているオーウェン・フィスが、二〇一七年、『法律家列伝』というすばらしい本を出版した。一章につきひとりずつ合計一三人の法律家を取り上げて、それらの法律家からどういう影響を受けたか、また、それぞれの法律家が世界にどういう足跡を残したかが述べられている本だ。この本では、それらの法律家たちのリーダーシップや教え方がいかに優れていたか——そこで問うことがいかに重要な役割を果たしていたか——が、公民権運動時代の法原理の変遷についての話などと同じぐらいたっぷりと論じられている。

例えば、シカゴ大学ロー・スクールの重鎮ハリー・カルベンから受けた指導について書かれた箇所を見てみよう。ふたりの師弟関係は一九六八年の夏、フィスがシカゴ大学に奉職したときに始まる。フィスによれば、ふたりのやりとりはいつも問いをきっかけに「熱気に満ちあふれた」対話へと発展したという。それは美しい花が咲く庭園をぶらつきながらのこともあれば、湖のほとりを歩きながらのこともあった。「会話が彼の指導法だった」とフィスは書いている。

ハリーは弟子の発言の中にかすかに光るものを見つけ出しては、それを奥深い豊かな表現でいい直すことで、弟子に理解を深めさせ、さらに問いや意見を引き出そうとした。こちらは何かいわなくてはいけないと感じ、必死で考え、問題を別の角度から見ようと努めた。そんな会話からは次々と新しい洞察が得られた。わたしがハリーから受けた指導の中心をなしていたのは、そのような会話だった。それはわたしに得難い経験をもたらすとともに、師匠の類まれな資質を示していた。

フィスは「ハリー・カルベンは天才だった。真に独創的な知性の持ち主だった」と断言している。カルベンと議論をすると、最高裁判所の最近の判決についてであれ、政治情勢についてであれ、法律教育の未来についてであれ、「ほとんどいつもわたしは自分の考えを改めることになった」という。おそらくみなさんにも、よく振り返ってみれば、そのように問いによって「次々と新しい洞察」を引き出してくれる指導者がいるのではないだろうか。あるいは、そのような問いを自分で見つけられるよう導いてくれる指導者がいるのではないだろうか。

オーウェン・フィスは、生徒の意欲に火をつけるすばらしい教師と出会ったいっぽうで、悪しき指導によって意欲を削がれた経験があることも、はっきりと書いている。ハーバード大学ロー・スクールの一年めには、次のような誰が聞いてもあきれるようなひどい教授の指導を受けた。一二五人のクラスに女子は三、四人しかいない時代だ。

当時も今と同じように、学生たちは自発的に意見を述べたり、質問をしたりするのがふつうだったが、リーチ教授の授業はちがった。教授から指された学生だけが発言を許され、暗記した判例を答えるなり、教授の質問に答えるなりするのだ。しかも初回の授業のとき、リーチ教授はふだんは女子学生を指さないと宣言した。一回か二回、「レディース・デイ」を設けて、その日にだけ女子学生を——女子学生だけを——指すという。

今でも、フィスはこのときのことを思い出すと、自分やクラスメートがこの不当な差別に抗議しなかったことが悔やまれるという。「わたしたちはただ黙り込んで、不満の声を上げもしなければ、ぶつぶつと文句をいうことさえなかった」。カルベン効果が、洞察を次々と引き出すものだったとすれば、この教授の効果は同じように確実に洞察を妨げるものだった。この教授は問うのがへただったとも書かれているが、それは偶然ではないだろう。[19]

問いをじょうずに使える——常識に疑問を投げかけ、相手を熱気にあふれた対話に引き込むことができる——教師のもとでは、学ぶ側も伝統的な考えに異議を唱えることをためらわなくなる。改めるべき古い先入観であれ、明白な偏見であれ、それらに立ち向かえるのは、従来の学生の立場に縛られず、問うことができる学生たちだ。[20]

MITのわたしの同僚のロバート・ランガー——医療テクノロジーのイノベーターで、「医療界のエジソン」と呼ばれる——も、学生の教育に関しては同じようなことをめざしている。最近のインタビューで、次のように答えている。「学生時代は、質問にどれだけよく答えられるかで評価されます。誰かから質問され、それに正しく答えられれば、いい成績がもらえるというわけです。ですが、実人生では、どれだけよい問いを立てられるかで、評価が決まります」。学生やポスドクの研究者を指導するにあたっては、この評価軸の転換にはっきりと重点を置いているという。「優れた問いを立てられれば、教授になっても、起業家になっても、ほかの何になっても、立派な業績を上げられる」と確信しているからだ。

遅すぎることはない

最後に、管理職の人たちに向けて、いくつかの提言をしたい。管理職もまた、次世代の問い手の育成において重要な役割を担っている。会社に新たに入ってくる人の中に、問う習慣がしっかり身についている人は少ない。しかし誰しも転職をすると、積極的な学習モードになり、「ここではものごとはどのように行われているか」を必死で把握しようとする。そのような状態のときには、上司や同僚の影響を受けやすい。というより、受けないでいることはできない。では、問うことがたいせつであることをみんなにいっそう明確に示すため、管理職には何ができるか。

第一には、自分がどういう環境を築いているかを考えよう。それは本書の一貫したテーマでもある。前に広告会社TBWAがルーム13を支援していることを紹介した。TBWAが子どもたちの創造性を育む活動に協力しているのは、当然、創造性が自社の事業の核をなしていることと関係している。同社のクリエイティブディレクター、ジョン・ハントは、ルーム13の子どもたちの精神にあやかって、自分でもクリエイティブな作品を制作して、その売り上げをルーム13に寄付しようと思い立った。その結果書かれたのが『アイデアの技法』という本だ。執筆の動機は二つあるという。「第一には、アイデアが浮かんだり、消えたりする状況には一定の〝パターン〟があることに気づいたということ。わたしはそれまでアイデアとは、純粋なひらめきによって得られるものだとばかり思っていた。だからほかにもいろいろな要素がアイデアの創出につながっていること、あるいはその妨げになっていることを発見し、興味をかき立てられた。第二には、アイデアには身分や地位も関係なければ、特別な才能も要らないことを説明したかったということ。誰でもアイデアを思いつくことはできる」[21]

そう考えたハントは以来、アイデアの創出につながる——少なくともそれを妨げない——環境を築くことと、全員にアイデアの創出に貢献してほしいという信号を送ることにいっそう意識的に取り組むようになった。このようなマインドセットはハントに、社員ひとりひとりに個別に働きかけるという行動を起こさせ、それがやがては、ほかのどんなフォーマルな手段よりも社内の文化を育むことに役立った。

同じことは誰にでもできる。例えば、問う人を支えるという姿勢をはっきりと打ち出せばいい。

自分には問えなかったことを問うてくれた勇敢な部下を自室に呼んで褒めるだけではだめだ。その場で、みんなの前で、その人——または自分が考えつかなかったいい問いを発した人——を褒め、支持する。そうすることでそこにいるほかの人が、そういう行為がどのように評価されるかを目の当たりにできる。ネット証券チャールズ・シュワブのウォルト・ベッティンガーが実践しているように、「何がだめか?」というような問題を探るのは全員の仕事であることを、はっきりと伝えることが肝心だ。

あるいは考えることを誘発する刺激をチームのメンバーや部下に与えるという手もある。これはクライアントに対しても使える手だ。プロフェッショナルサービス企業ＥＹでは、あらゆるものを伝えるうえで——首脳陣の交代の発表から、クライアントサービスの手法の紹介、何百万ドルというブランドキャンペーンまで——問いの力が活用されている。おそらくみなさんも空港や主なメディアでその広告を目にしているだろう。それらの広告はどれも印象的な写真と問いで構成されている。例えば、次のような問いがその典型だ。「ＡＩが船を操る時代にあなたはビジネスの舵をどのように取りますか」。先日、この「いい答えは、いい問いから」キャンペーンを手がけたマーケター、ジョン・ルーダイスキーと話す機会があり、従来の広告とは一線を画するスローガンを思いついたきっかけを尋ねてみた。

ルーダイスキーがＥＹに加わったのは、ＥＹが「よりよく働く世界を築く」というキャッチフレーズを掲げ始めたときだった。新会長マーク・ワインバーガーはこれを単なる顧客に対する宣伝文句とは考えていなかった。世界じゅうのすべての労働者と同じように、仕事にやりがいを感じたいと思っている自社の社員に向けたメッセージでもあった。一流のアドバイザーが世界的な企業に対して説いているのはそういうことなのだと、ワインバーガーは社員に理解させたかった。つまり一流のアドバイザーはクライアント企業の「働く世界（職場）」がよりよくなるよう手伝うことで、その企業の経営を向上させる。と同時にクライアント企業の経営を向上させることで、世界が「よりよく働く（機能する）」ようにする。このように二通りに読めるキャッチフレーズの巧妙さはじつに見事だった。ルーダイスキーに与えられた課題はそれをさらに推し進め、ＥＹの社員がいかにそういうことを実践しているかを伝えることだった。

ルーダイスキーはその答えを問いに見出した。「社員と話をしてみると、それはすぐにわかりました」という。一流のコンサルタントはただクライアントの質問に答えたり、クライアントが抱える問題の解決案を提供したりするだけではない。クライアントがよりよい問いを見つけるのを手伝うということもしている。よりよい問いとは、もし答えられれば、大きな変化をもたらすような問いのことだ。「わたしたちがクライアントの問題の解決を手伝うことはすべて、わたしたちの〝働く世界〟をよりよくすることにつながっています。問うたび、答えるたび、わたしたちは〝よりよく働く世界〟を築いているわけです」

ここで注目すべきは、ＥＹは広告キャンペーンで成し遂げるべきは何かも、定義し直していることだ。広告は単に企業のイメージを変えるだけではなく、その企業の社員の仕事に対する姿勢を変えるものでなくてはいけない。社員たちにもっと問いを使ってやりとりをするよう、広告を通じて促すことができる。マーク・ワインバーガーはわたしに次のように話している。「〝このAとB、それにCをせよ〟というよりも、〝このようなことを成し遂げたいと思っている。そのためにはどのように取り組めばいいだろうか〟と問い、対話を交わすようにしています。その効果には目を見張るものがあります。相手が若い社員であっても、命じるより問うほうが、はるかにすばらしい成果を上げてくれます」。同時にこの広告キャンペーンは、どのようにクライアントの力になるかについてもEYに再考を促した。「このキャンペーンがほんとうに成果を上げられるのは、顧客とともに問いを掘り下げ、見直すことで、わたしたちが直接それを実践することによってです」とルーダイスキーは話している。例えば、パメラ・スペンスというEYのパートナーは「クライアントが問いを発したとき、その問いを見直し、もっといい問いに変えた」ことにより、EYの目玉プロジェクトを任されたという。

このように同僚やクライアントなど、周りの人間のものの見方に影響を与えることはみなさんの職場でもできる。例えば、ワークショップ・スクールの事例で紹介した問いのくじ引きを使うという手法がある。会議の最初に、考えの糸口になる問いのくじを引かせることで、自分たちがするべきことについて大局から考えるよう促せる。あるいは会議の前に配る資料に、ふだんの仕事とは直接関係ないけれど参考になりそうな記事や、生まれつつある新しいトレンドについて解説した記事などを含めてもいい。顧客のもとを訪問するとか、ゲストスピーカーを招くとかいうやり方もある。またはリーダーとして質問日記をつけるというのも有効だ。ヴァージン・グループの創業者リチャード・ブランソンは、若い頃からずっと質問日記を書き続けていて、会話を活気づけるのに利用しているという。どのような方法を選ぶ場合でも、大事なのはそのあとのフィードバックだ。新しい情報なり、視点なりを得たことで、自分たちの問い——と答え——にどのような変化があったかを確認しよう。

同じように重要なのは、いい問いはなんらかの成果につながっていることを社員に示すことだ。いい問いを発してもそれによって何も変わらなければ、その問いを発した社員の創造性は結局、尊重されなかったということになる。いい問いについては、新しい洞察なり、実際の改善なりに結びつくまで、じゅうぶんに生かさなくてはいけない。そして成果が上がったあかつきには、新しい問いからいかに価値を創造するチャンスが生まれたかを振り返って、みんなに報告する。飛躍的な前進を祝う際は、必ず、よい答えにつながった最初の問いにまでさかのぼることが大事だ。なぜその問いが正しい問いであったかに重点をおいて、そこに至るまでの経緯を振り返るといい。

問う行為を浸透させるためには、みずから積極的に問い、手本を見せることも必要だ。わたしの親しい友人のひとりにフォーチュン500の常連企業で経営に携わっている女性がいる。わたしたちは何度も新しい問いを立てることがいかにたいせつかという話をした。実際、彼女は部下たちが安心して問えるように気を配って、従来の考えにどんどん疑問を持つよう促していた。ところがそんな彼女が最近、部下を裏切っていた気がするということを口にした。「わたしは自分

年に一度のEYのクライアントの研修会「ブレステーキング」のようす。ギル・フォーラーのチームがC_2と共同で考案した。さまざまな感覚器官を刺激する空間や体験――クエスチョン・バーストも含む――によって、世界規模の課題について触媒的な問いや洞察が引き出される。

床からおよそ10メートルの高さの宙に並べられた椅子。ガラスの天井を破るとか、経営幹部層や役員会の男女平等を実現するとかいう議題を話し合うのには打ってつけの場所だ。

EYは創造的な環境を作ることに力を入れている。誰もがよりよい問いを発しようとすることができ、願わくはいくらかでも賢い世界を築くことができる、そんな環境だ。

より役職が上の人に向かっても、部下や同僚に対するときと同じような質問をしていました。ですが、集団の場ではそうしようとしていませんでした。さしでがましいと思われるのを恐れたからです」。彼女の上司は彼女のようには、問いを歓迎するという信号を送る配慮をしていなかったのだろう。しかし自分が黙っているかどうかは上司にどう思われるかだけの問題ではないことに、彼女ははっと気がついた。上役のいる場でも自由な発想をし、なんでも疑問を口にしようとつねづねいっていながら、自分がその手本を示せなかった。そのせいで彼女は今、チームに問う習慣を浸透させるのをみずから妨げてしまった——それも会社が創造的な考えを切実に必要としているときに——と感じている。

EYのマイク・インセラもわたしにそれととてもよく似た話をしている。インセラによれば、EYに入ってくる若い世代は、少なくとも初めのうちは、「生意気なぐらいずけずけと意見を述べる」。ところが、「ベテランになるにつれ、疑問を抱いても、それらの問いをどこで口にするかを慎重に選ぶようになる」。現状を批判する問いは結局同僚のあいだでつぶやかれるだけに終わってしまう。その事実が何を意味するかは、若手にもわかる。「若い社員が問うのをためらうようになるのはそのせいだと思います。上の人間がそうするのをためらっているのを見るからです」

新しい世代には新しい問いがある

どの世代においても誰よりも進歩に貢献するのは、その時代にふさわしい正しい問いを立て、そこに全力を注ぐ者たちだ。わたしたちの世代が今、夢中になっていることは、親の世代にはさほど興味を持たれていなかったし、子どもの世代には最大の関心事ではなくなるだろう。だとするなら、新しい世代の問い手が育つということは、新しい世代の問いが生まれることを意味する。それらの問いの中には、わたしたちにはいい問いだと思えないものや、すでに解決済みの問題に対して価値のある新しい視点をもたらすとは思えないものがあるだろう。

この緊張関係を見事に描き出している作品としてわたしが好きなのは、サン゠テグジュペリの『ちいさな王子（星の王子さま）』だ。この物語の語り手は、王子が小惑星B612から来たと推測したことについて、次のように弁明している。

> 小惑星B612についてはこんな細かいことまで話したのは、そして番号までもちだしたのは、ひとえにおとなたちのためだ。おとなは数字が好きだからね。きみたちがおとなに、新しい友だちのことを話すとしよう。するとおとなは、大事なことについては決して質問しない。「その子、どんな声をしてる？　好きな遊びはなに？　チョウを集めてるのか？」な

どとは絶対にいわない。そのかわりに、「何歳？　きょうだいは何人？　体重は何キロ？
その子のお父さんの年収は、どれくらい？」などといいだす。それでやっと、その子を知ったつもりになる。[22]

（野崎歓訳、光文社古典新訳文庫より）

古い世代には、若い世代の問いは得てして見当はずれのものに感じられる。だから多くの家庭で、子どもたちはのびのびと問わせてもらえず、学校や社会の制度にも子どもたちを黙らせようとするものが多い。

このような社会における問いの現状を変える試みとして、わたしは「4-24プロジェクト」なる運動を推進している。一日四分間（二四時間のうちのたった四分間）集中して問う習慣を社会に広めようという、いたって地味な運動だ。それでも着実に成果を上げている。四分間という時間は、第3章で紹介したクエスチョン・バーストの手法にもとづくものだ。それだけの時間があればかなりのことができる。ただしクエスチョン・バーストは毎日行う必要はない。むしろ、問いを引き出す方法は日によっていろいろと変えたほうが効果的だろう。一日四分は一年ではほぼちょうど丸一日になる。それぐらいの時間を意識的に問うという創造的な活動に割くことは、さほど無理な要求ではないだろう。とりわけ、創造性を高めたいという意欲がすでにあって、行き詰まりを打開する新しい糸口を見出したいと思っている人にはそれぐらいの時間を割くことはなんでもないはずだ。[23]

より多くの問いが立てられるほど、今まで発言できなかった人がより多くの発言の機会を与えられるほど、世の中はより多くの問いの恩恵を受けられるようになることを、わたしたちはもっと信じるべきだ。課題やチャンスによって特にむずかしいものもあれば、特に大きな可能性を秘めているものもあるだろう。何より重要なのは、世界の最大の問題はいまだに解決しておらず、それを解決できるかどうかはひとえに次の世代がよりよい問いを立てられるかどうかにかかっているということだ。人類にはそれらの課題を克服するに足る知性が備わっているのだろうか。最終章となる次章ではそのことについて考えてみたい。

第9章　大きな問いをめざすのはなぜか？

「ショー・ミー」という曲は神への祈りとして書いた。神に生と死について、それから、どうして世界はこんなに苦しみに満ちているのかについて、飾らずに率直に尋ねている。この曲を歌い続けているうち、そういうことを尋ねる相手は神だけに限るべきではないと気づいた。ほかの人たちや自分自身にも尋ねてみるべきだ、と。

――ジョン・レジェンド

もう二〇年続いているゲリー・スラットキンの先駆的な取り組みのきっかけとなったのは、一九九〇年代末にひらめいたある問いだった。スラットキンは当時、アフリカでの感染症の拡大を防ぐ仕事を終え、米国に帰国したところで、シカゴに住んでいた。その頃、シカゴ市内の治安の悪い地区では銃を使った暴力事件が絶えなかった。報復合戦の悪循環を断とうとする対策や取り締まりはことごとく失敗していた。日々そんなニュースに接していたスラットキンはある日、ふと思いついた。個々の解決策の欠点にばかり目を向けていてもだめなのではないか。それよりも問題の本質を大胆に捉え直す必要があるのではないか。発砲事件を刑事司法の課題としてではなく、公衆衛生の現象として捉えたらどうだろうか。コレラ対策の要領で対策を考えることで、もっと効果的な介入が可能になるのではないだろうか。要するに、銃による暴力は文字どおり感染するものなのではないだろうか。

心理学の分野では、マーティン・セリグマンが心理学会の会長に就任したときに問いの転換が行われた。一九九八年以前、心理学者たちは精神疾患や知能障害の問題に取り組むにあたって、それらのネガティブな特質がないことが健康で幸せな状態であるという前提に立っていた。セリグマンは学会の年次会合の講演で、その前提を覆してみせた。健康で幸せな状態とは、なんらかのポジティブな要素があることにより促進されるのではないか。それらの幸せの鍵を握る要素は、具体的に把握でき、計測でき、育めるのではないか。いい換えるなら、心理学者たちは研究の対象を「弱点」から「長所」へと切り替えるべきではないか、と。

現代の環境保護運動が始まったのは、レイチェル・カーソンが世の人たちに広く問いを突きつけたときからだ。一九五〇年代、生物学者だったカーソンは文才を発揮し、神秘的な海の世界を一般の人たちに紹介する本や記事を書いていた。しかし生態系の見事さについて調べたり、執筆したりする中で、殺虫剤による被害の話をたびたび耳にするようになった。中でもＤＤＴはとりわけ深刻な被害をもたらしていた。一九六二年、カーソンは『沈黙の春』を出版し、化学物質を使って自然界を支配するという考えに異議を唱えた。「地球の表土にあれだけ大量の毒物を撒き散らしていながら、地球をあらゆる生命に不向きの惑星に変えることはないなんて、誰が信じられるだろうか」。カーソンはそう問いかけ、さらに次のように述べた。「放射能が遺伝子に及ぼす影響を知ったとき、わたしたちは恐れおののいた。当然だろう。ならばどうして、広範囲に散布されている化学物質も人体に同じ影響を及ぼすことに、無関心でいられるのか」。カーソンは問いかけというスタイルで書くのが好きだった。そしてその問いかけによって、世界じゅうの人々を行動へ駆り立てた。

問いの中にはときどきそのように大きな問いがある。本書ではまず初めに、ビジネスでも、そのほかのさまざまな場面でも、新しい問いこそ――得てして気づかれていないが――洞察の生みの親であることを確認した。そして、そういう問いのスキルは努力によって身につけられること、次の世代に引き継げることをここまで随所で強調してきた。それらのことがすべて、本章のメッセージにつながっている。それは優れた問い手になるためには、視野の広い問いを立てる能力――と大胆さ――を身につけることが欠かせないということだ。世界の問題やチャンスが大きければ、それだけ大きな洞察が求められ、大きな洞察のためには、それだけ大きな問いを立てることが必要になる。

大きな問いを立てる

世の中には大きな問いを立てることが得意な人間というのがまちがいなくいる。真っ先に思い浮かぶのは、イーロン・マスクだ。わたしが初めて彼と話をしたとき、話題は分野のまったくちがいくつもの会社を興し、それらを成功に導いたことに及んだ。最初に立ち上げたスタートアップはジップ2というウェブ用のソフトウェアを開発する会社だった。ペイパルは金融サービスの会社であり、テスラは電気自動車のメーカー。スペースXは再利用可能なロケットを作っている。さらにボーリング・カンパニーは交通インフラの会社だ。どうやったらひとりの人間がこれだけさまざまな領域でリーダーシップを発揮できるのか。

マスクはそれに関して、問題に対処するときに念頭に置いていることを二つあげるとともに、自身のベンチャー事業が成功した理由をいくつかそれとなく語った。いちばん最初にマスクが口にしたのは、第1章でも紹介したように、よりよい解決策を見つけるためには「第一原理」に戻るのがいいと信じているということだった。そう信じているのは、どんな問題でも、変えられることと変えられないことについての誤った先入観が長年のあいだに築かれてしまうことを自覚しているからだ。その次にマスクは、斬新な解決策の多くは異なる分野のアイデアの相互作用から生まれていると指摘した。「どんな分野にも、むずかしい問題の解決に多大な労力を注いでいる人はいますが、それらの人たちがこんなふうに問うことはあまりありません。〝この解決策をほかの分野に応用できないだろうか〟と。そういう応用にはほんとうにすごい威力があります」

ベンチャー事業の成功の要因についてマスクがそれとなく語ったのは、わたしがハイパーループ構想について尋ねたときだった。マスク自身、その構想が本格化したことに驚いていた。そもそもの始まりは、サンタモニカでの講演の際に思いつきでしゃべったことにあった。「講演に遅れた理由を説明していたんです。それで、まったく新しい交通手段が必要だということをいい、つい〝新しい交通手段のアイデアが一つあります〟なんて口走ってしまったんです」。実際に、そのアイデアは思いつき以上のものではなかった。会場へ来る途中、ふと頭に浮かんだだけのものだった。しかし、「たちまちインターネットで話が広まって、逃げられなくなりました。どこへ行っても、〝そのアイデアとはどういうものなのか〟と訊かれるんです。まいったな、というのが正直なところでした」。最初に公表した構想は現実的ではないことがわかり、練り直さなくてはいけなかった。やがて実現可能な計画ができあがると、「周りに手伝ってもらって計画書を書き、発表し、ツイッターにリンクを貼り、三〇分の記者会見を行った」。ハイパーループは、つまり、もはや口先だけのものではなくなっていた。「と、まあ、そういうふうに始まったわけです」とマスクは話を締めくくった。

しかし、「そういうふうに」とはどういうふうにか、もう少し掘り下げられるのではないだろうか。マスクの問いがそれほどすみやかに実行へと移されたのには、わけがいくつもあるようにわたしには思える。第一に、マスクはここでもやはり大きな問題をターゲットにしていた。「一般の人たちが交通システムに不満を抱いていて、抜本的に改善してほしいと望んでいた証拠だと思います。だから、あれだけ関心を呼んだのでしょう」というのがマスクの分析だ。マスクはもともと自分ではまったく計画を推し進めようとしていなかったが、問いがほかの人々を行動へと駆り立てた結果、マスクももっと本気で取り組まざるをえなくなった。ハーマン・メルヴィルは

『白鯨』の中で、執筆の理由を次のように説明している。「壮大な物語を生み出すためには、壮大なテーマを選ばなくてはいけない」[1]。同じことは壮大な問いを生み出すことにも当てはまる。おおぜいの人を悩ませている問題の核心をついた問いを立てるとき、世の中に多大な影響を及ぼせる。

第二には、そのように世間から注目されたとき、マスクは真剣にその構想に取り組み始めた。単なる空想だったといって話を引っ込めもしなければ、すでに大きな会社を二社も手がけているから余裕がないと（しごくもっともな）言い訳もしなかった。そうはせず大それたアイデアを実現可能なものにするという課題に力を注いだ。その過程で、さらに多くの問いが発され、答えられた。

第三に、マスクの発言がそれほど世間をにぎわせたのは、マスクが過去に数々の問いに取り組んで、それを最後までやり遂げていることが、世間に知れ渡っていたからだった。マスクはわたしたちのインタビューで、大事業に挑戦するためにはまず信頼を獲得しなくてはならないという自身の強い信念を語っている。それは他人にも要求していることで、わたしたちが社員の採用基準について尋ねると、次のような答えが返ってきた。「傑出した能力があることを示す実績があるかどうかを見ます。［中略］大卒かどうかは問いませんし、高校を出ていなくても、かまいません。大事なのは、困難な問題を解決したことがあるかどうかです」。もちろん自分自身に対してもその厳しさは変わらない。試作品のレベルが「あらゆる問題点を克服し、低コストで商業生産できる」ところまで達して初めて、投資家に出資を求めるという。そこで語られているのは、まさに本書の第7章で論じた「問いの資本」につながる信頼だ。問いを立てるだけではなく、それを成果に結びつけることで、「問いの資本」は築かれる。

第四には、「問いの資本」が増すのは、「探求」にほかの人たちを引き込みたいという思いがみんなにはっきり伝わるときだということ（本書の冒頭で引用したエリ・ウィーゼルの言葉を覚えているだろうか。問いとはすなわち探求だ）。テスラが企業ランキングで首位に輝いたとき、わたしたちはふたたびマスクと話をした。競合企業に勝った喜びに酔いしれていてもふしぎではなかったが、マスクはそれよりも競合企業に影響を与えたことを喜んでいた。

自動車産業に電気自動車を再検討させたのはテスラです。カリフォルニア州の規制が変更されてから、自動車各社はこぞって電気自動車事業から撤退していました。GMはEV1を全車リコールして、廃棄したほどです。電気自動車を作るメーカーは一社もない状態でした。そこへわれわれが登場して、まずロードスターを開発しました。それがGMにボルトの開発を促しました。GMがボルトを発表すると、日産は自信を深め、リーフの事業を本格化させました。ですから、自動車の電気化はすべてわれわれから始まったんです。まだ進み方はのろのろとしていますが、着実に前へ進んでいます。これは大いに意義のあることだと思います。

イーロン・マスクも問いの力を熱心に説いている問題解決の達人のひとりだ。一四歳のときにダグラス・アダムスの『銀河ヒッチハイク・ガイド』を読んで、「答えるより問うほうがはるかにむずかしいこと、問いさえ立てられれば、答えるのは易しいことを学んだ」とさまざまなところで語っている。わずか一四歳で、正しい答えを知るだけでは限られたことしかできないと気づいたマスクは、現在その並外れた知性を、よりよい問い――常識を打破し、新しい発見の経路にエネルギーを振り向ける問い――を立てることに使っている。なぜマスクはふつうの人に比べてそのような問いを立てることに長けているのか。それは何より、早い時期にそれを始め、ずっとし続けているからだろう。

問いを生きる

二〇世紀初頭のオーストリアの詩人ライナー・マリア・リルケが書いたものの中に、問うことと答えることのちがいを見事にいい表した一節がある。

心の中で未解決になっていることがあっても、焦ってはいけない。問いそのものを愛そう。鍵のかかった部屋のように、または外国語で書かれた本のように。今はまだ答えを探してはいけない。探しても、今のあなたに答えは見つけられない。なぜならあなたはその答えを生きることができないだろうから。たいせつなのは、どんなことでもそれを生きること。今は、問いを生きよう。そうすればきっといつか、少しずつ、自分では気づかないうちに、答えを生き始めているだろう。

このあいだ、ニューヨーカー誌でアンドルー・ソロモンがこの一節を取り上げて、次のように論じていた。「着眼点はすばらしいが、話が逆だ。最初のうちは、答えを信じることで前に進めるものだ。いっぽう、問いは答えよりはるかに捉えがたく、信じられるようになるまでには長い時間がかかる。多くのことを知っているかどうかは、単純に勤勉さの問題だ。しかしわからないことを受け入れるのは、むずかしい。答えがわかってもわからなくても問いは貴重だと信じられるのは、成熟した作家にして初めてできることであり、未熟な初心者の特権ではない[2]」

リルケがまちがっていたのかどうかは、わたしにはわからない。そもそもこの文章は「若い詩人への助言」と題されている。だとするなら、リルケの意図はおそらく、成熟した作家として獲得した知恵を若者に授けることにあったのだろう。自分自身が未熟な初心者だった頃にそういうことを知っておきたかったという思いがあったのだろう。とはいえ、「問いを生きる」ことができるのはたいてい人生の後半になってからだというソロモンの指摘には頷ける。わたしが行っているインタビューでもそう感じることがとても多い。

わたしの印象では、多くの人はそれぞれの分野で円熟の域に達した段階で大きな問いに取り組み始めている。そのような段階では、最高の技能を習得しているだけではなく、自分の仕事をそれまでとはちがった目で見つめ直すことができるようになる。そうすると自分の技能――その頃には自分のアイデンティティーの核をなしている――をより大きな目的のために役立てたいという思いが芽生える。例えば、第6章で紹介した調停の専門家、トニー・ピアッツァがそうだった。三三年間、調停の腕前を磨いてきたピアッツァは次のように話している。「遅まきながら、自分がやりたいことが見つかりました。この仕事で学んだことを生かして、武力衝突にまで発展してしまった争いの和解をいくらかでも助けられないかと、思っています」。自分の技能が「ちがう種類の対立の調停」にどれだけ役立つか。ピアッツァはそのような問いにもとづいて、非営利団体を立ち上げた。

ロンドンとブロードウェイの舞台のヒット作『戦火の馬』を手がけた創作集団、ハンドスプリング・パペット・カンパニーの創業者たちの例は、まさにこの「遅いが遅すぎはしない」タイミングで自分たちの仕事を見つめ直した典型だ。大多数の観客にとって、『戦火の馬』は初めて観るエイドリアン・コウラーとバジル・ジョーンズの作品だった。しかしじつはふたりは二〇〇七年のその初演時にはすでに、何十年にもわたって数々の独創的な人形劇を上演していた。『戦火の馬』はふたりに個人的な面で転機をもたらす作品となった。「『戦火の馬』では自分たちは舞台で演じていません。それは三〇年ぶりのことでした」とジョーンズはいう。「ちょうどこの作品のときに、二つのことが重なりました。一つはその頃、自作についての本『ハンドスプリング・パペット・カンパニー』』を書いていたこと。もう一つは、この作品で初めて演技者ではなく〝人形劇の監督〟になったことです。わたしたちは突然、自分たちの作品について分析的に考える必要に迫られ、〝なぜ人形を使うのか〟という問いに答えることになりました」

ジョーンズはそれまでそんな問いを考えたことは一度もなかったと笑う。

そういう質問はそれまで愚問だと思っていました。ダンサーに向かってジャーナリストが「なぜ踊るのか」と尋ねる類の質問です。そんなことを訊かれても「それがわたしの仕事です」としか答えようがないではないか、と。ですが、じつはそれはとてもいい質問でした。そのおかげで「人形劇の魅力は何か」という問いに答えなくてはいけなくなったからです。わたしたちはそのことについて本を書き、人間劇の魅力とは何かがだいぶ明確になりました。今では、それを伝える活動に力を入れています。人形劇は最高にすばらしい、新たな芸術の形態であり、実際に力強い表現を生み出してもいるのに、一般の人々にはまだほとんど知られていないからです。

ジョーンズがいっているのは、一つには、操り人形は舞台上で人間の経験の真実を再現できるのに、「演劇の名作と呼ばれる作品群ではまったく使われていない」ということだ。赤ん坊や幼児——あるいは動物——を毎晩、舞台に立たせて、期待どおりの演技をさせるのは不可能だという事情から、劇作家たちはあらかじめストーリーからそれらを省いている。操り人形のもう一つの長所は、「感情表現の補装具」として使えることだ。トラウマになるような経験をした人が「他人にその経験を話すとき、素の自分のままより、操り人形という補装具を使ったほうが話しやすくなる」とジョーンズはいう。「例えば、父親が投獄されたことの悲しみや、それをどう受け止めたかを語るとき、操り人形を使えば、語るのがだいぶ楽になります」と。

ふたりと話をしてよくわかったのは、コウラーとジョーンズのプロジェクトにはいつもはっきりとした社会的なテーマがあることだ。アパルトヘイト時代に非白人居住区として設けられたタウンシップに暮らす南アフリカ（ふたりが生まれ育った国）の子どもたちとの共同作業から、動物を中心に据えた演目の制作まで——さらにいえば、同性愛者であることが危険な地域で、四〇年にわたって公然と同性愛者として暮らしている自身の経験も含め——ふたりはつねに声なき声に声を与えることをめざしてきた。ふたりが農村やタウンシップ（ケープタウンの自身の工房はその近くにある）の若者の中から次世代の人形劇の担い手を見つけ、育て、支えるため、ハンドスプリング人形劇芸術基金という非営利団体を立ち上げたと聞いたとき、わたしは驚かなかった。ハンドスプリング・パペット・カンパニーがフルタイムのスタッフ二〇人以上とおおぜいのパフォーミングアーティストを擁するにまで成長したことにも驚いていない。仕事を通じてより大きな問いに取り組もうとすれば、おのずと仕事の規模もそれに応じて大きくなる。

大きな視野に立つ

コウラーとジョーンズが自分たちの仕事の目的についてより大きな問いを立てて、それに取り組み始めたのが、パフォーマーとしての役割からいくらか退いたあとだったのは偶然ではない。リーダーとして成功している人たちには、そういうことが共通して見られる。解決策ばかりに意識を向けず、じゅうぶんに問いを掘り下げることで、組織を成功に導いているリーダーたち――ビジョナリーとか、部下をやる気にさせる達人として有名なリーダーたちが、たいてい起業家であるのもおそらく偶然ではないだろう。とりわけ、革新的なテクノロジーを利用して、産業に破壊的な解決策をもたらす、ユーイング・マリオン・カウフマン財団が「ハイインパクトな起業家」と名づけている者たちの場合にはそういえる。スティーブ・ジョブズも、ロビン・チェイス（ジップカー）も、アン・ウォイツキ（23アンド・ミー）も、ダイアン・グリーン（VMウェア）も、ジェフ・ベゾス（アマゾン）も、大胆な問いを立てることから始めるとともに、そうし続けられる「問いの資本」を持っていた。

ある意味でそれ以上に興味深いのは、経営の役割を引き継いだ人物がどのように、「見事な答え」を出すことから「見事な問い」を立てることへと自身の役割の転換を図るかだ。この点では、フィデリティ・インベストメンツのCEOアビゲイル・ジョンソンにわたしは特に感心させられた。フィデリティ・インベストメンツでは、クエスチョン・バーストが先入観を洗い出すためのほかの手法とともに取り入れられていて、わたしも彼女が社内に築こうとしている問いの文化にいくらか触れたことがある。彼女は本気で、問いを重んじる気風を社全体に行き渡らせることが必要だと考えている。ただし、フィデリティでは自然にはそうはならないという。「この会社は創業当初から一貫して、行動指向型です。顧客の課題を見つけて、問題点を明らかにする指標を示したら、すみやかに問題の解決に進みます。すでに目の前に問題があって、それを解決する手段もわかっているときに、わざわざブレインストーミングに時間を割いて、顧客が何を必要としているかをあらためて突き止めようとするというのは、じれったくてなかなかできません。ですが、顧客体験に影響を及ぼすもっと大きな、もっと根本的な問題を見逃さないためには、問うプロセスが欠かせません」

ジョンソンの仕事は、みんなが広い視野でものごとを考えられるよう、また、互いの創造的な問いに耳を傾けられるよう「お膳立てをする」ことだという。その「お膳立て」の一つとして、重視されているのが安心感だ。「わたしの大事な役割の一つは、フィデリティのリーダーたちが自社の経営戦略や、文化や、顧客について大胆な問いを怖がらずに、自信を持って口にできるよう、そういう発言を後押しする環境を築くことです」とジョンソンは話している。「誰かの責任を追及しようとする意図はそこにまったくないと、誰もが知っていることが肝心です。触媒的な問いの目的は、失敗やまちがいの犯人を探すことではありません。見かけだけで判断せず、深く掘り下げて、根本的な問題を突き止めるのがその目的です」

ジョンソンがもう一つ自覚しているのは、社員から最高のアイデアを引き出す問いを社内で誰よりも発しやすい立場にあるのは、自分であるということだ。彼女はそのことをじっくり考えたすえ、四つの基本事項について問いを立てている。第一には、投資業界ではたえず価格や収益に下方圧力がかかっていることに関して。何がうまくいっていて、何がうまくいっていないか。何を変える必要があるか。第二には、さらなる速さや敏捷さが求められることに関して。「数年がかりの大規模なプロジェクトはもはや過去の話です」とジョンソンはいう。顧客からのフィードバックをもとに針路を修正しながら、いかにスピードを緩めることなく前へ進み続けられるか。第三には、業界や市場の規制がつねに変わっていることに関して。いかに予想し、備え、顧客体験を変えるか。単に新しい規制に従うだけではなく、いかにそれと同時に顧客体験も向上させられるか。第四には、人口動態の変化に関して。例えば、ミレニアル世代やX世代は顧客として、あるいは従業員として何を欲しているか。それは今までの世代とどうちがうか。

フィデリティぐらい大規模な企業のCEOとなると、仕事がむやみに忙しく、限られた時間と注意の範囲をどのように配分するかが、仕事のいちばんむずかしい部分になる。何に力を入れれば、自社の未来に最もポジティブな影響を与えられるか。わたしのこれまでの観察からいえるのは、経営幹部の功績とは結局のところ、在任中に、自社が大きな変化を迫られていることに気づけるかどうか——インテルのアンディ・グローブの有名な言葉を借りれば「時代の変曲点」を読み取れるかどうか――さらにはその変化を成し遂げることにエネルギーを集中させられるかどうかで決まるということだ。

アビゲイル・ジョンソンが四つの基本事項に関して、社内から最高の考えを引き出せているかどうかは、時間が経たなくてはわからない。しかしわたしの目には、彼女は問いを通じて、自由な発想を促すことと仕事を遂行することとのバランスをうまく保つことに成功しているように見える。もっと全般的にいうなら、CEOとしての自身の役割についての考え方や、注意の優先順位のつけ方はまちがっていないとわたしは思う。フィデリティやその競合企業が「知らないことを知らない」ことによってもたらされうる脅威に対して、彼女はつねに警戒を怠っていない。正しい問いと正しい答えに他社に先駆けてたどり着くための環境作りにも力を入れている。

問うことがビジネスに

一九九四年、ピーター・ディアマンディスにはどうしても解決したい問題があった。それはどうすれば宇宙に行けるかという問題だった。しかし宇宙探検ができるのは宇宙飛行士だけであり、自分は宇宙飛行士ではなかった。親友でビジネスパートナーのグレッグ・マリニアックと衛星打ち上げの事業も立ち上げていたが、その宇宙事業でさえ、たちまち暗礁に乗り上げていた。宇宙へ行く夢は実現できそうになかった。

そんなある日、マリニアックが書店で立ち読みをしていて、たまたまチャールズ・リンドバーグの『ザ・スピリット・オブ・セントルイス』という本を見つけた。それはリンドバーグが自身の大西洋横断飛行について書いた本だった。マリニアックはパイロットのライセンス取得をめざしているディアマンディスを励まそうと思い、その本を買ってプレゼントした。リンドバーグが一九二七年、世界で初めて米国からヨーロッパまでの無着陸飛行を成功させたとき、ほかにもそれをめざしていたライバルがいたことは、ディアマンディスも一応知っていた。しかしその飛行に賞金がかかっていたことは、その本を読むまで知らなかった。リンドバーグは自分やライバルたちが大西洋横断をめざしたのは、ニューヨークのホテルオーナー、レイモンド・オルティーグから提供された賞金二万五〇〇〇ドルが目当てだったことを明かしていた。

このときディアマンディスの頭にある問いが浮かんだ。宇宙旅行にも賞金をつけてはどうか。成長しつつある宇宙起業家たちのコミュニティーを活気づけるのに足りないのは、賞金のかかった競争ではないか。民間企業に商業宇宙旅行の実現に必要な技術の開発を競わせてはどうか。こうして「Xプライズ」が誕生した。この「X」はもともとはあとでそこに正式な名称を入れるための代用字だった。ディアマンディスはさっそく小さなチームを結成して、本格的にアイデアを練るとともに、かつてのオルティーグ賞のように、目の玉が飛び出るほど高額の賞金を出してくれるスポンサーを探した。やがて気前のいい資金提供者が見つかった。それがアニューシャ・アンサリとアミール・アンサリだった。そこで賞は正式に「アンサリXプライズ」と名づけられた。

「X」の字が残ったのは、その頃にはすでにこの賞が「Xプライズ」の名で広く知れ渡っていたことによる。このコンテストが大成功を収めたことで、ディアマンディスたちは以後もさまざまな賞金つきのコンテストを「Xプライズ」の名で催した。そこではコンテストそのものが次のような一つの問いになった。解決の一歩手前まで来ていて、あとは競争によって引き起こされる熱狂だけが足りないという大きな問題はないだろうか。

この最初のコンテストの結果はおそらくみなさんもご存知だろう。一九九六年に開催が発表されてからわずか八年後、マイクロソフトの共同創業者ポール・アレンが資金を提供し、航空イノベーター、バート・ルータンが設計したスペースシップワンがコンテストの条件を達成し、一〇〇〇万ドルの賞金を獲得した。政府の支援をいっさい受けないで、乗客三人ぶんのペイロードを載せた再利用可能な宇宙船を、二週間以内に二度、宇宙まで飛ばすというのがその条件だった。

この話は広く報道されていたが、わたしは数年前に写真教室で知り合ったキアン・ゴーハーの厚意により、カリフォルニア州カルバーのXプライズ財団を訪れるまで詳しいことは知らなかった。[3]ゴーハーに案内してもらった館内には、これまでに開催されたコンテストのゆかりの品があちこちに飾られていた。「地上の探査、海洋の探査、エネルギー、環境、教育。これらのどの分野にも、広範囲にコンテストへの参加を呼びかけることで解決できる大きな問題がありました」という。例えば、近年では、五人の健康科学者と医師からなるチームに莫大な賞金が授与された。「驚いたのは、この五人は兄弟姉妹だったことです。自宅の地下室で実験をしたんだそうです

スペースシップワンの成功がXプライズ財団の面々に、問いと洞察をとことん追求することを決意させた。

独創的なXプライズ・サイエンス・フィクション諮問委員会室の入り口。奥の人物が案内役を務めてくれたキアン・ゴーハー。

真ん中にあるのが、『スタートレック』に出てくるトライコーダーのレプリカ。
クアルコム・トライコーダーXプライズのアイデアはここから生まれた。

よ」とゴーハーは話してくれた。そのコンテストはクアルコム・トライコーダーXプライズといい、一九六〇年代のSFテレビドラマシリーズ『スタートレック』でドクター・マッコイが使っていた診断装置に触発されたものだった。「医療へのアクセスを民主化するため、主な病気を自分で診断できる、家庭用のコンパクトな装置を開発できないかと問いかけたんです」とゴーハーはいう。世界じゅうの農村部ではもちろん、医療機関が充実している都市部でも、そういう装置があったら、とても便利だろう。例えば、深夜にはそういうものがあると、たいへん重宝するにちがいない。このコンテストは二〇一二年に始まって、二〇一七年に受賞者が出た。受賞チームが開発した装置は、FDA（食品医薬品局）の認可プロセスを順調に通過すれば、やがて一般の市場で購入できるようになるだろう。

わたしはこれらのXプライズの世界に浸っていて、ディアマンディスとそのチームは大きな問いを立てるプロフェッショナルなのだと気づいた。Xプライズ財団とはまさにそういうことを目的として築かれた団体だった。大きな問いを立てるためにさまざまな工夫も凝らしている。例えば、特に目を引くのは、「SF作家による諮問委員会」だ。「SF作家たちに、将来の世界の姿を想像するのを手伝ってもらったり、わたしたちの原動力となる創造的なアイデアをいっしょに練ってもらったりしていています」という。また、年一回「ビジョニアリング・サミット」というものも開催している。豊かな「問いの資本」の持ち主たち――ジェームズ・キャメロン、ラリー・ペイジ、アニューシャ・アンサリ、ウィル・アイ・アムなど――を集めて、Xプライズ評議委員会とともに、Xプライズの新しいテーマを考えてもらう会議だ。「今の世界でわたしたちが解決を図るべき大きな問題は何か。それらの解決のために賞金つきのコンテストをどのように利用すればいいか」。この会議では、究極的な課題に取り組む「ロードマップ」が描き出される。これまでに取り上げられたのは気候変動対策、持続可能な住宅供給の実現、教育の普及、火星への有人飛行といった課題だ。ロードマップではそれらの壮大な問いが、賞の土台にできる部分的な問いに分けられる。コンテストへの参加者や資金提供者を募るにあたって、賞のレベルをどの程度に設定すればいいかを見きわめるのがうまいのが、Xプライズ財団の最大の強みだ。根拠のない思い込みから、課題の難易度を下げ過ぎてはいけないが、さりとて、参加者や資金提供者に妥当な期間内に達成できると思ってもらえるものにする必要もある。また賞金額は、多くの逸材たちにほかのことを後回しにしてでも取り組みたいと思わせるものにしなくてはならない。受賞条件はあいまいさのない客観的なものにする必要があることはいうまでもない。例えば、トライコーダーのコンテストでは、一五人の医師の診察を受けるのと同等の正確さで、一〇種類の主な病気を診断できる装置を最初に開発した者というのが、受賞の条件だった。

Xプライズ財団は大きな問いを立てることをビジネスにしている団体だと考えるなら、似たような団体はほかにもあることに気づくだろう。近年、触媒的な問いを立てることを事業の柱にする企業が続々登場している。例えば、イノセンティヴとナインシグマの二社は、企業のR＆D部門の問題の解決を、外部のイノベーターたちに競わせる、クラウドソーシングのコンテストを運営している企業だ。Xプライズ財団同様、これらの企業もコンテストをよりよいものにすることに力を入れている。また問いのデザインにもやはり長けており、革新的なソリューションを引き出すという点でも、できるだけおおぜいの参加者を集めるという点でも、Xプライズ財団に負けないぐらい見事な問いを立てている。

Xプライズ財団、クラウドソーシングを使ったイノベーションプラットフォーム、それにグーグルのX部門（おもしろいことに「月ロケットの打ち上げ」と同じぐらい大胆なことに挑戦するというグーグルのこの部門も「X」と名づけられている）などの試みが急増しているのは、胸の躍る潮流だ。それらの団体は大きな問いを立てるという営みの技術や理論を洗練させると同時に、世界に問いの力を知らしめることに貢献している。

社会的に大きな問いを立てる

社会的企業と呼ばれるものが過去二、三〇年、成長を続けていることにも同じことがいえる。利潤を追求するよりも社会への貢献をめざす起業家たちは、現在の社会の数々の大きな問いを取り上げて、それらに対する一般の人たちの関心を喚起している。

わたしの古なじみでもあるマーク・ルイズとリーズ・フェルナンデス・ルイズの夫婦はどちらも、若い頃に「問いを生きる」ことを学んだ社会起業家だ。リーズはフィリピンの工芸職人たちを支援するラグズ・トゥ・リッチズという団体を立ち上げて、衣料品や雑貨の製造から世界市場での販売まで、職人たちを手助けしている。本人によれば、世の中の不正に対しては、小さい頃から強い憤りを覚えずにはいられない性格だった。だから「公平な競争の場」を築くことで労働者や行商人たちを助ける仕事をするようになったのはごく自然な成り行きだったという。しかしそのいっぽうで問わずにいられない性分であることも関係しているという。大学時代、社会の貧困の問題にショックを受け、友人たちと話し合ったが、「友人たちの中には、貧しいのは努力が足りないからだという人もいた」。リーズはその意見を素直に受け入れられなかった。「公平な競争の場を設けて、みんなにチャンスを与えてみなければ、貧しいのが努力不足のせいなのかどうか、わからないではないか」。当時を振り返って、リーズは次のように話している。「わたしは貧しい人たちに対して、さほど先入観を持っていませんでした。それよりいつもふしぎだったのは、どうして彼らはそんな状況に置かれているのだろうかということでした。チャンスを与えられたら、どうするだろうか、という問いが頭から離れませんでした」

リーズが立ち上げたプロジェクトは、軌道に乗るまでに思いのほか時間がかかった。それでも辛抱強く続けられたのも、問わずにはいられない性分のおかげだった。「職人さんたちの信頼を得るまでに四年かかりました」とリーズはいう。「こちらは親切なことをしようとしているわけですから、とまどいました。〝どうして、信じてくれないの。もうあなたたちのためになることをしてあげたでしょ。どうしてそれに報いてくれないの〟と」。しかしそういう方向の問いは建設的ではないと彼女は強調する。「問うべきなのは、彼らはどういう経験をしてきたか。なぜ人を信用しなくなったのか」だという。そのような視点から眺めてみると、何世代にもわたって積み重ねられてきた「信頼の赤字」を、一年ぐらいですべて解消するのは無理なことに気づいた。「それらの問いがラグズ・トゥ・リッチズを支えてくれました。今でもそうです。もしあのとき結論に飛びついていたら、今のわたしたちはなかったでしょう」

マーク・ルイズも、ラグズ・トゥ・リッチズの設立とほぼ同時期に、社会的企業を立ち上げている。それもやはり公平な競争の場を築くことをテーマにする企業だった。マークはユニリーバに勤めていたことがあり、そのときに販売経路について学ぶとともに、仕事の一環で「サリサリストア」――フィリピン国内に五〇万店以上あるといわれる、コンビニのような品揃えの小さな個人商店――のオーナーたちとも会っていた。「それらの商店を調べていてふしぎに思ったのは、どうしてそんなに数が多いのかということでした。しかもどういうわけか、大きく成長できる店はほとんどありませんでした」とマークはいう。ユニリーバ時代には、多国籍企業がウォルマートなどの大口の取引先にどういうサービスを提供しているかも見ていた。だから、次のような問いが浮かんだ。「ユニリーバが大口の顧客に対して提供しているような配慮や助力を、これらの小さなサリサリストアに提供するにはどうすればいいか」。この問いが「発端の問い」となって、「フィリピン経済の末端でほそぼそと営まれている極小の小売り店を支援する」非営利団体、ハピノイは設立された。ハピノイの使命は、これまでは大規模小売り店だけが持っていた効率的な流通経路や効果的な成長戦略を、それらの商店に提供することにある。

わたしがこの夫婦がすばらしいと思うのは、単に大きな問いを立てるだけではなく、問いを立てることに自覚的である点だ。例えば、夫婦で互いに補い合っている部分はあるかとマークに尋ねたとき、彼は次のように答えている。経営をどう改善すればいいかを「冷静かつ論理的に」問おうとする傾向が自分にはあるが、リーズはもっと感情的な知性に訴える問いを思いつきやすいのだ、と。マークは商店主の収入を増やすためにハピノイに何ができるかといつも問う。商店主の多くは苦しい家計を支えるために働いている女性たちだからだ。「ですが、リーズは彼女たちの収入を増やすことだけではなく、そのコミュニティーでは何に価値が置かれているか、そのコミュニティーの状態を改善するにはどうすればいいかをいつも問います」という。さらにラグズ・トゥ・リッチズには「生活の質の向上プログラムがありますが、わたしにはそういうことは絶対に考えつきません。そもそもそういう発想がないんです。でも、リーズにはそれがあります」とマークは話している。

これらのマークとリーズの話では、活気に溢れた社会起業の現在を紹介することにいくらか力が入ってしまったが、そこでのテーマは広く共感を呼ぶものだと思う。社会起業の隆盛には、大きな問いの隆盛をもたらす可能性が秘められている。最近は、広い視野に立って課題に取り組もうという情熱と能力を備えた人が増えているように見える。そういう人たちは、マーク同様、狭い成功の定義に囚われ、目先の仕事にあくせくしている職場の同僚たちを見て、「仕事とはそれだけのものなのか」と自問している。「職場の環境のせいで、問う能力が伸びるのではなく、衰え衰えている同僚たちの姿を見て、「自分もああなりたいのか」と自問している。しかも昔とちがい、それらの人々はそのような気分が滅入る問いをつぶやくだけで終わらない。「張り合いのない退屈な人生」に甘んじない。それらの問いを真剣な目的意識へと変えて、自分が意欲的に進んでいける道を見つけ出している。

大きいとは根本的ということ

「大きな問い」は「根本的な問い」ともいい換えられる。むしろそのほうが正確だろう。

ジョーン・ラロビアはボストンこども病院の小児循環器専門医をしている。その仕事はフルタイム以上の多忙さだ。それでもラロビアは医師になってまもない頃、世界各地の人道援助に取り組む非営利団体、バーチュー財団を数人で設立した。バーチュー財団の設立のきっかけとなったのは、被援助国へ送られた医療品などの援助物資が、その国内でいちばんそれらを必要とする地域に届いていない実態を知ったことだった。国外から送られてくる援助物資は送り先になっている都市部に溜まってしまいやすく、地方部の人々の困窮はいっこうに解消されていなかった。ラロビアと共同創業者のエビー・エラヒはこのような状況を改善するためには、問題の発生率に関する詳細なデータを収集するとともに、管轄地域をはっきりさせて援助活動を効率よく行えるようにすることが必要だと考えた。

これは世界にすばらしい恩恵をもたらす活動だったが、ラロビアによれば彼女自身にもすばらしい救済をもたらしたという。何年も前から、ラロビアは物質社会での成功を求めるだけではほんとうの充実感を味わえないと感じていた。わたしたちの現実には物質的な次元よりももっと深い次元があると信じる彼女の人生を変えたのは、「わたしはどこへ向かおうとしているのか」という問いだった。これはスピリチュアルな問いのように聞こえるが、この問いが彼女に日々の仕事や生活における実際的な指針を与えた。「そのように生き、そのように考え始めると、生活のあらゆる場面で、ほんとうに大事なものを守ろう、気にかけよう、養おう、育てようとします」とラロビアは説明している。「そうすると、何をするときも、どんな人と接するときも、こう問うようになります。これはわたしの魂にとっていいことか、それとも悪いことか。わたしがなりたいと思っている人間にわたしを近づけてくれることか」

オプラ・ウィンフリーが始めた取り組みのことを聞いたとき、わたしが思い出したのはこのラロビアの問いだった。オプラは今年（二〇一八年）を「大きな問いの年」と呼んでいる。それはどういう意味か。「わたしたちはみんな、自分にしか答えることのできない、大きな問いを持っています」とオプラはいう。「今年は毎月一つずつ、合計で一二、そういう問いを掲げたいと思います。わたしはどの問いについても深く考えていて、その答えも知っています。その答えがつねに進化し続けることも知っています」[4]。オプラのすごいところは、その独特の人柄で人気を博しているおかげで、ファンたちの生活のあらゆる領域――人間関係や健康の悩みから、国内外の社会運動への関わりまで――に働きかけられることだ。ブッククラブでの本選びから、投資での銘柄選びまで、彼女には何百万人に影響を及ぼす力がある。今回の「大きな問いの年」では、その影響力を生かして、人々にあらゆる次元で、自分自身やほかの人に対する問いにもっと注意を向けるよう促している。

オプラが問いの力を信じているのは、当然といえば当然だ。一〇代の頃から生放送でさまざまな人にインタビューしてきたのだから。番組の放送回数は四五八九回、テレビカメラの前で一対一で話をした人の数は三万七〇〇〇人を超える。「長年、インタビューをしてきて学んだことの一つは、いい答えを得られるかどうかは、正しい質問ができるかどうかにかかっているということです」とオプラは話している。もしかすると彼女は全人類の中でいちばん多くの質問をした人間かもしれない。とはいえ、世の中の人々にそれぞれの生活の中で大きな問いと向き合おうと呼びかけているのは、自身がそうすることで自分の生活を見つめ直したことと深く関係している。オプラはゲーリー・ズーカフの『魂との対話』を読んで、人生が一変するほど目を開かれたという。同書の「二五周年版」に序文を寄せ、次のように書いている。「わたしがいちばん心を揺さぶられたのは、意図について述べられた章です。わたしは〝人に好かれたい病〟を患っていました。［中略］相手が必要とすること、望むこと、欲することにいつも振り回されていました。心底断りたくても、〝ノー〟といわず、〝イエス〟といっていました」。それが変わったのは、「好かれたいという自分の意図のせいで、あらゆる頼まれごとをしていた」と気づいたときだった。「それはわたしにとっては大発見でした。自分がしたいことをすること、自分の時間を費やす価値があると感じられることをすることに自分の意図を変えると、あとはあらゆることが自動的に変わっていきました」[5]。

以後、オプラは番組のゲストに必ず「あなたがここへ来た意図は何か」と問うようにしているという。それを知ることで、有意義な質問ができるようになるからだ。おそらく、多くの人はそんなことを問われるのは初めての経験だろう。しかしそういう問いを考えるよう強いられることで、自分でも思いもよらぬ発見がある。今、オプラは世界じゅうの人々に同じことを問うよう呼びかけている。そのような単純な問いによって人生が大きく変わることを自身の経験から知っているからだ。「正しい問いを発すれば、答えはおのずと見つかるものです」とオプラはいう。

日常的に大きな問いを立てている人もいれば、そうではない人もいるが、本章で伝えたかったのは、誰でも今までより大きな問いを立てられるようになるということだ。問うことをもっと意識し、その技術を磨くことでそれは可能になる。そうすれば、ほんとうに大事な問題に力を入れられるようにもなる。それらの大きな問いの中には、自分自身の人生の目的についての問いも含まれるだろう。

理想的には、最善の答えを求めると同時に、いつも正しい問いを見つけようとしていれば、どこかでその両者が結びつくことになるはずだ。リーズ・フェルナンデス・ルイズは次のように話している。「わたしに行動を起こさせてくれる問いは、ときとともに変化してきました。以前は、期限つきの、限定された問いでした。〝五〇〇人の職人を貧困状態から抜け出させる〟というような問いです。でも、そういう期限つきの限定された目標は、通過点を示すだけで、わたしの人生の目的ではないことに気づきました。自分の支えになる問いは長期的で、持久性があって、障害や、遅れや、苦しさや、落胆や、失敗を乗り越えられるぐらい強いものでなくてはなりません」

エピローグ　自分に何を問うか？

わたしたちが自分に問い始めるのは、少なくとも世界を理解したいという思いがあるからだ。その問いがやがて他者の経験を理解するための鍵となる。

――ジェイムズ・ボールドウィン

誰もが自分の人生の指針になる要《かなめ》の問いを持っていると、わたしは今では確信している。人によってその問いを意識していることもあれば、意識していないこともある。その問いは理想の自分に近づこうとめざす中で、自分に対して発された問いであり、胸に深く刻み込まれている問いだ。わたしはインタビューで、なんらかの理由で自分自身の動機を深く理解しようとした人たちから、たびたびそういう問いの話を聞いた。しばし立ち止まって自分を見つめ、人生の目的を明確にしている人たちはそれを短くまとめ、力強いモットーとか、誓いの言葉とかの形にしていることが多い。

中にはそれをとても想像力豊かに表現している人もいる。わたしがこれに関してぜひ紹介したいのは、作家ロバート・フルガムから聞いた、アレクサンドロス・パパデロス――第二次大戦後、ドイツとギリシャの関係回復に民間人の立場から多大な貢献をした人物——によるクレタ島での二週間の文化セミナーに参加したときのエピソードだ。パパデロスの話に強い感銘を受けたフルガムは、セミナーの最終日の授業の終わりに「質問はありますか」と尋ねられると、迷わずに立ち上がって質問した。「パパデロス博士、人生の意味とは何でしょうか」。陳腐な、答えのない質問と思われそうな質問だったが、パパデロスは笑わなかった。その答えを——少なくとも自分自身にとってのその答えを——知っていたからだ。フルガムの顔をじっと見つめて、真剣であることを確かめると、ポケットに手を突っ込んで、小さな鏡を取り出し、それを持ち歩いている理由を静かに説明した。

わたしが子どもだった戦時中のことです。わたしたちの一家はとても貧しくて、辺鄙な山あいの村に住んでいました。ある日、わたしは道を歩いていて、鏡の破片が落ちているのを見つけました。それはバイクのバックミラーで、そばには壊れたドイツのバイクが倒れていました。

わたしは鏡の破片を全部拾い集めて、くっつけようと思いましたが、できませんでしたので、いちばん大きい破片を取っておくことにしました。［中略］それをおもちゃ代わりにして遊ぶうち、鏡で光を反射させれば、太陽の光が届かない暗がりを照らせることを発見し、すっかり夢中になりました。深い穴の中とか、岩の裂け目とか、暗い押入れとか、壁の後ろとかを照らしては喜んでいました。やがて立ち入れない場所を見つけては光を当てるというのが、わたしの遊びになりました。

［中略］おとなになってわかったのは、あれは単なる子どもの遊びではなく、わたしが自分の人生でしたいことのメタファーにもなっていたことです。わたしは自分が光ではないこと、光源でもないことに気づきました。でも、光——真実の光、理解の光、知識の光——はそこにありますから、自分がその光を反射すれば、さまざまな暗い場所を照らせます。

わたしは鏡の破片です。鏡の全体がどういう形をしているかは、自分には知りようがありません。それでも、今自分が持っているもので、この世界の暗い場所を照らすことができます。人間の心の薄暗いわびしい場所を明るく照らせます。そうすることで何かしら人の役に立てるはずです。おそらくわたしのほかにも、同じように考え、そうしている人は世の中にいると思います。これがわたしの生き方です。これがわたしの人生の意味です。[1]

パパデロスが充実した人生を歩めたのは、このような目的意識が芽生えたおかげだった。そういう目的意識からは日々、問いが浮かんだ。きょうは光を必要としているどんな場所を見つけるだろうか。どのようにそこに光を反射させればいいだろうか。この問いから導き出された大きな答えが、和解の精神にもとづいた学校を設立したいというクレタ島の主教イリネオスに協力することだった。フルガムが参加したセミナーも、その学校で開かれたものだ。またその問いからは日々の小さな答えも生まれた。フルガムに鏡の破片の話をしようと思いついたのもその一つだ。

人生の早い時期に、ある問いに気づき、それをはっきりと言葉にしたことがきっかけとなって、生涯、発見の旅を続けるということがある。わたしにはそれはすばらしい人生に思える。スティーブ・ジョブズもそんな幸運に恵まれたひとりだった。二〇〇五年のスタンフォード大学の卒業式でジョブズは次のように話している。「一七歳のとき、だいたいこんなようなことをいっている一文に出会いました。〝毎日、その日が人生最後の日だと思って生きていれば、絶対に悔いのない生き方ができる〟。以来、三三年間、わたしは毎朝、鏡の前に立ち、自分に問いかけてきました。〝もしきょうが人生の最後の日だったら、きょうやろうとしていることを自分はやりたいだろうか〟と。もし〝ノー〟という答えが何日も続くようなら、それは何かを変えなくてはいけないということです」

リオ・ディブはわたしに次のように語っている。「わたしの場合、それはかなり早い時期でした。自分は満足しないことに満足しなくてはいけないのだと気づいたんです。わたしは何をしていても、満足せず、もっと限界を押し広げられないかと考えてしまいます。もう少しがんばって、きょうまでに成し遂げたことよりもう少し大きなことを成し遂げられないか。これがわたしのモットーです」

スパンクスの創業者兼CEO、サラ・ブレイクリーは子どもの頃、夕食のときに父親からよく次のように問われたという。「今週はどんな失敗をした？」。彼女の父が娘や息子に繰り返し教えたのは、リスクを「いい拾い物」と考えよということだった。「試みないことこそが失敗」だからだ（同じようにティファニー・シュレインも父親から次のようにいわれたことを胸に刻み、感謝している。「崖っぷちにいるように感じられなければ、そこは安全すぎる証拠だ」）。ブレイクリーが父親の問いをスパンクスのみんなと共有していることは前に紹介した。「そのおかげでいろんなことに自由に挑戦できます。思いっきり羽を伸ばせます」とブレイクリーはいう。

自分が日々の指針にしてきた問いがじつはまちがっていたことに突然気づき、それをきっかけに正しい問いにたどり着いたという人は多い。チャールズ・シュワブのCEO、ウォルト・ベッティンガーがそういう経験をしたのは、大学時代だった。ビジネスの世界で身を立てることを心に誓ったベッティンガーは、経営学を専攻して、フレームワークやら公式やらをがむしゃらに勉強し、トップクラスの成績を収め続けた。三年生のときには卒業を早めようと取得単位を倍に増やし、それでもオールAを維持した。しかし最後の履修科目の最後のテストでオールAが崩れた。それは週二回、夜の六時から一〇時まで、経営学部のさびしい別館で授業が行われる経営戦略のコースだった。全一〇週のそのコースを選択した学生たちは、授業後にほぼ毎回、グループごとに適当な場所を見つけて集まり、次のクラスディスカッションやテストに備えていた。

最後のテストの日、席についた学生たちに教授から配られたのは、一枚の白い紙だった。「経営戦略については、これまでの授業ですべて教えました。もうみなさんは実際のビジネスの世界で仕事を始められるだけの知識を持っています」と教授はいった。「ですが、そこで成功するためにはもっと別のことも必要になります」。教授は学生たちに氏名を記入するよう指示してから、最後のテストの問題を発表した。それは次の一問のみだった。「この建物の清掃を担当しているのは誰か。彼女は何という名前か」。若きベッティンガーは目をみはった。ぼんやりと彼女の姿を思い出すことはできた。教室にしばしば入ってきてごみ箱を空にしてくれていた女性だ。自販機に飲み物を買いに行ったときにも、廊下でたびたびすれちがっていた。が、言葉を交わしたことはあっただろうか。

彼女の名はドティーと判明したが、ベッティンガーにそれがわかったのは試験が終わってからだった。結局、この教訓がこのコースで学んだことの中でいちばん後々まで自分の糧になった。ベッティンガーはこのとき自分が恥ずかしかったという。なぜなら、自分は「ドティーと同じような家庭の出身」であり、このテストで試された価値観を本来持っていてしかるべきだったからだ。その後の長い経歴を振り返ったとき、自分が成功を収められたのは何より、出世をめざす管理職が問うべきことについて、考えを改めることができたおかげだとベッティンガーは話している。すなわち、どうすれば優秀な戦略家として頭角を現せるかと問うのではなく、この会社の成功は誰の働きにかかっているか、それらの社員全員に卓越した働きをしてもらうには何が必要か、と、問うべきだと。

わたしが自分自身を見つめ直したのは、二〇一四年に心臓発作に見舞われたときだったことはプロローグで述べた。あとから振り返れば、その危機に至るまでの数カ月間、わたしは明らかに無理をし過ぎていた。膨大な仕事を抱え、精神的に限界だっただけでなく、感情的にも肉体的にも限界だった（ひと月のあいだに二回も三回も、大陸間を往復していた）。なぜそこまで自分に鞭打ってしまったのか。のちに気づいたのは、それは若い頃からまちがった問いに人生を支配され続けてきたせいだった。五〇年ものあいだ、わたしは一度もその問いと正面から向き合って、正しいのかどうか、じっくりと考えたことがなかった。そのような自動操縦モードに陥っている人はわたしだけではないだろう。そういう要の問いは、たいてい子どものときに身についた古い習慣に根ざしているからだ。

子どもの頃、身体的な虐待までは受けなくても、気まぐれで容赦のない親に精神的に苦しめられていたという人は多い。そのような環境で育った子どもは、相手の機嫌を感じ取ったり、話題をそらしたり、他人の苦しみをやわらげたりする術《すべ》に長けていることがめずらしくない。そうだとすると、わたしの要の問い——自分にどれだけの価値があるかを判断する基準になっている絶対的な問い——が、「どうすれば父親を喜ばせられるか」という問いから始まったのも、ふしぎではなかった。はっきりとは意識されることのなかったその問いは、成人後は次のように一般化され、あらゆる場面に関わるものになった。「どうすれば自分が接するすべての人を喜ばせられるか」

すべての人を喜ばせようなどと思うのが、いかにばかげたことかは自分でもわかっている。そんなことをしていたら、やがて用事やつき合いがむやみに増えて、ストレスに苛まれるようになるのは目に見えている。しかしそういう状態を変えるためには、まず要の問いというものがあることを理解する必要がある。そしてそのうえで、その問いをもっといいものに変える方法を考えなくてはいけない。セラピスト兼コンサルタントのマリリー・アダムスは次のように指摘している。「正しい問いを立てられるようになるとは、変化の暗号を解読できるようになるということだ」。わたしは多くの人たちに助けられてそれができ、今ようやくあのおぞましい重荷を下ろしつつある。現在、わたしの要の問いは「相手の人生にいい変化を起こすため、今、わたしにできることは何か」だ。以前の問いとさほど大きく変わっていないように聞こえるかもしれないが、この問いでは、最終的には相手にいいことができるよう願いながら、その場では相手を怒らせるかもしれない、いわば「愛の鞭」のようなものを振るうことができる。わたしはこの問いによって、相手を喜ばせるという役割を負うことなく、相手に親切にしようとすることができるようになった。

要の問いは、石に刻まれた問いではない。ときとともに変化することもある。環境の変化によって、自分にできることは変わってくるからだ。以前、ナンダン・ニレカニに、何かを決める際に忘れないようにしている問いはあるかと尋ねたことがある。ニレカニはまず次のように前置きした。「わたしは幸運に恵まれた人間だと思います。ビジネスの成功でも、そのほかのさまざまなことでも」と。もちろんこれは彼が創業したインフォシスのことをいっているのだ。世界的なＩＴ企業に成長したインフォシスの時価総額は現在三四〇億ドルを超えている。彼にとっての正しい問いもそれとともに変わってきた。「わたしに与えられた特別な地位と能力を生かして、できるかぎり多くの人のためにできるだけ大きな貢献をするためには、どうすればいいかということを考えています」とニレカニはいう。それを要の問いにしたニレカニが現在取り組んでいるのは、国民の識字率の向上だ。インドの首相から全国民に公的な身分証明（ＩＤ）を与えるプロジェクトの指揮を頼まれたときも、その問いのおかげで、迷わず引き受けることができた。[2]

　みなさんは自分の要の問いを知っているだろうか。要の問いを見直すべきときかどうか、知っているだろうか。見直したら、それに取って代わる新たないい問いを見つけられるだろうか。本書の核をなしているのは、よりよい問いが生まれるかどうかは――仕事でも私生活でも――環境に左右されるという主張だ。問いの生まれやすさが環境で決まるのなら、積極的にまちがうこと、不快な場にあえて出ていくこと、黙って熟考することのたいせつさはつねに忘れないほうがいい。ふだんより確信が持てず、ふだんより不快で、ふだんより口をつぐんでいなくてはならない状況に身を置くことで、心の奥から湧いてくる問いを増やせる。

　おもしろいことに、これら三つの条件はわたしの趣味である写真撮影にぴったり当てはまる。わたしが若い頃に写真術を覚えたのはもともとイベントの写真を撮ったり、ときどき小遣い稼ぎをしたりするためだったが、今では思いもよらぬ形で役に立っている。はっきりとした目的のある真剣な写真撮影では、触媒的な問いが生まれやすい条件が整うだけではなく、写真撮影そのものが一つの問う行為になる。本書の執筆のためにいろいろな人に取材をした中で、とりわけ会話が深まったのは、マーカス・リオンと会ったときだった。リオンは早くからポートレートの写真家として名声を博し、南アフリカのストリートチルドレンから、英国の王族や首相まで、人間の本質をあぶり出す写真を撮ってきた。近年は、都市化や人口移動の問題を掘り下げるコラージュ作品も手がけている。本人によれば、グローバル化が現代の世界でどういう働きをしているかを描いた大規模な作品によって、「現代社会の大きな変化について、問いを投げかけたい」という。

最新のポートレート集『ソモス・ブラジル』のテーマは、二一世紀初頭のブラジル社会の多様性だ。この作品では、生き生きとした人物の写真と音声ファイル（アプリで写真を読み込むと、その人物が語りかけてくる）を組み合わせ、さらにそこにそれぞれの本物の遺伝子地図まで添え、一〇〇人以上の個性豊かなブラジル人の物語を紹介している。例えば、マリア・ダ・ペンヤ・マイア・フェルナンデスという女性について、リオンは次のように書いている。

マリアの名を冠した法律ができるまで、女性たちは自分の家で、自分が犯罪の被害者であることも知らずに、打ち据えられたり、殺すと脅されたりしてきた。身内も、地域の人々も沈黙していたのは、そういうことが残酷な現実と化していた証拠だ。法律第一万一三四〇号——通称マリア・ダ・ペンヤ法——の制定から一〇年が経った。恐怖や苦しみや差別の状況に大きな変化は見られないが、今や何百万人もの女性たちが法律を味方につけ、新しい生活を送り始めている。法的な力を与えられたことで、多くの女性が夫やパートナーやボーイフレンドの暴力を警察に訴え出る勇気を得るとともに、そうしようという気持ちを起こすようになった。現在、女性に対する暴力は学校でも、シンポジウムでも、公的な医療の世界でも、政府でも議論されている。

現在七〇代になる薬剤師マリア・ダ・ペンヤ・マイア・フェルナンデスの心と体には、夫から受けた暴力の傷跡が今もくっきりと残っている。コロンビア人の元夫は、学校の教員で、名をマルコ・アントニオ・ヘレディア・ビベロスといい、二度、彼女を殺そうとした。一度は背後から銃で撃ち、もう一度は感電させた。彼女は銃で撃たれたときに両足に麻痺の障害を負ったが、生き延び、以来二〇年間、元夫を刑務所に送るための活動を続けながら、虐待被害者の権利確立のために闘ってきた。世の女性たちにも、社会から暴力を減らすことは可能だと信じて、もっとその実現のために立ち上がってほしいと願っている。リオンはそのように壮絶な経験をしている人の写真を撮るときには、その人たちの物語をよりよく伝えられるよう、いつにもまして相手と心を深く通い合わせなくてはいけないと感じたと、わたしに話している。「相手に心を開いてもらえる正しい質問をすると、その人らしさがいっそう表面に出てきて、力強い写真が撮れる」ことがわかったという。

本書の第6章の冒頭で友人サム・アベルの話をし、アベルから受けた影響が写真の撮影技術の向上以外にも大いに役に立ったことを述べた。じつはそれ以前からわたしは自分の仕事と趣味と

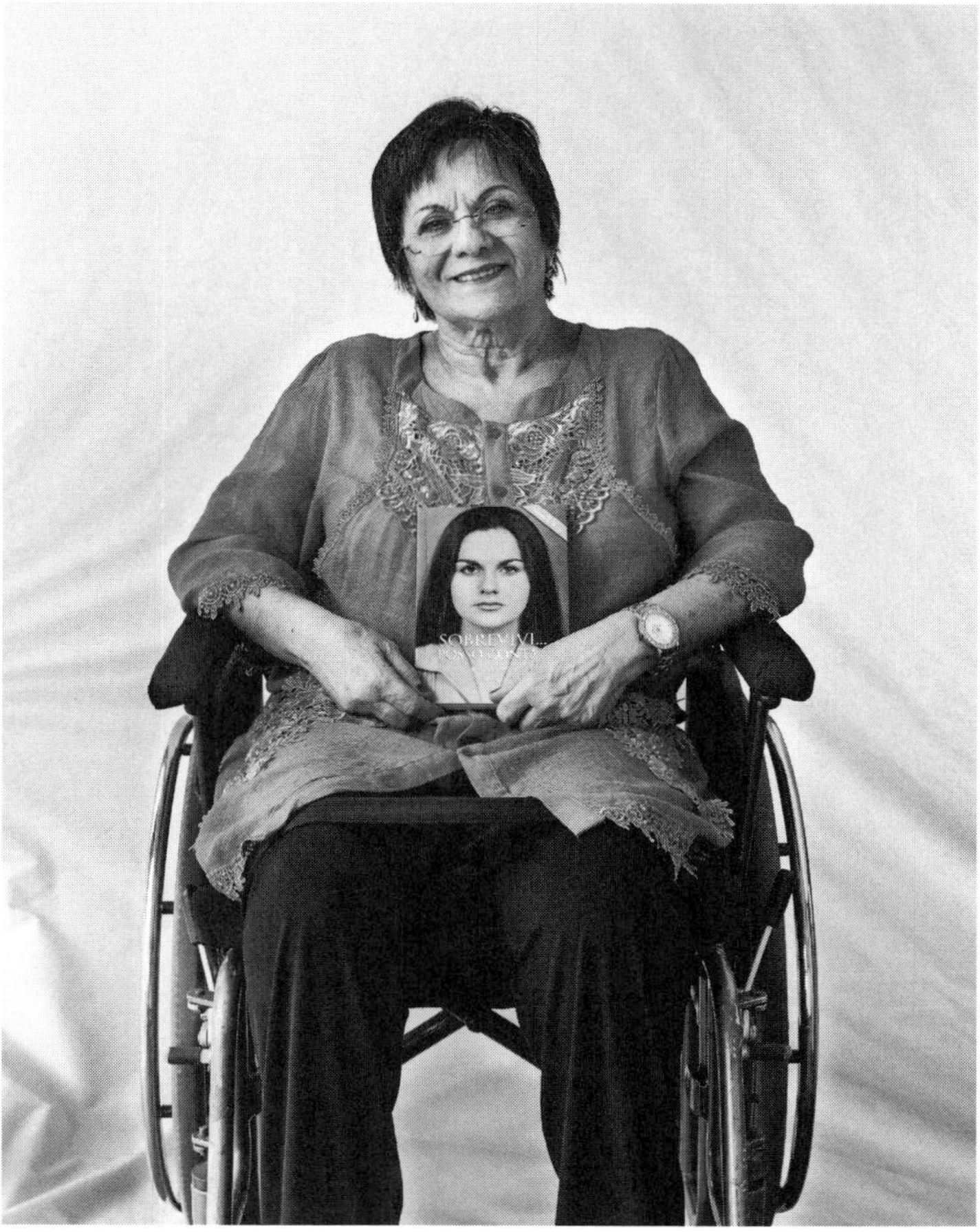
Marcus Lyon

マリア・ダ・ペンヤ・マイア・フェルナンデス。『ソモス・ブラジル』プロジェクトのポートレートより。

が密接に関連しているのではないかと感じていた。サムの写真教室に通ったことが、写真術と質問術とがどのように結びつくかを真剣に考えるきっかけになった。のちにわたしたちは「リーダーシップとレンズ——洞察力と影響力を引き出す問いのリフレーミング」と題した、ＭＩＴの社会人向けの講座をふたりで受け持った。写真術には喩えに使える概念がたくさんある。例えば、ピント（焦点）とか、フレーミング（構図）とか、被写界深度とかがそうだ。しかし単なる喩えに留まらず、「構図を決めて、じっと待つ」のを学ぶことは、一定の時間、意識的に黙って不快さを感じ、自分がまちがっている可能性があることを認めることに通じる。それはよい問いを立てるという目的に直接役立つ教えだ。

アベルから学んだおかげで、わたしは写真の見方が変わり、写真の中に自分自身の固定観念に異議を唱えてくれるものを見出そうとするようになった。最近手がけた「ワンダー・ウインドウズ・ウォールズ」というプロジェクトでは、良好な関係が険悪な関係に変わり、ふたたび良好な関係へ戻る人間関係の過程を、写真を使ってたどった。その中に一枚、特に思い入れのある写真がある。わたしは人生の意味についてのフルガムの話を読んで以来、クレタ正教アカデミーにあるパパデロスの平和の学校に行ってみたいと思っていた。二〇一〇年九月、アブダビに住んでいたときにその願いが叶って、わたしは妻とともにクレタ島を訪れた。島で滞在したのは、ドイツ軍の侵略に抵抗したレジスタンスの子孫の家だった。その家の人たちからわたしたちは古い写真を見せてもらい、先祖の勇敢な行動や苦難についての話を聞いた。悲劇的な出来事が起こった場

水平線の近くに、地中海に面して立つクレタ正教アカデミーが見える。ここでかつてロバート・フルガムがアレクサンドロス・パパデロスに「人生の意味とは何でしょうか」と率直に尋ね、その答えに感銘を受けた。

所にも案内してもらった。その中には住人が皆殺しにされたという村もあった。

そういう歴史の重さは、美しい自然と人々の笑顔に満ちたこの島の至るところで感じられた。ある日、「ワンダー・ウインドウズ・ウォールズ」に使う写真を撮ろうと思い、クレタ島第二の都市ハニアの市街地をぶらぶら歩いていたとき、何重にも色を塗り重ねられた鉄のドアの前を通った。よく見ると中央に錆びた南京錠が二個あり、その横に鉛筆ほどの直径の穴が空いていた。わたしはその穴に強く興味を引かれた。それは写真家アンネ・ウーロフソンの展覧会『This Is Who I Am Me and You』で見た、心理的な虐待を表現した強烈な作品を思い出させた。穴が真っ暗であることから察すると、ド

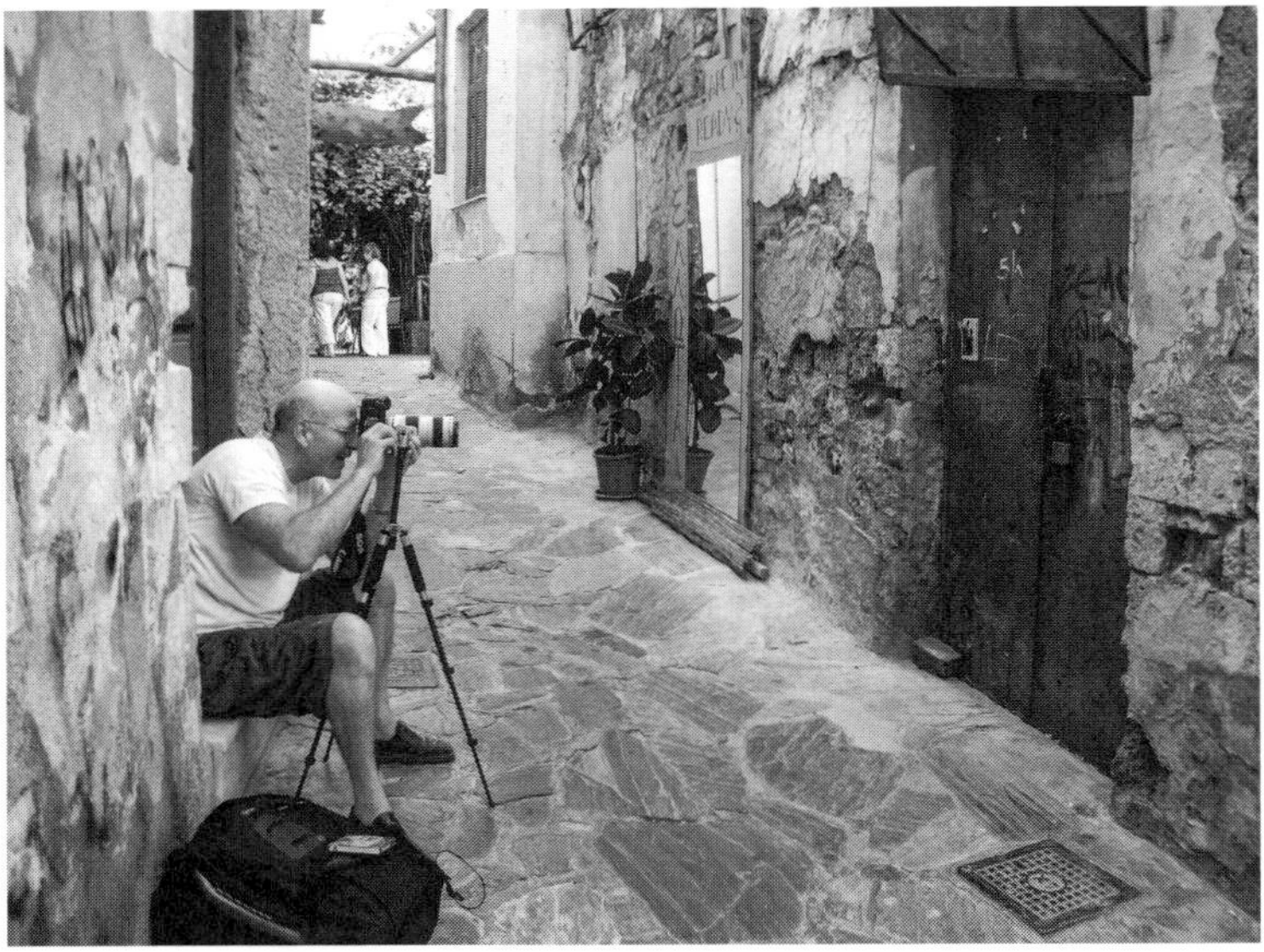

作家ゾラ・ニール・ハーストンはかつて「問いの年もあれば、答えの年もある」といった。このクレタ島のドアが数年後、わたしに人生の選択肢を提示することになろうとは、このときには夢にも思わなかった。

アの向こうは完全な暗闇のようだった。いっぽう、ドアの表面の鮮やかなインディゴブルーと金色がかった赤黒い錆は、まるで地中海の太陽のように眩しく感じられた。そこは狭い裏路地で、日陰になっていたのにだ。電磁石に吸い寄せられるようにわたしはその穴の空いたドアに惹きつけられ、あらゆる角度から何枚も写真を撮った。最後に撮った一枚が結局最高のできばえだった。その写真は今もわが家の玄関に飾られている。

ちょうど去年、親友で同業者でもあるブロンウィン・フライヤーがボストン北部の沿岸部にある拙宅に遊びに来てくれた。わたしたちはわたしの妻のスージーも交え、三人で自分たちの人生や、経験や、要の問いについて、正直に語り合った。わたしは密かに書き進めていたこの本の原稿をふたりに見せ、書き上げるのをあきらめようと思っていると打ち明けた。いろいろな方面の用事が重なって、多忙を極め、疲労困憊してしまったのがその理由だった。理性では要の問いを「いい人になる」ことから「親切な人になる」ことへ変えていたが、感情的には自分で認めたくないぐらいたびたび、逆戻りしていることを認めざるをえなかった。この告白をきっかけにブロンウィンとスージーとの打ち解けた語らいはいっそう盛り上がり、簡単に答えは出なくとも、実り多いものになった。

おしゃべりが終わって、三人で下の階へ降りていく途中、わたしたちはクレタ島のハニアで撮った写真の前を通った。その瞬間、わたしにはその写真がまったく新しい意味を帯びて見えた。とうとう感情レベルでもわたしの目から鱗が落ちたのだ。わたしはそれまでその写真をドアの向こう側の人間として、つまり暗闇の中に佇んで、光の点を見つめる人間として見ていたことに気づいた。それがいつのまにか人生経験や、運命や、友人やカウンセラーとの長い会話のおかげで、心が開かれ、ドアの外側に生きることができるようになっていた。まさにその瞬間、わたしはドアの表面の複雑で奥深い美しさを感じ取り、味わい、楽しみ、自分の内に取り込むことができた。自分で自分に課していた制限が取り払われた。完全にというわけではないが、かつてなかったほど自由になれたという実感があった。

そのとき、わたしは人生の指針になる問いを自分で選べることを確信した。今もその確信は変

見る者の心の向きしだいで、光にも闇にも見える穴。

わっていない。その問いは、わたしの人生（や周りの人々）を明るく照らせるだろうか、あるいは（『クマのプーさん』に出てくる悲観主義者イーヨーの雨雲のように）自分の周囲を薄暗い景色に変えてしまうだろうか。どちらを選ぶかはわたししだいだ。

本書の冒頭で、おおぜいの人たちの役に立つ重要な真実を発見したときにだけ、本を出版するべきだということをわたしは述べた。しかし、価値のある考えを本に書く意義はほかにもある。みなさんが本書を読んで、よい問い手になろうと思い立ったり、本書で紹介した問題解決の達人たちの事例から何かしら有益なヒントを得られたりしたなら、本書を書いたかいがあったと思う。わたしはみなさんの人生に新しい光を反射させることができたと誇らしく感じられるだろう。わたしについていえば、本書の執筆の過程で、最初に期待していたよりはるかに多くの発見があった。数多くの答えを得るとともに、それ以上に多くの問いを得ることができた。執筆前とあとでは、わたしの人生は一変した。

謝辞

ときどき自分自身の火が消えてしまい、ほかの人に火をつけてもらうことがある。自分の内なる火をつけてくれた人に深い感謝の念を抱かなくていい人はひとりもいない。

――アルベルト・シュバイツァー

問う力はコミュニティーの中で養われる。幸運にもわたしはいつもすばらしいコミュニティーに恵まれてきた。わたし自身の問う能力を最も鍛えてくれたのは誰か。わたしに問いの力についての本を書くことを可能にしてくれたのは誰か。これまでの長い年月のあいだに、数え切れないほど多くの人たちがそれらの問いに「それはわたしだ」と答えてくれた。それらのかたがたにわたしは心から感謝している。その数はあまりに多く、以下にお名前をあげたかた以外にもまだまだおおぜい感謝しなくてはいけないかたがいる。

まず貴重な時間を割いて、問いの力について自身の経験を話してくれた二〇〇人以上のかたに感謝したい。何百万語もの文字に起こされたそれらの話には、数々のすばらしい人生の物語が詰まっており、それらはどれも触媒的な問いがどのように生まれるかを探求するうえで大きなヒントを与えくれた。できることならそれらの物語をすべて紹介したかったが、本書の八万語という制限語数の中ではそれは叶わなかった。驚くべき問いの力に関する知恵や洞察の多くは編集室にまだ埋もれている。いつの日かそれらもなんらかの形で紹介できたらと思う。

三〇年のあいだに出会った一〇〇の大学の何千人もの学生（カリフォルニア州立大学フラトン校、サンディエゴ州立大学、ペン州立大学、トゥルク・スクール・オブ・エコノミクス、ダートマス大学、ブリガム・ヤング大学、ヘルシンキ・スクール・オブ・エコノミクス、アアルト大学スクール・オブ・ビジネス、ロンドン・ビジネス・スクール、INSEAD、MIT）と、世界各地のワークショップに参加してくれた何万人ものビジネスリーダーたちは、曇りのない開かれた目で問いの領域を探求することで、わたしにひらめきと力を与えてくれた。

ステュアート・ブラック、ジェフ・ダイアー、マーク・メンデンホール、アレン・モリソン、ゲーリー・オダウは、リーダーたちがどのように問いの力を使って、グローバル化や変化やイノベーションのコードを解読しているかについて、三〇年にわたって、共同で研究を続けてくれている。

MITリーダーシップ・センターの同僚、デボラ・アンコナ、アビー・ベレンソン、エマ・コールドウェル、トレイシー・プリントン、ネルソン・レペニングは、二一世紀の課題解決型のリーダーシップについて新しい問いの枠組みを考えるのを助けてくれた。またMITスローン・スクール・オブ・マネジメントのエミリオ・カスティリャ、ジェイク・コーエン、S・P・コタリ、レイ・レガンズ、デイビッド・シュミットライン、エズラ・ズッカーマンは、この研究が日の目を見られるよう支えてくれた。あちこちに注意が向きがちで、なかなかまっすぐ前に進もうとしない研究者たちの手綱をいつも辛抱強く握ってくれているのは、ジョスリン・ブル、バージニア・ガイガー、ジャッキー・マッゴールドリック、エリカ・パオレティだ。

精鋭ぞろいの研究アシスタントたちにも感謝したい。エリザ・ラロビア、クリス・ビンガム、メリッサ・ヒュームズ・キャンベル、ブルース・カードン、ジャレド・クリステンセン、ジャニカ・ディロン、ベン・フォーク、ノーラン・ゴドフリー、マーク・ハンバリン、スペンサー・ハリソン、ジュリー・ハイト、マーシー・ホロマン、ロバート・ジェンセン、キリン・ウェルズ・クレブス、クリステン・ナイト、トッド・マッキンタイア、ジェイン・パウガ、スペンサー・ホイールライト、アレックス・ロムニー、ジェイク・シュレーダー、マイケル・シャープ、マリオン・シャムウェイ、ローラ・ホルムステッド・スタンワース。誰もが鋭い知性と優れた問いの持ち主だ。仕事をてきぱきとこなすその手際のよさはわたしにはまねができない。

INSEADの元同僚ジリアン・セント・リーガーとラディャヤ・ルシ＝ベグは、ルーム13と南アフリカのハンドスプリング・パペットへの扉を創造的に開いてくれた。よりよい世界を築くことに尽力するジリアンとラディャヤの姿を見て、わたしはそれらの地域に関わる問いに真剣に取り組むようになった。

ハーバード・ビジネス・レビューの編集者、エイミー・バーンスタイン、リサ・バレル（現在はスローン・マネジメント・レビューの編集者）、サラ・グリーン・カーマイケル、サラ・クリフ、スーザン・ドノバン、アディ・イグナティウス、メリンダ・メリノは、アイデアの中に光る部分を見つけて、そこに焦点を絞り、それをいっそう輝くものにしてくれた。

世界経済フォーラムの何千人もの参加者や主催者、とりわけジェレミー・ユルゲンス、シルビア・フォン・グンテン、アンドレア・ワンには、世界の重要な課題について、触媒的な問いが話し合われる場を築いてくれたことに感謝したい。

ウォルト・ベッティンガー、ジョナサン・クレイグをはじめ、チャールズ・シュワブのかたがたには、いかなる判断においても問いが役立つことを教えてくれていることに、ギル・フォーラー、マイク・インセラ、ジョン・ルーダイスキー、ウッシ・シュライバー、マーク・ワインバーガーをはじめ、EYのかたがたには、よりよい問いを立てることで「よりよく働く世界を築く」ことに力を入れてくれていることに、マーク・ベニオフ、サイモン・マルカーヒー、それにセールスフォースのイグナイトチームの面々には、すべての人により大きなチャンスと平等の権利が与えられる未来を築くため、問いを重視してくれていることに感謝したい。

ショーン・ビーチラーは一三年前、問いによってわたしの人生の方向を定め直してくれた。彼女の勇気、思いやり、明るさは今もわたしの前向きなエネルギーの源になっている。

長年の友人デイビッド・ブレシアーズにはわたしの問いと問う能力を徹底的に鍛えてくれたこと、それから二〇一五年にエベレストのベースキャンプとクンブ氷瀑に連れていってくれたことに感謝したい。またエベレストの旅では、アン・フーラ・シェルパとチョングヌリ（チョングバ）の知恵と専門家としての助言、ビシュヌ・シェルパとジャングブ・シェルパの根気と屈強さにも助けられた。

マーク・ウィドマーはいつもわたしに、人生は四方を壁に囲まれて過ごすためにあるのではないこと、最高の問いは得てしてふだんとはかけ離れた環境に身を置くときに思い浮かぶことを思い出させてくれる。例えば、高さ三〇メートルの岩のアーチの真ん中からロープで降りるときのように。

ロブ・ホール、マイケル・ホーリー、リッキー・バラデスからは、音楽その他の芸術形態には、言葉を使わずに最高の問いを投げかける力があることを教えられた。

ロジャー・リーハンは、エグゼクティブ・コーチとしても、セラピストとしても、同僚としても、友人としても、問うことの達人だ。彼の問いはしばしば相手の最も敏感な部分を掘り下げようとする。しかしその最初の痛みはやがて、本人も気づいていなかった心の傷を癒やしてくれる。

裏表のまったくないリーダーで、本気で全員の幸せを考えているアーメット・ボーザーにも感謝したい。ボーザーはあらゆる試みにおいて、成功の鍵を握っていながら軽んじられている人たちに人一倍気を配っている。彼が人生のあらゆる面で誠実な問いを心がけているのは、すべての人に対していつも感謝の気持ちを忘れないからだ。

ソラヤ・サルティはアラブ世界の何百万人もの若者たちの人生に大きな変化をもたらすとともに、「次のフロンティアは何か」と「今、わたしたちに何ができるか」という問いをみずから生きた女性だ。その短い生涯は問いの力の生きた証拠だった（彼女の遺志が受け継がれるよう、ＩＮＳＥＡＤのソラヤ・サルティ・ソーシャルインパクト奨学金への寄付もお願いしたい）。

ハーパーコリンズのホリス・ハイムバウチは問いを愛し、紙に書かれる前の段階からアイデアの力を深く信じ、写真によって本書の魅力をいっきに高めてくれた。写真を入れるという編集の判断は大正解だった。同じくハーパーコリンズのレベッカ・ラスキンはすべての工程で数え切れないほど細部を整えるとともに、つねにフィニッシュラインにみんなの目を向けさせてくれた。またアイデアを練るとともに、それをわかりやすく世界に伝えるのを手伝ってくれたレイチェル・エリンスキーとペニー・マクラスにも感謝する。

エド・キャットマルには、実際に会う前から問いの手本を示してくれていたこと、数年前に知り合ってからはそれまで以上に力強い問いの手本を示してくれていることに感謝したい。エドはどんな嵐の中でも落ち着いていて、品位を失わない。だから周りは安心して、タフな問いを立て、タフな問題に立ち向かえる。彼の仕事や私生活におけるそのような姿勢は本書に寄せてくれた序文からもはっきりと感じ取れる。またいつも丁寧に応対してくれた有能なエドのアシスタント、ウェンディー・タンジロと、ピクサーやディズニー・アニメーション・スタジオの内部の仕組みについて教えてくれたジャレド・ブッシュ、アンドルー・ゴードン、マーク・グリーンバーグ、ドン・ホール、ジャック・ハットリ、バイロン・ハワード、ウェイブ・ジョンソン、アン・ル・キャム、アンドルー・ミルスタイン、ジム・モリス、ギド・カロニ、デニス・リーム、ジョナス・リベラ、キャサリン・サラフィアン、ダン・スキャンロン、クラーク・スペンサー、クリス・ウィリアムズにも感謝する。

友人ダニー・スターンとスーザン・スターンは、人生の試練で何度となくわたしを支えてくれたほか、それぞれエージェント、広報という役割を通じて、本書の核となるコンセプトをいっしょに育ててくれた。ステファニー・ヘックマンとネッドワードは、触媒的な問いというアイデアが探求する価値のあるものであることを終始一貫して支持してくれた。スターン・ストラテジー・グループのすべてのスタッフ、とりわけケイティー・バログ、メル・ブレイク、ジャスティン・ギアンニノト、ホイットニー・ジェニングス、クリステン・センゲン・カープ、ダン・マシ、アニア・トレピゾルには、必要とあらば山を動かすようなことまでしてくれたことに感謝している。

数年前にサム・アベルから受けた写真撮影の指導で、わたしの写真の撮り方は変わった。サムに最初に尋ねられたのは「写真にどのようにもっと自分自身を込められるか」だった。わたしは写真愛好家として、書き手として、人間として、自分がしていることの意味をあらためて考えさせられた。またそれに関しては、サンタフェ写真ワークショップの創立者兼校長リード・キャラナンにも感謝しなくてはいけない。リードは「問いと写真の交差というハルのアイデアを補完できる適任者は誰か」と問い、その答えとしてサムを紹介してくれた。さらにさかのぼるならば、エルデン・ハウレットにも感謝しなくてはならない。一九七〇年代、結婚式やポートレートの写真を撮っていた一〇代のわたしの問いの技術を育んでくれた――見返りをまったく求めずにそうしてくれた――のは、ハウレットだった。ハウレットはわたしをはじめ、多くの若者を励まし続けてくれた（今ではみんなすっかりいい年になっている）。

クリステン・コワコフスキ（ワンダーワークスの創業者）とマット・ビーンは、ケンブリッジ・アンティーク・マーケットで「壊れていない灰皿の絆」――重苦しくなりがちな人生の問いをもっと気軽に話そうとする試み――をスージーと共同で開催したとき、力を貸してくれた。

ボナー・リッチーとロイス・リッチーは、地球上の精神的な旅人として、わたしの価値や幸せを深く気にかけてくれている。ふたりは人生の重要な局面で、勇気を持って疑問を抱くことができる人物だ。

サリー・バーロウはいろいろな形で、繰り返し、「おまえはどこに立っているのか」と尋ねてくれる。職業柄、過去を見ることを通じて未来を見通すことに長けた彼女は、わたしをいつも生き生きとした「今ここ」に引き戻してくれる。

わたしが生涯取り組みたいと思っている問いの力というテーマについて、同僚であり、友人であるクレイトン・クリステンセンと静かに語り合ったのは、今から二五年前だった。クレイトンの研究室や自宅を訪ねるたび、わたしは決まって新しい問いを持ち帰り、探求を深め、彼の要の問い――「どうすれば相手を助けられるか」――への感謝の念を新たにする。彼のこの要の問いは、充実した人生の尺度にもなる問いだ。またクレイトンの研究の裏方を務めている、揺るぎないオプティミスト、エミリー・スナイダー、ブリタニー・マクレティー、クリフ・マクスウェルにも感謝したい。

世界で最高の著述家のひとり、ジュリア・カービーにはひとかたならぬお世話になった。執筆の最初から最後まで、彼女の経験（二〇年近いハーバード・ビジネス・レビューとハーバード大学出版局での経験）や洞察、楽観主義、バランス感覚、ウィット、さらには彼女の核にある、アイデアを生み出すこととそれを見事な言葉で伝えることへの情熱に助けられっぱなしだった。わたしたちはいっしょに文字に起こしたインタビューを読み返して、さまざまな角度から分析し、わたし自身の人生の問いを掘り下げることで、本を書き上げた。彼女の尽力と知性と文才がなかったら、この本が世に出ることはなかっただろう。

わたしは早い段階で彼女に共著者になってほしいと頼み、その後、執筆を進める過程でもふたたび同じことを頼んだが、そのたびに丁重に断られた。彼女は純粋にアイデアを深めることに専心し、自分の名前を出すことには関心がなかった。いっしょに仕事をしてわかったのは、彼女は概念をうまく整理し、それを説得力のある言葉で伝えることにかけて、まぎれもない天才であるということだ。

両親にも感謝したい。母はアリューシャン列島やスウェーデンの辺鄙な地方で育った好奇心の強い人だった。母のおかげでわたしたちの家は、初めに住んでいたトレーラーハウスも、その後住むようになった車輪のついていない家も、家の隅々まで世界に対する好奇心で満ち溢れていた。父は発明の才に富んだ人で、ありとあらゆる機械仕掛けのものを自分で作った。音楽にもとても造詣が深かった。ふたりのきょうだいにも感謝したい。マックスは、不快な質問をすることのたいせつさを教えてくれ、スーザンは、答えのない問いについて好きなだけ話をする場を与えてくれた。

わたしの子どもたち、カンシー、マット（エミリー）、エミリー（ウェス）、ライアン、コートニー（ガイ）、アンバー（ブレント）、ジョードン（ブランディー）、それから孫たち、ココ、マディー、カッシュ、ブルックリン、ステラ、ローズ、ヘンリー、エバにも感謝したい。シアトルからナイロビまで世界に散らばり、それぞれの探求の道を力強く進んでいる姿はじつに頼もしい。

最後になったが、生きることに意欲的で、日々、身をもって「問いを生きる」とはどういうことかを教えてくれているスージーに特別の感謝を捧げたい。

節だ。しかしもし引用を長くするなら、わたしはその前の一節のほうをつけ加えたい。「大きくて自由なテーマの威力には驚くべきものがある。われわれはテーマの大きさと同じだけ、大きくなれるのだ!」Herman Melville, *Moby-Dick, or the White Whale*（Boston: St. Botolph Society, 1892）, 428.

2. Andrew Solomon "The Middle of Things: Advice for Young Writers," *New Yorker*, March 11, 2015. 以下で読める。https://www.newyorker.com/books/page-turner/the-middle-of-things-advice-for-young-writers
3. Xプライズについては以下の文献に詳しい。Michael Belfiore, *Rocketeers: How a Visionary Band of Business Leaders, Engineers, and Pilots Is Boldly Privatizing Space*（Washington, DC: Smithsonian, 2007）; Julian Guthrie, *How to Make a Spaceship: A Band of Renegades, an Epic Race, and the Birth of Private Spaceflight*（New York: Penguin, 2016）.『Xプライズ――宇宙に挑む男たち』ジュリアン・ガスリー著、門脇弘典訳、日経BP、2017年。
4. Oprah Winfrey, "What Oprah Knows for Sure About Life's Big Questions," Oprah.com, December 12, 2017. 以下で読める。http://www.oprah.com/inspiration/what-oprah-knows-for-sure-about-lifes-big-questions#ixzz5ILDBCed5
5. Gary Zukav, *The Seat of the Soul: 25th Anniversary Edition*（New York: Simon & Schuster, 2014）, xiv.

エピローグ

1. Robert Fulghum, *What on Earth Have I Done?: Stories, Observations, and Affirmations*（New York: St. Martin's Press, 2007）, 290—91.『いったいぜんたい、どうしてこんなことをしてきたのだろうか。』ロバート・フルガム著、池央耿訳、河出書房新社、2008年。
2. 出生時に社会保障番号やそれに類したものが自動的に発行される西洋社会の人々には、IDカードはさほどありがたいものに感じられないかもしれない。むしろ人によっては、悪用されることを心配するかもしれない。しかしこれまで公的な身分証明がないせいで、機会や援助を得られなかった人にとっては、それは文字どおり人生を一変させるものになりうる。

たちに新しい生き方を示す取り組みを続けているINJAZによって、引き継がれています。彼女は昔も今も、問題を抱えた地域の希望の灯です」

14. Dhirendra Kumar, "The Art of Questioning," *Value Research*, April 5, 2017. 以下で読める。https://www.valueresearchonline.com/story/h2_storyview.asp?str=30352&&utm_medium=vro.in
15. Tony Wagner, *Creating Innovators: The Making of Young People Who Will Change the World*（New York: Scribner, 2012）.『未来のイノベーターはどう育つのか——子供の可能性を伸ばすもの・つぶすもの』トニー・ワグナー著、藤原朝子訳、英治出版、2014年。
16. ベゾスはアマゾンの設立を準備していたとき、relentless.comというURLも取得している。relentless（徹底的に）という語に強く心を惹かれ、いつかそのURLが役に立つときがくると考えたのだろう。
17. David McCullough, *The Wright Brothers*（New York: Simon & Schuster, 2015）, 18.『ライト兄弟——イノベーション・マインドの力』デヴィッド・マカルー著、秋山勝訳、草思社、2017年。
18. Ken Bain, *What the Best College Students Do*（Cambridge, MA: Harvard University Press, 2012）, 159.『世界を変えるエリートは何をどう学んできたのか?』ケン・ベイン著、藤井良江訳、日本実業出版社、2014年。
19. Owen Fiss, *Pillars of Justice*（Cambridge, MA: Harvard University Press, 2017）.
20. J. Bonner Ritchie and S. C. Hammond, "We（Still）Need a World of Scholar-Leaders: 25 Years of Reframing Education," *Journal of Management Inquiry* 14（2005）, 6—12.
21. ジョン・ハントへのインタビューより。*Lürzer's Archive*, issue 3（2010）. 以下で読める。https://www.luerzersarchive.com/en/magazine/interview/john-hunt-126.html
22. Antoine de Saint-Exupéry, *The Little Prince*（New York: Harcourt, Brace & World, 1943）.
23. 1日4分間、集中的に問うことに興味を持たれたかた、また関心を同じくする人々のコミュニティーから刺激を受けたいかたは、ぜひ4-24プロジェクト（https://4-24project.org）にご参加を。

第9章

1. 『白鯨』第104章のこの一節は一般に、それに続く冷笑的な一節まで合わせて引用されることが多い。「蚤をテーマにしていては、永遠に読みつがれる偉大な作品は書けるはずがない。世にはそうしようと企てた者がごまんといるが」という一

5. この実験については以下を参照。Dale Russakoff, *The Prize: Who's in Charge of America's Schools?*（New York: Houghton Mifflin Harcourt, 2015）.
6. Mary Budd Rowe, "Wait-Time and Rewards as Instructional Variables, Their Influence on Language, Logic, and Fate Control: Part One—Wait-Time," *Journal of Research in Science Teaching* 11, no. 2（June 1974）: 81—94.以下で読める。https://doi.org/10.1002/tea.3660110202
7. Karron G. Lewis, "Developing Questioning Skills," in *Teachers and Students—Sourcebook*（Austin: Center for Teaching Effectiveness, the University of Texas at Austin, 2002）. 以下で読める。http://www.ecapteach.com/survival%20traiining/lesson_07/questioning.pdf
8. Sophie von Stumm, Benedikt Hell, and Tomas Chamorro-Premuzic, "The Hungry Mind: Intellectual Curiosity Is the Third Pillar of Academic Performance," *Perspectives on Psychological Science* 6, no. 6（2011）: 574—88. 以下で読める。https://www.researchgate.net/publication/234218535_The_Hungry_Mind_—_Intellectual_Curiosity_Is_the_Third_Pillar_of_Academic_Performance 以下も参照のこと。B. G. Charlton, "Why Are Modern Scientists So Dull?: How Science Selects for Perseverance and Sociability at the Expense of Intelligence and Creativity," *Medical Hypotheses* 72（2009）, 237—43.
9. Christopher Uhl and Dana L. Stuchul, *Teaching as if Life Matters: The Promise of a New Education Culture*（Baltimore: Johns Hopkins University Press, 2011）, 75.
10. Angeline Stoll Lillard, *Montessori: The Science Behind the Genius*（Oxford, UK: Oxford University Press, 2007）, 129.
11. Greg Windle, "Workshop School Wins National Innovation Grant," *Philadelphia Public School Notebook*, March 7, 2016.以下で読める。http://thenotebook.org/latest0/2016/03/07/art-of-teaching-learning-workshop-school
12. 若者の失業や起業家精神の教育についてのサルティの考えは、「フロントライン／ワールド」のアマンダ・パイクによるインタビューを参照（http://www.pbs.org/frontlineworld/stories/egypt804/interview/extended.html）。
13. ジュニア・アチーブメント・ワールドワイドの元会長兼CEOショーン・ラッシュも最近、ソラヤ・サルティの功績についてわたしと同じようなことを述べている。「親しい友人であり仲間であったことは別として、ソラヤは若者たちだけではなく、わたしにも、自分たちの団体や世界の現状に対して問いを発さなくてはいけないことを教えてくれました。彼女は中東に生きる女性として、問い、異議を唱え、無数の若者たちを伝統的な成功の定義から解放しました。その遺志は中東の若者

11. Robert I. Sutton and Huggy Rao, *Scaling Up Excellence: Getting to More Without Settling for Less* (New York: Crown Business, 2014).
12. Judith Samuelson, "Larry Fink's Letter to CEOs Is About More Than 'Social Initiatives,'" *Quartz@Work*, January 18, 2018. 以下で読める。https://work.qz.com/1182544/larry-finks-letter-to-ceos-is-about-more-than-social-initiatives/
13. Ray Dalio, *Principles: Life and Work* (New York: Simon & Schuster, 2017), 415.『Principles 人生と仕事の原則』レイ・ダリオ著、斎藤聖美訳、日本経済新聞出版社、2019年。
14. Paul J. Zak, "Why Your Brain Loves Good Storytelling," *Harvard Business Review*, October 28, 2014.
15. モー・ウィレムズやその作品に興味を持たれたかたには、ニューヨーカー誌2017年2月6日号の記事「モー・ウィレムズのおかしな失敗」(リブカ・ガルチェン)の一読をお薦めする。以下のサイトで読める。https://www.newyorker.com/magazine/2017/02/06/mo-willems-funny-failures
16. Chris Anderson, *TED Talks: The Official TED Guide to Public Speaking* (New York: Houghton Mifflin Harcourt, 2016), 64.『TED talks　スーパープレゼンを学ぶTED公式ガイド』クリス・アンダーソン著、関美和訳、日経BP社、2016年。

第8章

1. 彼の友人ドナルド・シェフがニューヨーク・タイムズ紙のエディターに送った手紙にこのことは書かれている。以下のサイトを参照。https://www.nytimes.com/1988/01/19/opinion/l-izzy-did-you-ask-a-good-question-today-712388.html
2. Dan Rothstein and Luz Santana, *Make Just One Change: Teach Students to Ask Their Own Questions* (Cambridge, MA: Harvard Education Press, 2011).『たった一つを変えるだけ　クラスも教師も自立する「質問づくり」』ダン・ロスステイン、ルース・サンタナ著、吉田新一郎訳、新評論、2015年。
3. 例えば、マリリー・アダムスは教師向けの似たような手法を『人生を変える教師』Marilee Adams, *Teaching That Changes Lives: 12 Mindset Tools for Igniting the Love of Learning* (San Francisco: Berrett-Koehler, 2013)〔未訳〕でも紹介している。
4. カリフォルニア大学のジェイムズ・T・ディロン(James T. Dillon)がこの現象を研究している。以下の論文などを参照。"Questioning in Education," in Michel Meyer, ed., *Questions and Questioning* (Berlin: Walter de Gruyter, 1988), 98—118.

patagonia-ceo-rose-marcario-fights-the-fights-worth-fighting

2. Lisa Jardine, *Ingenious Pursuits: Building the Scientific Revolution* (New York: Nan A. Talese, 1999), 7.

3. Yvon Chouinard, *Let My People Go Surfing: The Education of a Reluctant Businessman* (New York: Penguin, 2005).『社員をサーフィンに行かせよう　パタゴニア経営のすべて』イヴォン・シュイナード著、井口耕二訳、ダイヤモンド社、2017年。

4. デザイン思考は起業家、企業、非営利組織のあいだで、現在、主流の手法になっている。その基礎について手早く知るには、ハーバード・ビジネス・レビュー誌2008年6月号に掲載されたティム・ブラウンの論文「デザイン思考」を読むといい("Design Thinking," *Harvard Business Review*, June 2008)。ブラウンはデザイン会社IDEOのCEO兼社長であり、デザイン思考の草分けである。

5. 顧客推奨者比率とは、商品がそれを実際に買った人によってどれぐらい推薦ないし宣伝されているかを示す指標だ。詳しくは、ハーバード・ビジネス・レビュー誌2003年12月号に掲載された、この指標の提唱者であるフレッド・ライクヘルドの論文「伸ばしたい数字」を参照("The One Number You Need to Grow," *Harvard Business Review*, December 2003)。

6. C. E. Shalley, J. Zhou, and G. R. Oldham, "The Effects of Personal and Contextual Characteristics on Creativity: Where Should We Go from Here?" *Journal of Management* 30 (2004): 933—58.

7. A. M. Isen, "On the Relationship Between Affect and Creative Problem Solving," in S. Russ, ed., *Affect, Creative Experience and Psychological Adjustment* (Philadelphia: Brunner/Mazel, 1999), 3—17.

8. Valeria Biasi, Paolo Bonaiuto, and James M. Levin, "Relation Between Stress Conditions, Uncertainty and Incongruity Intolerance, Rigidity and Mental Health: Experimental Demonstrations," *Health* 7, no. 1 (January 14, 2015): 71—84.

9. Jose-Maria Fernandez, Roger M. Stein, and Andrew W. Lo, "Commercializing Biomedical Research Through Securitization Techniques," *Nature Biotechnology* 30 (2012): 964—75. 以下で読める。https://www.nature.com/articles/nbt.2374

10. Teresa Amabile and Steven Kramer, *The Progress Principle: Using Small Wins to Ignite Joy, Engagement, and Creativity at Work* (Boston: Harvard Business Review Press, 2011).『マネジャーの最も大切な仕事　95%の人が見過ごす「小さな進捗」の力』テレサ・アマビール、スティーブン・クレイマー著、樋口武志訳、英治出版、2017年。

"やわらかく"生きるために』エレン・ランガー著、斎藤茂太訳、フォー・ユー、1989年。

5. Henry Mintzberg, *The Nature of Managerial Work* (New York: Harper & Row, 1973).『マネジャーの仕事』ヘンリー・ミンツバーグ著、奥村哲史、須貝栄訳、白桃書房、1993年。
6. Oriana Bandiera, Stephen Hansen, Andrea Prat, and Raffaella Sadun, "CEO Behavior and Firm Performance," Harvard Business School Working Paper 17-083 (2017). 以下で読める。http://www.hbs.edu/faculty/Publication%20Files/17-083_b62a7d71-a579-49b7-81bd-d9a1f6b46524.pdf
7. Susan Cain, *Quiet: The Power of Introverts in a World That Can't Stop Talking* (New York: Crown, 2012).『内向型人間の時代　社会を変える静かな人の力』スーザン・ケイン著、古草秀子訳、講談社、2013年。
8. MITビジネススクールで「リーダーシップとレンズ――洞察力と影響力を引き出す問いのリフレーミング」と題した、2日間の社会人講座をサム・アベルとふたりで受け持ったとき、わたしはこれを目の当たりにした。受講者たちは黙って待つのが何より苦手だった。そのときの詳しい模様は以下のサイトを参照。https://executive.mit.edu/openenrollment/program/innovation-and-images-exploring-the-intersections-of-leadership-and-photography/#.Wy0FgVVKjIU
9. これらの写真はエルサレム、パリ、ボストンでそれぞれ「構図を決めて、待つ」ことで撮影したもの。それらの景色に魅了されたわたしは、まず構図を決め、それから20分ほど、なんらかのサプライズが起こるのを待った。人や船がその景色の中に入ってくると、「そうなるのが必然」だったと思える写真が撮れた。MITでわたしたちが担当した講座「リーダーシップとレンズ――洞察力と影響力を引き出す問いのリフレーミング」(サンタフェ写真ワークショップと共同で開催)で、サム・アベルとわたしは、「待つ」ことがリーダーにとっていちばんむずかしいことなのだとよくわかった。「待ち時間」は自然には生まれない。それはわたしたちが意識的に作らなくてはいけないものだ。写真を撮るのにも、触媒的な問いを立てるのにもそれが欠かせない。

第7章

1. Danielle Sacks, "Patagonia CEO Rose Marcario Fights the Fights Worth Fighting," *Fast Company*, January 6, 2015. 以下で読める。https://www.fastcompany.com/3039739/

7. Mason Carpenter, Gerard Sanders, and Hal Gregersen, "Bundling Human Capital with Organizational Context: The Impact of International Assignment Experience on Multinational Firm Performance and CEO Pay," *Academy of Management Journal* 44, no. 3 (2001): 493—512; Mason Carpenter, Gerard Sanders, and Hal Gregersen, "International Assignment Experience at the Top Can Make a Bottom-line Difference," *Human Resource Management Journal* 39 (2000): 277—85.
8. L. Stroh, M. Mendenhall, J. S. Black, and Hal Gregersen, *International Assignments: An Integration of Strategy, Research & Practice* (Mahwah, NJ: Lawrence Erlbaum, 2005); J. S. Black, H. B. Gregersen, and M. Mendenhall, *Global Assignments: Successfully Expatriating and Repatriating International Managers* (San Francisco: Jossey-Bass, 1992).
9. Diane Haithman, "Cirque Noir," *Los Angeles Times*, December 26, 2004. 以下で読める。http://articles.latimes.com/2004/dec/26/entertainment/ca-lepage26
10. Richard Heller, "Folk Fortune," *Forbes*, September 4, 2000. 以下で読める。https://www.forbes.com/forbes/2000/0904/6606066a.html#647f9396a9fb
11. Gary Erickson, *Raising the Bar: Integrity and Passion in Life and Business; The Story of Clif Bar & Co.* (New York: Jossey-Bass, 2004).『レイジング・ザ・バー——妥協しない物つくりの成功物語』ゲーリー・エリクソン、ルイス・ロレンツェン共著、谷克二訳、エイアンドエフ、2014年。

第6章

1. Linda Cureton, "If I Want Your Opinion, I Will Give It to You," *Jobber Tech Talk*, October 20, 2015. 以下で読める。http://www.jobbertechtalk.com/if-i-want-your-opinion-i-will-give-it-to-you-by-linda-cureton/
2. Maggie De Pree, "Pitch Lessons from a Cubicle Warrior," Business Fights Poverty (blog), October 28, 2013. 以下で読める。http://businessfightspoverty.org/articles/pitch-lessons-from-a-cubicle-warrior/
3. Clayton Christensen, Taddy Hall, Karen Dillon, and David Duncan, *Competing Against Luck: The Story of Innovation and Customer Choice* (New York: HarperBusiness, 2016), 182.『ジョブ理論——イノベーションを予測可能にする消費のメカニズム』クレイトン・M・クリステンセンほか著、依田光江訳、ハーパーコリンズ・ジャパン、2017年。
4. Ellen J. Langer, *Mindfulness* (New York: Addison-Wesley, 1989).『心はマインド…——

こと』イーライ・パリサー著、井口耕二訳、早川書房、2016年。

10. Chuck Klosterman, *Chuck Klosterman X: A Highly Specific, Defiantly Incomplete History of the Early 21st Century* (New York: Penguin, 2017).
11. Chuck Klosterman, *But What If We're Wrong?: Thinking About the Present As If It Were the Past* (New York: Penguin, 2016).
12. Roger L. Martin, "My Eureka Moment with Strategy," *Harvard Business Review*, May 3, 2010.
13. Krista Tippett, "Our Origins and the Weight of Space," transcript of an interview with Lawrence Krauss, April 11, 2013. 以下で読める。https://onbeing.org/programs/lawrence-krauss-our-origins-and-the-weight-of-space/

第5章

1. Hal Gregersen, "Bursting the CEO Bubble," *Harvard Business Review*, March—April 2017. 以下で読める。https://hbr.org/2017/03/bursting-the-ceo-bubble
2. Nicole M. Hill and Walter Schneider,"Brain Changes in the Development of Expertise: Neuroanatomical and Neurophysiological Evidence About Skill-Based Adaptations," in K. Anders Ericsson, Neil Charness, Paul J. Feltovich, Robert R. Hoffman, eds., *The Cambridge Handbook of Expertise and Expert Performance* (New York: Cambridge, 2006), 653—82.
3. Journal Report, "How Entrepreneurs Come Up with Great Ideas," *Wall Street Journal*, April 29, 2013. 以下で読める。https://www.wsj.com/articles/SB10001424127887324445904578283792526004684
4. Ioan James, "Henri Poincaré. (1854—1912)," in *Remarkable Mathematicians: From Euler to von Neumann* (Cambridge, UK: Cambridge University Press, 2002), 239—40.『数学者列伝——オイラーからフォン・ノイマンまで』I.ジェイムズ著、蟹江幸博訳、丸善出版、2012年。ポアンカレが仕事の休憩中にひらめきを得る傾向についてはケストラーが以下で述べている。*The Act of Creation* (London: Hutchinson, 1964).
5. Jackson G. Lu, Modupe Akinola, and Malia F. Mason, "'Switching On' Creativity: Task Switching Can Increase Creativity by Reducing Cognitive Fixation," *Organizational Behavior and Human Decision Processes* 139 (2017): 63—75.
6. Meryl Reis Louis, "Surprise and Sense Making: What Newcomers Experience in Entering Unfamiliar Organizational Settings," *Administrative Science Quarterly* 25, no. 2 (June 1980): 226—51.

7. Charles Duhigg, "What Google Learned from Its Quest to Build the Perfect Team," *New York Times Magazine*, February 25, 2016. 以下で読める。https://www.nytimes.com/2016/02/28/magazine/what-google-learned-from-its-quest-to-build-the-perfect-team.html

第4章

1. Steve Morgan, "Cybersecurity Ventures Predicts Cybercrime Damages Will Cost the World $6 Trillion Annually by 2021,"Cybersecurity Ventures, October 16, 2017. 以下で読める。https://cybersecurityventures.com/hackerpocalypse-cybercrime-report-2016/
2. Meghan Rosen, "Ancient Armored Fish Revises Early History of Jaws," *ScienceNews*, October 20, 2016. 以下で読める。https://www.sciencenews.org/article/ancient-armored-fish-revises-early-history-jaws
3. Anita L. Tucker and Amy C. Edmondson,"Why Hospitals Don't Learn from Failures: Organizational and Psychological Dynamics That Inhibit System Change," *California Management Review* 45, no. 2（Winter 2003）: 68.
4. アマゾンで「デイ・ワン（初日）」は何を意味するか？　ベゾスは1997年、株主への書簡でこの問いに次のように答えている。「つねに"初日"を保つためには、果敢に実験し、失敗を受け入れ、種をまき、若い木を守り、顧客に喜ばれたことに思いきった投資を行うことが必要です。徹底的な顧客中心の文化を築ければ、それらのことがすべて実現できます」
5. この問いについては、『ホワット・イフ？――野球のボールを光速で投げたらどうなるか』（吉田三知世訳、早川書房、2015年）の著者ランドール・マンローがブログ（https://what-if.xkcd.com/116/）に名回答を掲載している。
6. Michelene T. H. Chi, "Three Types of Conceptual Change: Belief Revision, Mental Model Transformation, and Categorical Shift," chapter 3 in Stella Vosniadou, ed., *International Handbook of Research on Conceptual Change*（New York: Routledge, 2008）, 67.
7. Ibid., 78.
8. Tim Harford, "How Being Wrong Can Help Us Get It Right," *Financial Times*, February 8, 2017. 以下で読める。https://www.ft.com/content/8cac0950-ecfc-11e6—930f-061b01e23655
9. 例えば、以下を参照。Eli Pariser, *The Filter Bubble: What the Internet Is Hiding from You*（New York: Penguin, 2011）.『フィルターバブル――インターネットが隠している

能力を調べたレズニコフらの研究（Marvin Reznikoff, George Domino, Carolyn Bridges, and Merton Honeyman, "Creative Abilities in Identical and Fraternal Twins," *Behavior Genetics* 3, no 4（1973）: 365-77）では、一般的な知性（IQ）のテストでは成績の80パーセント以上が遺伝で決まるいっぽう、創造性のテストではその割合はわずか30パーセントであると、結論づけられている。そのほかにも創造性は「生まれ」ではなく「育ち」で決まることを示している一卵性双生児の研究は多数ある。K. McCartney and M. Harris, "Growing Up and Growing Apart: A Developmental Meta-Analysis of Twin Studies," *Psychological Bulletin* 107, no. 2（1990）: 226—37; F. Barron, *Artists in the Making*（New York: Seminar Press, 1972）; S. G. Vandenberg, ed., *Progress in Human Behavior Genetics*（Baltimore: Johns Hopkins University Press, 1968）; R. C. Nichols, "Twin Studies of Ability, Personality and Interest," *Homo* 29（1978）: 158—73; N. G. Waller, T. J. Bouchard, D. T. Lykken, A. Tellegen, and D. Blacker, "Creativity, Heritability, and Familiality: Which Word Does Not Belong?" *Psychological Inquiry* 4（1993）: 235—37; N. G. Waller, T. J. Bouchard Jr., D. T. Lykken, A. Tellegen, and D. Blacker, "Why Creativity Does Not Run in Families: A Study of Twins Reared Apart," 未発表原稿（1992年）。この分野の研究の概要は以下を参照。R. K. Sawyer, *Explaining Creativity: The Science of Human Innovation*, 2nd ed.（New York: Oxford University Press, 2012）.

2. James T. Dillon, *Questioning and Teaching: A Manual of Practice*（London: Croom, 1987）.
3. この話はエド・キャットマル著『ピクサー流 創造するちから――小さな可能性から、大きな価値を生み出す方法』（石原薫訳、ダイヤモンド社、2014年）で詳しく述べられている。
4. Frank Furedi, "Campuses Are Breaking Apart into 'Safe Spaces,'" *Los Angeles Times*, January 5, 2017. 以下で読める。http://www.latimes.com/opinion/op-ed/la-oe-furedi-safe-space-20170105-story.html
5. Amy Edmondson, "Psychological Safety and Learning Behavior in Work Teams," *Administrative Science Quarterly* 44, no. 2（June 1999）: 350—83. 以下で読める。https://doi.org/10.2307/2666999
6. Andy Goldstein, "Oral History: C. Chapin Cutler, Conducted for the Center for the History of Electrical Engineering, May 21, 1993," Interview #160, Institute of Electrical and Electronics Engineers, Inc. 以下で読める。http://ethw.org/Oral-History:C._Chapin_Cutler

Working Paper 882 (2005); K. Burmeister and C. Schade, "Are Entrepreneurs' Decisions More Biased? An Experimental Investigation of the Susceptibility to Status Quo Bias," Institute of Entrepreneurial Studies and Innovation Management, Humboldt University-Berlin Working Paper (2006).

15. 以下の文献より引用。"Carol Dweck Revisits the 'Growth Mindset,'" *Education Week*, September 23, 2015. More broadly, see Carol Dweck, *Mindset: The New Psychology of Success* (New York: Random House, 2006).『マインドセット――「やればできる!」の研究』キャロル・S・ドゥエック著、今西康子訳、草思社、2016年。
16. Vijay Anand, "Cheat Sheet to Create a Culture of Innovation," Intuit Labs (blog), posted May 2, 2014. 以下で読める。https://medium.com/intuit-labs/cheat-sheet-to-create-a-culture-of-innovation-539d53455b53
17. Christina Pazzanese, "'I Had this Extraordinary Sense of Liberation': Nitin Nohria's Exhilarating Journey," *Harvard Gazette*, April 29, 2015. 以下で読める。https://news.harvard.edu/gazette/story/2015/04/i-had-this-extraordinary-sense-of-liberation/
18. "TK" [anonymous contributor] ,"Culturalism, Gladwell, and Airplane Crashes," Ask a Korean! (blog), posted July 11, 2013. 以下で読める。http://askakorean.blogspot.com/2013/07/culturalism-gladwell-and-airplane.html
19. Geert Hofstede, "Dimensionalizing Cultures: The Hofstede Model in Context," *Online Readings in Psychology and Culture* 2, no. 1 (January 2011): 10. 以下で読める。https://doi.org/10.9707/2307—0919.1014. ホフステードは「権力格差」「集団主義／個人主義」「女性性／男性性」「不確実性の回避」「短期志向／長期志向」「人生の楽しみ方」の六次元について文化的価値観のちがいを調べた。
20. Parker J. Palmer, *Let Your Life Speak: Listening for the Voice of Vocation* (New York: Jossey-Bass, 2000).
21. Neil Postman and Charles Weingartner, *Teaching as a Subversive Activity* (New York: Delacorte Press, 1969), 12.

第3章

1. この結論は、誕生後まもなく引き離された一卵性双生児の研究でも支持されている。おとなになってからのイノベーションの能力や影響力の評価にもとづくと、問う能力は3分の2まで「習得」されるものであり、「生まれつき」の部分はわずか3分の1にすぎないようだ。117組の一卵性双生児及び二卵性双生児の創造的な

3. G. L. Fahey, "The Extent of Classroom Questioning Activity of High-School Pupils and the Relation of Such Activity to Other Factors of Pedagogical Significance," *Journal of Educational Psychology* 33, no. 2（1942）: 128—37. 以下で読める。http://psycnet.apa.org/doiLanding?doi=10.1037%2Fh0057107. 教室などでの児童の質問に関する研究については以下も参照のこと。George L. Fahey, "The Questioning Activity of Children," *Journal of Genetic Psychology*, 60（1942）, 337—57.
4. William Floyd, "An Analysis of the Oral Questioning Activity in Selected Colorado Primary Classrooms,"（unpublished doctoral thesis, Colorado State College, 1960）, 6—8.
5. James T. Dillon, "Questioning in Education," a chapter essay in *Questions and Questioning*, ed. Michael Meyer（New York: Walter de Gruyter, 1988）.
6. Max Wertheimer, *Productive Thinking*, Enlarged edition, ed. Michael Wertheimer（London: Tavistock, 1961）, 214. 強調は筆者。
7. Philip H. Scott, "Teacher Talk and Meaning Making in Science Classrooms: A Vygotskian Analysis and Review," *Studies in Science Education* 32（1998）: 45—80.
8. A. Scott Berg, *Goldwyn: A Biography*（New York: Knopf, 1989）, 376.
9. Douglas N. Walton, "Question-Asking Fallacies," a chapter essay（10）in *Questions and Questioning*, ed. Michel Meyer（New York: Walter de Gruyter, 1988）, 209.
10. Liz Ryan, "What to Do When Your Manager is a Spineless Wimp," *Forbes*, June 22, 2017. 以下で読める。https://www.forbes.com/sites/lizryan/2017/06/22/what-to-do-when-your-manager-is-a-spineless-wimp/#5ba86d673be9
11. Stacey Lastoe, "The Worst Boss I Ever Had," *Muse*. 以下で読める。https://www.themuse.com/advice/the-worst-boss-i-ever-had-11-true-stories-thatll-make-you-cringe
12. Barbara Kellerman, *Bad Leadership: What It Is, How It Happens, Why It Matters*（Boston: Harvard Business School Press, 2004）, 22.
13. Damon Darlin and Matt Richtel,"Chairwoman Leaves Hewlett in Spying Furor," *New York Times*, September 23, 2006.
14. Maureen Porter and Sally MacIntyre,"What Is, Must Be Best: A Research Note on Conservative or Deferential Responses to Antenatal Care Provision," *Social Science & Medicine* 19（1984）, 1197—1200; William Samuelson and Richard Zeckhauser, "Status Quo Bias in Decision Making," *Journal of Risk and Uncertainty* 1（1988）, 7—59; M. Roca, R. Hogarth, and A. John Maule, "Ambiguity Seeking as a Result of the Status Quo Bias," Department of Economics and Business, Universitat Pompeu Fabra, Economics

10. Clayton Christensen, Karen Dillon, Taddy Hall, and David Duncan, *Competing Against Luck : The Story of Innovation and Customer Choice*（New York: HarperBusiness, 2016）.『ジョブ理論——：イノベーションを予測可能にする消費のメカニズム』クレイトン・M・クリステンセンほか著、依田光江訳、ハーパーコリンズ・ジャパン、2017年。
11. Malcolm Gladwell, Outliers: The Story of Success（Boston: Little, Brown and Company, 2008）, 18.『天才!——成功する人々の法則』マルコム・グラッドウェル著、勝間和代訳、講談社、2014年。
12. 引用元は資金集めの催しに参加した理由を綴った親ジャック・フリーマンのブログ。クエスト自閉症基金の歴史や現在の活動については以下のサイトに詳しい。http://questnj.org
13. Ibrahim Senay, Dolores Albarracin, and Kenji Noguchi, "Motivating Goal-Directed Behavior Through Introspective Self-Talk: The Role of the Interrogative Form of Simple Future Tense," *Psychological Science* 21, no. 4（April 2010）: 499—504.
14. この問題については別の研究プロジェクトでも取り上げている。CEOが直面するジレンマに興味があるかたは、次の記事を参照してほしい。"Bursting the CEO Bubble," *Harvard Business Review*, March/April 2017.
15.「動かし、揺さぶる者」という表現は、アーサー・オショーネシーの詩「オード」（1873）の次の一節から。「われわれは音楽の作り手／われわれは夢追い人［中略］でも、たえず世界を動かし、揺さぶる者でもある」
16. Nelson Repenning, Don Kieffer, and James Repenning, "A New Approach to Designing Work," *Sloan Management Review*, Winter 2017.
17. このテーマに関しては、マイケル・バンゲイ・スタニエの『リーダーが覚えるコーチングメソッド——7つの質問でチームが劇的に進化する』（神月謙一訳、パンローリング、2017年）がたいへん参考になる。

第2章

1. Mark Lasswell, "True Colors: Tim Rollins's Odd Life with the Kids of Survival," *New York* magazine, July 29, 1991.
2. Edwin Susskind, "The Role of Question-Asking in the Elementary School Classroom." In *The Psycho-Educational Clinic*, eds. F. Kaplan and S. B. Sarason（New Haven, CT: Yale University Press, 1969）.

原注

第1章

1. アーサー・ケストラーはかつて次のように指摘している。「逆説的だが、独創的な発見ほど、あとになると自明のことに思える」。Arthur Koestler, *The Act of Creation*（London: Hutchinson & Co., 1964）, 120.『習慣と独創力』アーサー・ケストラー著、吉村鎮夫訳、ラテイス、1967年。
2. Elon Musk, in an interview with Alison van Diggelen, "Transcript of Elon Musk Interview: Iron Man, Growing Up in South Africa," *Fresh Dialogues*, February 7, 2013. 以下で読める。http://www.freshdialogues.com/2013/02/07/transcript-of-elon-musk-interview-with-alison-van-diggelen-iron-man-growing-up-in-south-africa/
3. Ellen Langer, "Ask a Better Question to Get a Better Answer."以下で読める。http://www.ellenlanger.com/blog/120/ask-a-better-question-to-get-a-better-answer
4. Kaihan Krippendorff, "4 Steps to Breakthrough Ideas," *Fast Company*, September 6, 2012. 以下で読める。https://www.fastcompany.com/3001044/4-steps-breakthrough-ideas
5. Edgar Schein, *Humble Inquiry : The Gentle Art of Asking Instead of Telling*（San Francisco: Berrett-Koehler, 2013）.『問いかける技術——確かな人間関係と優れた組織をつくる』エドガー・H・シャイン著、原賀真紀子訳、英治出版、2014年。
6. Robert Pate and Neville Bremer, "Guiding Learning Through Skillful Questioning," *Elementary School Journal* 67（May 1967）: 417—22.
7. Jony Ive, speaking at the *Vanity Fair* New Establishment Summit, as reported by Jillian D'Onfro, "Steve Jobs Used to Ask Jony Ive the Same Question Almost Every Day," *Business Insider*, October 8, 2015. 以下で読める。http://www.businessinsider.com/this-is-the-question-steve-jobswould-ask-jony-ive-every-day-2015—10
8. Tina Seelig, "How Reframing a Problem Unlocks Innovation," Co.Design, May 19, 2013. 以下で読める。https://www.fastcodesign.com/1672354/how-reframing-a-problem-unlocks-innovation
9. Amitai Etzioni, "Toward a Macrosociology," *Academy of Management Proceedings*, 27th Annual Meeting, Washington, DC（December 27—29, 1967）, 12—33.

問《と》いこそが答《こた》えだ！
正《ただ》しく問《と》う力《ちから》が仕事《しごと》と人生《じんせい》の視界《しかい》を開《ひら》く

2020年 3 月30日　初版1刷発行
2024年12月15日　　　3刷発行

著者 ―――― ハル・グレガーセン
訳者 ―――― 黒輪篤嗣《くろわあつし》
カバーデザイン ―――― 華本達哉（aozora）
発行者 ―――― 三宅貴久
組版 ―――― 新藤慶昌堂
印刷所 ―――― 新藤慶昌堂
製本所 ―――― ナショナル製本
発行所 ―――― 株式会社光文社
〒112-8011　東京都文京区音羽1-16-6
電話 ―――― 翻訳編集部 03-5395-8162
書籍販売部 03-5395-8116
制作部 03-5395-8125

落丁本・乱丁本は制作部へご連絡くだされば、お取り替えいたします。

ISBN978-4-334-96239-5 Printed in Japan

■好評既刊

デイヴィッド・サンプター著　千葉敏生訳

世界を支配する人々だけが知っている10の方程式

成功と権力を手にするための数学講座

他の人々を出し抜き、利益を独占している秘密結社とは？

冷静に合理的な意思決定を下す、誰かのスキルを正確に測定する、ギャンブルに勝利する、人の影響力を査定する、市場での優位を確保し続ける、ＹｏｕＴｕｂｅに次に表示される動画を決める……現代社会を記述している10の数式を紹介しつつ、それを理解して人生に活用する方法を、人気数学者がユーモラスに解説。

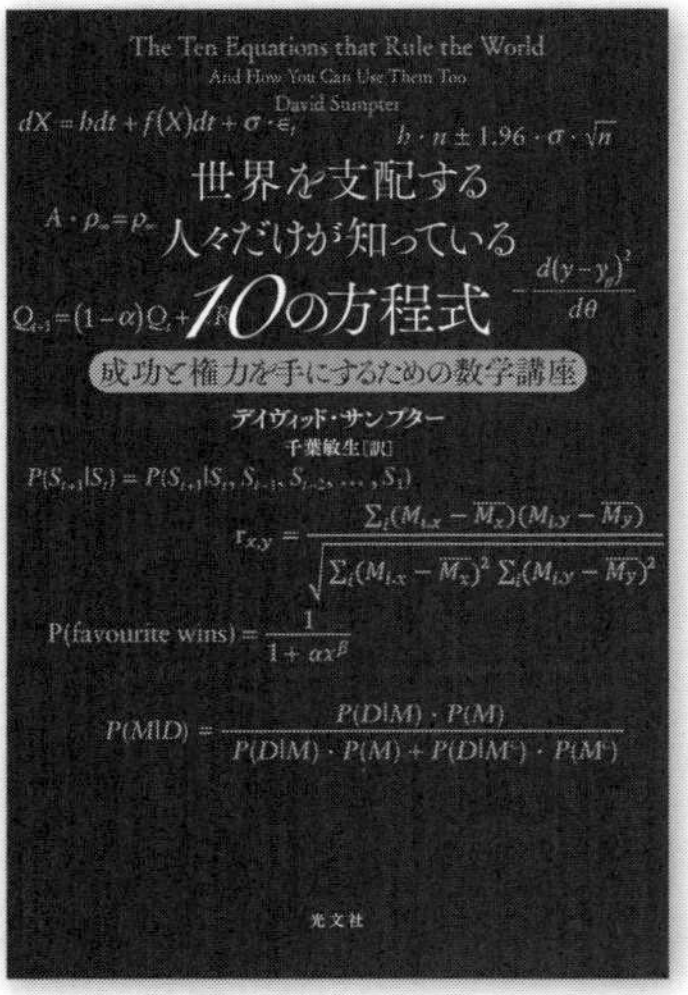

四六判・ソフトカバー

■好評既刊

トーマス・クラン 著　御舩由美子 訳

完璧主義の罠

資本主義経済が招いた新たな災厄

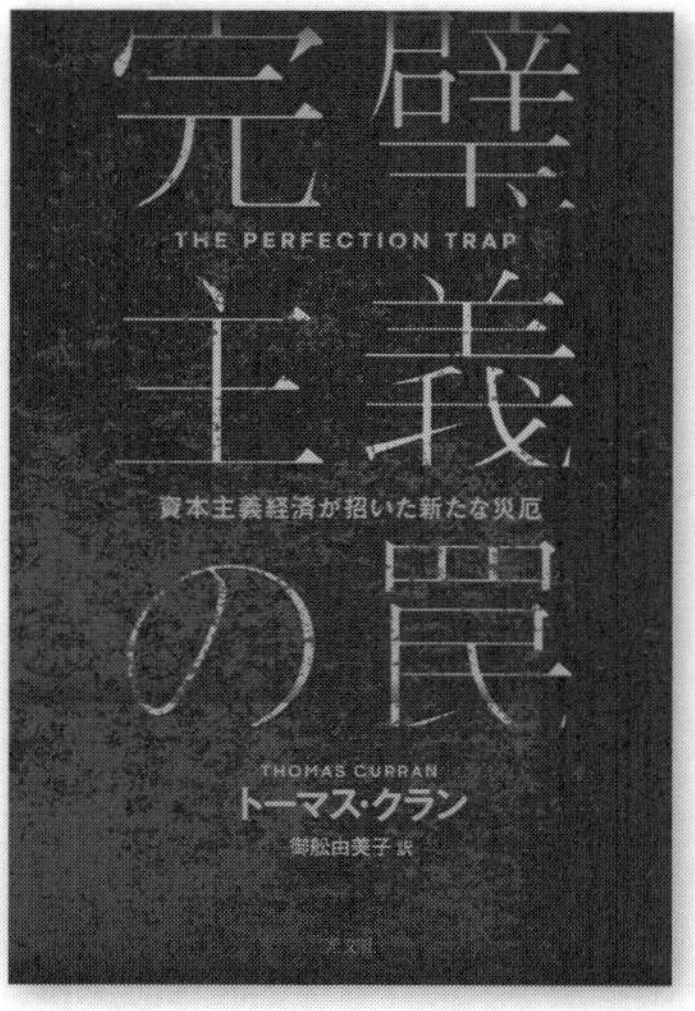

四六判・ソフトカバー

「完璧でなくては成功できない」なんて大嘘！

うつ病、不安症、強い絶望感――精神的苦痛の奥には完璧主義が潜んでいる。それはひとつの経済システムが生みだした、人間ががむしゃらに限界を超えようとする心理である。完璧主義は人間にどのような影響を及ぼすのか？　なぜ急激に増えているのか？　そこから逃れるには？　専門家による研究の最前線と集大成。